中国经济史
研究丛书

近代天津晋商
经济活动研究

荣晓峰 著

中国财经出版传媒集团
经济科学出版社
Economic Science Press
·北京·

图书在版编目（CIP）数据

近代天津晋商经济活动研究/荣晓峰著．--北京：
经济科学出版社，2022.8

ISBN 978-7-5218-3908-1

Ⅰ.①近… Ⅱ.①荣… Ⅲ.①晋商-研究-天津-近
代 Ⅳ.①F729

中国版本图书馆 CIP 数据核字（2022）第 138694 号

责任编辑：刘战兵
责任校对：易　超
责任印制：范　艳

近代天津晋商经济活动研究

荣晓峰　著

经济科学出版社出版、发行　新华书店经销

社址：北京市海淀区阜成路甲 28 号　邮编：100142

总编部电话：010-88191217　发行部电话：010-88191522

网址：www. esp. com. cn

电子邮箱：esp@ esp. com. cn

天猫网店：经济科学出版社旗舰店

网址：http://jjkxcbs. tmall. com

北京季蜂印刷有限公司印装

710×1000　16 开　13.75 印张　230000 字

2022 年 8 月第 1 版　2022 年 8 月第 1 次印刷

ISBN 978-7-5218-3908-1　定价：58.00 元

（图书出现印装问题，本社负责调换。电话：010-88191545）

（版权所有　侵权必究　打击盗版　举报热线：010-88191661

QQ：2242791300　营销中心电话：010-88191537

电子邮箱：dbts@ esp. com. cn）

本书受山西省晋商文化基金会项目（JSKTY201810）资助

谨以本书纪念山西大学建校 120 周年

序

周建波

　　由荣晓峰博士撰写的《近代天津晋商经济活动研究》一书由经济科学出版社出版。作者尝试将商帮史与城市史相结合，较为系统地梳理了近代以来晋商在天津商业、贸易和金融领域的经济活动，是晋商区域史研究的新作。全书主要有以下两个特点：

　　第一，选好区域、重点突破。晋商是全国性商帮，足迹远及国外，从全域展现晋商经营活动远非一本专著所能承载。因此，选定区域进行代表性研究就成为可行的突破口。上海、汉口、北京、天津、营口、重庆等地均是晋商比较活跃的"码头"，作者选择天津作为重点研究区域是有原因的。一是作为近代中国北方的经济中心，对天津这个地区的研究本身具有一定典型性；二是作者的博士论文是研究近代天津的银两制度，这说明作者对于天津已经比较熟悉，本研究的开展是具有一定基础的。

　　第二，内容丰富、有所创新。本书从晋商在天津的盐业经营活动开始，以山西会馆为视角探讨晋商在天津的兴起。继而从商贸和金融两大方面分述晋商的经营活动，具体到了晋商在天津从事的各种主要行业，比如烟草、茶叶、颜料、印染、皮毛、货栈等商业和典当、印局、账局、票号、银号等金融业。这种分行业叙述的方式使得读者可以较快把握晋商在各领域的发展脉络。同时，作者对天津在万里茶路中的地位进行了探索，认为天津与晋商开拓的茶叶之路有着极为紧密的关系，天津曾经是晋商茶叶之路的重要转运基地。作者还探讨了日升昌票号的起源问题，对于传统观点提出了质疑。

　　当然，本书在以下方面仍有提升的空间。首先，本书使用的资料多为中文资料，天津是近代中西交汇的都市，保留了不少外文资料，如能充分挖掘利用这些外文资料，将为本书增色不少。其次，"晋商在近代天津经济发展中的作用"一章有待进一步充实。再次，对晋商和外商相比较下的优势、劣势需要加强分析，这有助于解释晋商的衰败。最后，本书对近代以来晋商在天津的经济活动已经梳理得较为清晰，下一步应结合经济学理论加以深入，这将提升本书的理论层次。

　　本书是近年来晋商研究领域为数不多的新作，也是商帮史研究领域的又一成果。正如同作者在绪论中所言，本书是其"晋商在中国"系列研究的开始，这是一个雄心勃勃的计划，不但需要巧妙的构思，同样需要长久的坚持。诚愿荣晓峰博士脚踏实地，一步一个脚印，在晋商研究这片沃土上取得新的成绩！

　　是为序。

北京大学周建波

目　录

绪　　论

本章是全书的导论部分，主要对本书的选题缘起与意义、研究时间和空间范围进行介绍与界定，对学术史进行总结梳理，对全书的主要内容与框架进行概括介绍，并对研究方法和创新之处予以说明。

第一节　选题缘起

一、选题意义

晋商是明清以来我国著名商帮，凭借山西丰富的物产资源和山西人吃苦耐劳的优秀品质，晋商走出山西，足迹遍及全国，远涉欧洲、日本、东南亚等国家，饮誉海内外。晋商以资本雄厚、经营项目众多、活动区域广泛、活跃时间长而居全国各大商帮前列，盛极一时。19世纪初期，晋商成功开创票号业，对我国金融业发展做出了重要贡献。晋商广泛地参与到明清以来中国经济社会发展中，推动了区域贸易、商业和金融的发展，促进了区域性经济中心的形成，对于中国经济和社会发展产生深远影响。习近平总书记在山西考察调研时，多次强调晋商文化的重要性。2017年6月，习总书记在山西考察调研时指出，山西是"一带一路"大商圈的重要组成部分，晋商纵横欧亚九千里，称雄商界五百年，彰显的就是开放的精神。[①] 2022年1月，习总书记在山西平遥考察调研时指出，要坚定文化自信，深入挖掘晋商文化内涵，更好弘扬中华优秀传统文化，更好服务经济社会发展和人民高品质生

---

① 王清宪：《论晋商的开放精神》，载于《前进》2017年第10期。

活。① 习近平总书记关于晋商文化的重要论述是新时代传承弘扬和创新发展晋商文化的行动指南，深入挖掘晋商文化内涵，更好地服务经济社会发展也是学术界亟待完成的重要课题。

晋商在我国的活动范围非常广泛，到处都留下了他们的足迹，系统梳理晋商在中国各地的商业、贸易和金融活动对于丰富晋商研究具有十分重要的意义。但是，在中国全域范围内开展晋商研究是一个宏大而困难的课题，也并非是笔者所能够独立完成的，如果选取具有代表性的重要商贸城市进行系统研究反而容易取得突破，这也是笔者开展本研究的初衷。在近代中国各大重要商埠中，天津非常具有代表性。首先，由于独特的地理位置和丰富的盐业资源，天津从一个普通的沿海渔村发展成为北方货物集散中心，开埠之后发展成为北方的商业、贸易和金融中心，在近代中国经济社会发展中扮演着十分重要的角色，是近代中国转型发展的缩影，素有"近代中国看天津"的说法。其次，票号是晋商的重要原始创新，也是晋商区别于其他商帮的重要特征，山西票号商人为推动近代中国经济社会发展做出了卓越贡献。中国第一家票号"日升昌"就诞生在天津，天津也是山西票号商人主要经营的区域。最后，明清以来由于漕运重镇和"畿辅门户"的重要地位，全国各地商人云集天津，天津成为一个很好的考察商帮竞合及势力消长的区域，各地商人既竞争又合作，既具有共性又具有各自鲜明的特性，共同为推动天津经济社会发展做出了重要贡献。因此，选择天津这一地区进行晋商研究具有一定的代表性和典型性，有利于补充和丰富晋商的地域性研究。

商帮史与城市史结合研究是经济史研究的重要领域，对天津晋商的研究也基于以下几点考虑。首先，明清以来天津晋商的经营范围和规模不断扩大，这个过程也是天津由小城镇发展到北方商业、贸易和金融中心的演化过程，晋商在天津势力的扩张与天津北方经济中心地位的形成为开展相关研究提供了切入点。其次，历史上山西与天津的经济联系极为紧密，晋商在其中发挥了主要作用，晋商以山西为大本营，将山西本地及周边区域出产的土特产品贩运至天津销售或转口，再从天津购买全国各地的商品运回山西及其他区域销售，加强了山西及周边区域与天津的经济联系，将山西纳入天津的经济腹地，在华北、西北和东北地区与天津的经济联系中也发挥了重要作用。

---

① 《坚定文化自信　挖掘晋商内涵　弘扬传统文化》，载于《晋中日报》2022 年 1 月 29 日，第 3 版。

最后，中国历史上的著名商帮大部分都曾活跃在天津，天津由此成为考察商帮竞合及嬗变消长的典型区域，这些商帮具有各自的经营范围和特点，既竞争又合作，既具有共性又具有鲜明个性，在商帮比较的视野下对天津晋商的研究有助于梳理各大商帮在不同历史时期的差异性。

目前晋商研究的成果已经非常丰富，但对于晋商在中国各区域发展的系统性梳理却相对缺乏，已经落后于徽商和甬商等南方商帮的相关研究。本书尝试将商帮史与城市史结合起来进行系统研究，探讨晋商在近代天津商业、贸易和金融领域的活动，总结梳理晋商在天津经济发展中的作用和影响。笔者的长期研究计划是开展"晋商在中国"系列研究，选取中国各区域核心重要商埠进行重点梳理，本书对天津晋商的研究是该系列研究的重要组成部分，算是一个尝试，也是一个开始。

二、时空范围

（一）时间范围

本书研究的时间范围主要是近代历史时期，即 1840 年鸦片战争至1949 年中华人民共和国成立之前的时期，时间跨度 100 多年。1840 年第一次鸦片战争标志着中国近代史的开端，日本学者宫下忠雄同样认为，中国的近代应是从五口通商开始，中国被迫开放沿海口岸，从而直接或间接地受到了西方的影响，经济、政治、社会和文化等领域发生了全面改变，出现了新的现象。[①] 由于晋商在明代就已经比较活跃，特别是天津的盐业资源非常丰富，晋商远在明代就已经来到天津从事盐业运销及商业活动，所以本书的时间上限虽然主要以 1840 年为限，但在讨论某些具体问题时会拓展至明代。

（二）空间范围

本书研究的地域范围主要是清代天津府所辖的区域，包括天津县、静海县、青县、盐山县、南皮县、庆云县、沧州，共计 6 县 1 州。这一行政区划

---

① 宫下忠雄：『中国幣制の特殊研究——近代中国銀両制度の研究』，日本学術振興会，1952 年，2 頁。

自清朝雍正九年（1731 年）设立天津府至民国二年（1913 年）天津府被裁撤，前后长达 180 余年。

天津的地域范围和行政区划经历了漫长而复杂的演变历程。北宋时期，天津是宋辽的交界地区。金朝在 13 世纪初设置"直沽寨"，主要作为军事据点，此后"直沽"这一名称被长期沿用。到了明朝，明成祖朱棣在靖难之役中从天津渡河南下，这也成为天津这一名称的由来，即"天子渡河之地"。明朝实行卫所制度，明成祖在迁都北京之前，于永乐二年（1404 年）在直沽设天津卫，"上以直沽海运商舶往来之冲，宜设军卫，且海口田土膏腴，命调缘海诸卫军士屯守"[1]，天津卫自此形成。此后又陆续设置了天津左卫和天津右卫，统称"三卫"，以拱卫未来的京师，天津"畿辅门户"的政治地位开始形成。清朝，天津的行政层级和政治地位不断提升。清顺治九年（1652 年）合并天津三卫为天津卫。雍正时期，天津的行政区划基本形成。雍正三年（1725 年），改天津卫为天津州，隶属河间府，天津由军事建置转为地方建置。同年又升天津州为直隶州，下辖武清、静海、青县三县。雍正九年（1731 年）升直隶州为天津府，下辖天津县、静海县、青县、盐山县、南皮县、庆云县、沧州，共计 6 县 1 州，并分别设置了府县州衙门，天津府这一行政区划和地域概念形成，在此后的 180 余年中保持稳定。民国建立之后调整行政区划，天津府于 1913 年被裁撤，天津仅余天津县一地。民国十七年（1928 年），南京国民政府占领天津之后，在天津县中心地区设立"天津特别市"，直属国民政府，其余地区划归天津县，隶属河北省，天津进入市县并存的时期。"天津特别市"于民国十九年（1930 年）改名为"天津市"，隶属于南京国民政府行政院。同年河北省政府驻地由北平迁至天津，[2] 天津改为省辖市。民国二十四年（1935 年），河北省政府驻地又迁至保定，天津又改为院辖市。抗日战争时期，日伪政府改称为"天津特别市"，抗战胜利后又复称"天津市"。

---

① 台湾"中央研究院"历史语言研究所校印：《明太宗实录》卷三十六《己未·设天津卫》，第 628 页。

② 1928 年南京国民政府建立，定都南京，将北京改名为北平。

第二节　学术史回顾

本书是商帮史与城市史的结合研究，既要注重晋商的经济活动过程，又要搞清楚天津在不同历史时期的经济发展特点，以下从晋商研究、天津经济研究、晋商与天津经济结合研究、商帮史与城市史结合研究四个方面，以时间为序分类对与本书相关的代表性成果进行述评。

一、晋商研究

对晋商的研究从 20 世纪初就已经开始，经过几代学者的不懈努力，目前的研究领域已经非常广泛，已经取得非常丰富的研究成果，无论从数量还是质量上，在全国商帮史的研究中位于前列。不少学者已经对晋商研究成果进行过述评，这里不再赘述。此处仅就与本书研究主题紧密相关的成果，特别是晋商研究的标志性成果，以及晋商在商业、贸易和金融领域活动的代表性研究成果进行述评。

晚清民国时期是晋商研究的创始阶段，既有日本人出于侵略目的对晋商开展的调查，也有民国后票号从业人员和学者的宝贵探索，这一时期的晋商研究成果数量虽然不多，但是在很多领域都具有开创意义。日本从晚清时期就开始系统搜集我国各方面的资料，日本间谍机构东亚同文书院对山西票号进行了较为细致的梳理，包括票号的起源、组织、经营、会计及地位等方面内容，[①] 这表明早在民国建立之前，日本人就已经开始了对晋商的研究。民国之后，很多票号从业人员和我国学者开始了对晋商的研究，代表性成果有李宏龄的《同舟忠告》（1917 年）和《山西票商成败记》（1917 年）、东海的《记山西票号》（1917 年）、韩业芳的《山西票庄皮行商务记》（1921年）、严慎修的《晋商盛衰记》（1923 年）、范椿年的《山西票号之组织及沿革》（1935 年）、陆国香的《山西票号之今昔》（1936 年）和《山西之当质业》（1936 年）、颉尊三的《山西票号之构造》（1936 年）、蒋学楷的《山西省之金融业》（1936 年）、侯兆麟的《近代中国社会结构与山西票号》

---

① 日本东亚同文书院：《中国经济全书》第 6 册，线装书局 2015 年影印本。

(1936 年)、高叔康的《山西票号的起源及其成立的年代》(1937 年)、王之淦的《票庄实事论》(1937 年)、李渭清的《山西太谷银钱业之今昔》(1937 年)等，其中李宏龄的《同舟忠告》和《山西票商成败记》是最早对晋商进行总结梳理的成果，由于李宏龄曾经长期在蔚丰厚票号担任分庄经理，他的这些记述均是行业的内部资料，具有非常重要的研究价值。上述这些成果较为分散，有些只保留有手抄本。从 1937 年开始，卫聚贤将其搜集整理的各地关于山西票号的论文、调查资料和研究成果以连载的形式发表到《中央银行月报》上，共 9 篇，① 这些内容成为其日后编著的票号史专著的基础。以上这些成果于 2008 年由山西财经大学整理出版，定名为《晋商早期研究论集》。② 民国时期有两本著作在晋商研究学术史上具有标志意义，一本是陈其田的《山西票庄考略》(1937 年)，③ 另一本是卫聚贤编著的《山西票号史》(1944 年)，④ 后世关于山西票号的研究大多是基于这两本书展开的。

　　20 世纪 50 年代之后，晋商研究较为沉寂。1966 年日本学者佐伯富发表了《清朝的兴起与山西商人》，阐述了明末后金的兴盛与山西商人的关系。⑤ 1972 年日本学者寺田隆信的《山西商人研究》考察了 14 ~ 17 世纪的晋商及其商业资本，是 20 世纪日本学者研究晋商的代表性著作，后由张正明等于 1986 年翻译成中文出版。⑥ 从 20 世纪 80 年代开始，以黄鉴晖、张正明等为代表的老一辈晋商研究学者成果不断，产生了诸多开创性研究，将晋商研究推向新的高度。黄鉴晖的《论我国银行业的起源及其发展的阶段性》《中国早期的银行——帐局》《清代帐局初探》系列文章探讨了我国清代金融组织——账局的发展历程，提出了账局是我国最早银行的创新性观点。⑦ 1989 年，黄鉴晖对其搜集的《晋游日记》以及《同舟忠告》《山西票商成

　　① 卫聚贤：《山西票号之最近调查》，载于《中央银行月报》1937 年第 6 卷第 3 期至第 12 期、1938 年第 7 卷第 1 期至第 2 期。
　　② 山西财经大学晋商研究院：《晋商早期研究论集》，经济管理出版社 2008 年版。
　　③ 陈其田：《山西票庄考略》，商务印书馆 1937 年版。
　　④ 卫聚贤：《山西票号史》，中央银行经济研究处 1944 年版。
　　⑤ 佐伯富：《清朝的兴起与山西商人》，载于《社会文化史学》1966 年第 1 期，转引自寺田隆信著，张正明等译：《山西商人研究》，山西人民出版社 1986 年版。
　　⑥ 寺田隆信著，张正明等译：《山西商人研究》，山西人民出版社 1986 年版。
　　⑦ 黄鉴晖：《论我国银行业的起源及其发展的阶段性》，载于《山西财经学院学报》1982 年第 4 期；黄鉴晖：《中国早期的银行——帐局》，《山西财经学院学报》1984 年第 12 期；黄鉴晖：《清代帐局初探》，载于《历史研究》1987 年第 4 期。

败记》进行了校注，① 并先后出版了《山西票号史料》（1990 年初版）、《山西票号史》（1992 年初版）、《明清山西商人研究》（2002 年），② 其中《明清山西商人研究》对明清以来晋商的发展演变进行了系统梳理，资料丰富翔实，具有很高的学术价值。黄鉴晖先生一生致力于晋商研究，著述颇丰，由此奠定了在晋商研究领域的权威地位。张海鹏、张海瀛的《中国十大商帮》（1993 年）系统梳理了中国具有重要影响的十大商帮的发展历程，其中将山西商帮置于首章，充分说明了晋商在中国商帮中的地位。③ 张正明的《晋商兴衰史》（1995 年）是国内较早、较系统地介绍晋商发展历程的著作，不仅阐述了晋商兴起与发展过程，而且还梳理了晋商著名商人和家族。④ 张正明、邓泉的《平遥票号商》（1997 年）论述了日升昌的诞生和平遥票号帮的形成与发展过程，揭示了平遥票号业对社会、经济和文化产生的重大影响。⑤

　　21 世纪以来，晋商研究在诸多领域继续深入。史若民的《平、祁、太经济社会史料与研究》（2002 年）搜集整理了丰富的晋商研究资料，为后期研究奠定了资料基础。⑥ 王尚义的《晋商商贸活动的历史地理研究》（2004 年）运用历史人文地理学的理论与方法对晋商商贸活动进行分区域研究，这在晋商研究的分区域研究中不多见。⑦ 刘建生、刘鹏生的《晋商研究》（2005 年）较为系统地论述了晋商的兴衰与演变过程、晋商与国内外其他商帮的异同、晋商的经营管理与制度创新等。⑧ 高春平的《晋商学》（2009 年）对晋商的起源、票号的发展与衰落、山西商人与商帮、山西城镇以及晋商活跃的市场进行了介绍。⑨ 成艳萍的《经济一体化视角下的明清晋商》（2013 年）运用国际经济学的研究方法考察了晋商在恰克图的贸易特点。⑩

---

　　① 李燧、李宏龄著，黄鉴晖校注：《晋游日记・同舟忠告・山西票商成败记》，山西人民出版社 1989 年版。
　　② 黄鉴晖：《山西票号史料》（增订本），山西经济出版社 2002 年版；黄鉴晖：《山西票号史》（修订本），山西经济出版社 2002 年版；黄鉴晖：《明清山西商人研究》，山西经济出版社 2002 年版。
　　③ 张海鹏、张海瀛：《中国十大商帮》，黄山书社 1993 年版。
　　④ 张正明：《晋商兴衰史》，山西古籍出版社 1995 年版。
　　⑤ 张正明、邓泉：《平遥票号商》，山西教育出版社 1997 年版。
　　⑥ 史若民、牛白琳编著：《平、祁、太经济社会史料与研究》，北岳文艺出版社 2017 年版。
　　⑦ 王尚义：《晋商商贸活动的历史地理研究》，科学出版社 2004 年版。
　　⑧ 刘建生、刘鹏生等：《晋商研究》，山西人民出版社 2005 年版。
　　⑨ 高春平：《晋商学》，山西经济出版社 2009 年版。
　　⑩ 成艳萍：《经济一体化视角下的明清晋商》，科学出版社 2013 年版。

范维令的《万里茶道劲旅：祁县茶商》（2017 年）搜集整理了祁县茶叶商人的原始经营资料，为山西茶商的研究奠定了资料基础。① 刘建民的《晋商史料集成》（2018 年）汇集了作者长期以来收藏整理的丰富的晋商研究资料，其中很多均为原始资料，为晋商研究的深入开展奠定了重要而宝贵的资料基础，② 目前已经有很多学者以此为基础开展相关研究。由此可见，21 世纪以来，晋商研究在系统梳理和资料挖掘方面均取得了重要进展，尤其是散落民间的各类晋商账簿、票据、信稿等资料得以收藏、整理和出版，无疑对晋商研究的拓展和深化具有重要意义。

二、天津经济研究

关于近代天津经济发展的研究成果极为丰富，相关研究综述也有不少，这里仅就与本书研究主题紧密相关的代表性成果进行述评。

谷书堂的《天津经济概况》（1984 年）汇总了从清代以来的天津史料和数据，全面系统地介绍了天津经济发展历程。③ 天津社会科学院历史研究所编著的《天津简史》（1987 年）介绍了天津从古代到近代发展的全过程，是 1949 年后较早对天津历史进行系统梳理的著作。④ 郭蕴静的《天津古代城市发展史》（1989 年）探讨了从远古到 1860 年开埠前天津城市的形成与演变过程。⑤ 孙德常、周祖常的《天津近代经济史》（1990 年）运用大量原始资料，全面、深刻地分析天津从鸦片战争到 1949 年之前的各个历史阶段的经济发展状况，是较早从经济史角度对近代天津发展历程进行论述的著作，对于近代天津经济史研究具有重要价值。⑥ 罗澍伟的《近代天津城市史》（1993 年）从城市发展史的视角阐述了天津从远古到近代的城市化进程。⑦ 姚鸿卓主编的《近代天津对外贸易（1861～1948）》（1993 年）勾勒出近代天津外贸发展的概貌，揭示了近代天津外贸变化发展的规律，阐述了影响近代天津对外贸易的诸多因素。⑧ 尚克强的《天津租界社会研究》

---

① 范维令：《万里茶道劲旅：祁县茶商》，北岳文艺出版社 2017 年版。
② 刘建民：《晋商史料集成》，商务印书馆 2018 年版。
③ 谷书堂：《天津经济概况》，天津人民出版社 1984 年版。
④ 天津社会科学院历史研究所：《天津简史》，天津人民出版社 1987 年版。
⑤ 郭蕴静、涂宗涛等：《天津古代城市发展史》，天津古籍出版社 1989 年版。
⑥ 孙德常、周祖常：《天津近代经济史》，天津社会科学院出版社 1990 年版。
⑦ 罗澍伟：《近代天津城市史》，中国社会科学出版社 1993 年版。
⑧ 姚洪卓：《近代天津对外贸易（1861－1948）》，天津社会科学院出版社 1993 年版。

（1996 年）探讨了鸦片战争之后天津租界的发展历程。① 关文斌的《近代天津盐商与社会》（1999 年）通过对盐商的分析，探讨了商业和资本的二重性对明清天津社会变化所起的作用。② 宋美云的《近代天津商会》（2002 年）以商会组织为研究对象，系统梳理了近代中国北方最早的商会——天津商会的发展演变进程及对天津经济社会的影响。③ 张利民等的《近代环渤海地区经济与社会研究》（2003 年）是国内第一部研究环渤海地区近代化的专著，将天津放在更为宏观的环渤海地区经济圈内进行考察。④ 张利民的《近代华北城市经济近代化研究》（2004 年）从城市经济近代化的起步和外界环境的变革入手，系统梳理了以天津为代表的华北地区城市对外贸易、商业商品流通网络、近代工业、金融组织与市场等方面的发展和演变历程。⑤ 李正中、索玉华主编的《近代天津知名工商业》（2004 年）对民族工商业在近代天津经济发展中的作用进行了介绍。⑥ 龚关的《近代天津金融业研究（1861－1936）》（2007 年）阐述了近代天津金融业发展过程中传统与现代因素之间既互补、合作又相互抑制的复杂关系。⑦ 樊如森的《天津与北方经济现代化》（2007 年）指出了天津是近代北方外向型经济龙头，天津成为经济中心是北方经济发展的必然。⑧ 张毅的《明清天津盐业研究（1368－1840）》（2012 年）聚焦天津盐业史，认为盐业是天津的支柱性行业之一，对天津的城市建设、经济发展和文化民俗等均产生了深远影响。⑨ 鲍国之、张津策主编的《长芦盐业与天津》（2015 年）征集了大量天津盐业论文，从历史、文化、经济、民俗以及天津城市史发展角度，多层次展现了长芦盐业的发展历程和社会影响。⑩ 史瀚波（Brett Sheehan）的《乱世中的信任：民国时期天津的货币、银行及国家社会关系》（2016 年）讲述了民国时期新兴的银行业对信任构建的努力，以及面对危机时天津的军阀、政客、银行主

---

① 尚克强、刘海岩：《天津租界社会研究》，天津人民出版社 1996 年版。
② 关文斌著，张荣明主译：《文明初曙——近代天津盐商与社会》，天津人民出版社 1999 年版。
③ 宋美云：《近代天津商会》，天津社会科学院出版社 2002 年版。
④ 张利民等：《近代环渤海地区经济与社会研究》，天津社会科学院出版社 2003 年版。
⑤ 张利民：《华北城市经济近代化研究》，天津社会科学院出版社 2004 年版。
⑥ 李正中、索玉华：《近代天津知名工商业》，天津人民出版社 2004 年版。
⑦ 龚关：《近代天津金融业研究：1861－1936》，天津人民出版社 2007 年版。
⑧ 樊如森：《天津与北方经济现代化》，东方出版中心 2007 年版。
⑨ 张毅：《明清天津盐业研究（1368－1840）》，天津古籍出版社 2012 年版。
⑩ 鲍国之、张津策：《长芦盐业与天津》，天津古籍出版社 2015 年版。

以及地方精英所做出的应对，深入探讨了民国时期天津的货币、银行及国家—社会间的关系。[①]

此外，围绕近代天津经济社会发展产生了大量的学术论文。刘易斯（Bernstein Lewis）的博士论文 "A History of Tientsin in the Early Modern Times 1800 – 1910"（1988 年）论述了晚清时期天津的传统性和近代化转型。[②] 姚洪卓的《走向世界的天津与近代天津对外贸易》（1994 年）通过分析近代天津对外贸易发展历程，指出天津走向世界是天津开埠通商和对外贸易发展的结果。[③] 许檀的《清代前期的沿海贸易与天津城市的崛起》（1997 年）指出清代中叶天津已成为华北最大的商业中心和港口城市，天津作为商业城市的基础实际上是在清代前期奠定的，这一研究对于认识天津开埠前的商贸发展层次具有重要价值。[④] 樊如森的《天津开埠后的皮毛运销系统》（2001 年）通过研究近代天津的皮毛运销体系，认为天津皮毛运销体系具有三级市场特征，即初级市场、中级市场和终极市场。[⑤] 樊如森的博士论文《天津港口贸易与腹地外向型经济发展（1860～1937）》（2004 年）通过研究天津港口的进出口贸易概况，指出通过天津港的贸易活动把北方越来越广阔的地区纳入其经济腹地范围，同时外向型经济的兴起又促进了天津对外贸易的繁荣，使其成为北方外向型经济的中心。[⑥] 高福美的博士论文《清代沿海贸易与天津商业的发展》（2010 年）以贸易和商业相结合的视角分析了天津经济的近代化进程，其中对于天津的商人群体发展有所论述。[⑦] 熊亚平、安宝的《近代天津城市兴起与区域经济发展——以天津城市与周边集市（镇）经济关系为例（1860～1937）》（2011 年）以城乡经济关系为视角，对天津城市与周边集市间商品交流、工农业分工及人口迁移等进行了考察。[⑧] 龚关的

---

　　① 史瀚波著，池桢译：《乱世中的信任——民国时期天津的货币、银行及国家社会关系》，上海辞书出版社 2016 年版。

　　② Bernstein Lewis, A History of Tientsin in the Early Modern Times, 1800 – 1910, University of Kansas, 1988.

　　③ 姚洪卓：《走向世界的天津与近代天津对外贸易》，载于《天津社会科学》1994 年第 6 期。

　　④ 许檀：《清代前期的沿海贸易与天津城市的崛起》，载于《城市史研究》1997 年第 Z1 期。

　　⑤ 樊如森：《天津开埠后的皮毛运销系统》，载于《中国历史地理论丛》2001 年第 16 卷第 1 辑。

　　⑥ 樊如森：《天津港口贸易与腹地外向型经济发展（1860～1937）》，复旦大学博士学位论文，2005 年。

　　⑦ 高福美：《清代沿海贸易与天津商业的发展》，南开大学博士学位论文，2010 年。

　　⑧ 熊亚平、安宝：《近代天津城市兴起与区域经济发展——以天津城市与周边集市（镇）经济关系为例（1860～1937）》，载于《天津社会科学》2011 年第 2 期。

《腹地、军阀官僚私人投资与近代天津的经济发展》（2011 年）以腹地和军阀官僚私人投资为切入点，探讨了政府和市场对天津经济发展的影响，认为腹地经济的发展和军阀官僚私人投资极大地促进了 19 世纪后期至 20 世纪 30 年代天津经济的发展。①

三、晋商与天津经济结合研究

晋商与近代天津经济结合研究的成果总体较为有限，大多分散在天津经济史的研究中。

直接关于天津晋商的研究，主要以天津社科院宋美云和张利民的研究成果为代表。宋美云的《近代天津山西商人活动略述》（2006 年）和《清末民初天津晋商掠影》（2006 年）建立在其搜集整理的天津商会档案资料基础上，梳理了近代山西商人在天津的商业活动情况，包括传统行业和近代工商业，分析了山西会馆的设立与运行机制以及晋商经济和社会活动的历史作用。② 张利民的《从旅津晋商碑刻看清代天津集散中心地位的形成》（2017 年）以山西会馆碑刻资料为基础，梳理了山西商人在天津的盐业、商业和金融业等行业经营活动，认为晋商是清代天津外地商人的主要组成部分，具有明显的行业特征，随着天津集散能力的增强，晋商经营范围和规模逐渐扩展，但民国之后应变能力不强。③ 此外，刘续亨的《我所了解的在天津的山西商人》（1996 年）是较早关于天津晋商的文献，文章梳理了晋商在天津从事的票号业、典当业、颜料业、染整业、皮毛业和货栈业等行业，并就作者所熟悉的知名天津晋商进行了介绍。④ 胡光明的《晋商的兴盛与京津城市化的发展》（2003 年）通过研究晋商对京津两市商业市场的开拓以及晋商在京津地区的聚集与扩张过程，揭示了晋商在京津城市化形成中所起的重要作用。⑤ 刘文智的《津城故里追寻晋商足迹》（2006 年）从盐业、金融、典

① 龚关：《腹地、军阀官僚私人投资与近代天津的经济发展》，载于《史学月刊》2011 年第 6 期。
② 宋美云：《近代天津山西商人活动略述》，引自张正明、孙丽萍等：《中国晋商研究》，人民出版社 2006 年版；宋美云：《清末民初天津晋商掠影》，引自天津市政协文史资料研究委员会：《天津文史资料选辑》第 107 辑，天津人民出版社 2006 年版。
③ 张利民：《从旅津晋商碑刻看清代天津集散中心地位的形成》，载于《史林》2017 年第 4 期。
④ 刘续亨：《我所了解的在天津的山西商人》，引自阳泉市政协文史资料委员会：《晋商史料与研究》，山西人民出版社 1996 年版。
⑤ 胡光明：《晋商的兴盛与京津城市化的发展》，载于《晋中师范高等专科学校学报》2003 年第 3 期。

当、会馆等几个方面介绍了活跃于津城商业领域的晋商。[①]

在天津经济史研究中，涉及晋商研究方面的成果以金融领域居多，这主要是由于近代以来山西票号和典当商人在天津非常活跃。王子寿的《天津典当业四十年的回忆》（1964 年）以亲历者的视角介绍了晚清和民国时期天津典当业的发展历程，讲述了包括晋商典当在内的天津典当业的内部经营情况以及日军占领之后对于天津典当业的破坏。[②] 杨固之、谈在唐等的《天津钱业史略》（1982 年）对晋商票号和天津汇兑庄等钱业组织的经营情况进行了介绍。[③] 刘嘉琛在《解放前天津钱业析述》（1982 年）中认为山西票号使天津钱业得到进一步发展，并对近代天津山西帮银号进行了分析。[④] 刘民山的《鸦片战争前后天津票号的兴起与发展》（1988 年）论述了票号在天津的兴起、发展与极盛，认为票号与封建官府的结合是其高速发展的主要原因。[⑤] 张国辉的《晚清钱庄和票号研究》（1989 年）涉及山西票号在天津的经营活动。[⑥] 韩国学者林地焕在《清末民初天津金融市场的帮派》（2000 年）中分析了山西帮票号在天津的兴盛与衰落过程，认为在清朝灭亡以前山西帮票号在天津金融市场中一直居于首位，而在民国以后则是天津帮银号居于主导地位。[⑦] 此外，关文斌的《近代天津盐商与社会》（1999 年）对活跃在近代天津盐业市场中的晋商家族进行了介绍，探讨了晋商参与构建的天津盐商文化的社会和政治功能。[⑧] 王尚义的《晋商商贸活动的历史地理研究》（2004 年）中将晋商活动分为商贸活动和票号经营活动两个阶段分析，认为晋商首先把京津地区作为其主要经营区域，明代以盐业、颜料、烟草等行业为主，清代改营当铺、钱庄、票号等行业。[⑨] 高福美的《清代沿海贸易与天津商业的发展》（2010 年）认为包括晋商在内的外地商帮共同推动了天津商业的持续繁荣。[⑩]

---

① 刘文智：《津城故里追寻晋商足迹》，载于《山西档案》2006 年第 4 期。
② 王子寿：《天津典当业四十年的回忆》，引自全国政协文史资料研究委员会：《文史资料选辑》第 53 辑，文史资料出版社 1964 年版，第 32 页。
③ 杨固之、谈在唐、张章翔：《天津钱业史略》，引自天津市政协文史资料研究委员会：《天津文史资料选辑》第 20 辑。
④ 刘嘉琛：《解放前天津钱业析述》，引自天津市政协文史资料研究委员会：《天津文史资料选辑》第 20 辑，天津人民出版社 1982 年版。
⑤ 刘民山：《鸦片战争前后天津票号的兴起与发展》，载于《天津史志》1988 年第 3 期。
⑥ 张国辉：《晚清钱庄和票号研究》，中华书局 1989 年版。
⑦ 林地焕：《清末民初天津金融市场的帮派》，载于《城市史研究》2000 年第 Z1 期。
⑧ 关文斌著，张荣明主译：《文明初曙——近代天津盐商与社会》，天津人民出版社 1999 年版。
⑨ 王尚义：《晋商商贸活动的历史地理研究》，科学出版社 2004 年版。
⑩ 高福美：《清代沿海贸易与天津商业的发展》，南开大学博士学位论文，2010 年。

如上所述，关于天津晋商的研究主要散布在天津经济史的研究中，缺乏系统性梳理，而直接关于天津晋商的研究文献数量非常有限，目前尚无专著出版。

四、商帮史与城市史结合研究

近年来，不少学者将商帮演变与城市经济变迁结合研究，取得了非常丰富的研究成果，这些研究虽然没有直接涉及天津地区的山西商人，但其研究思路和方法，特别是其资料来源为本书的研究提供了重要引导和启示，以下分类进行述评。

（一）晋商的区域研究

在晋商的区域研究方面，目前已经取得了较为丰富的研究成果，在宏观、中观和微观区域方面均有推进，既有关于晋商在中国和海外经营活动的探讨，也有晋商在华北、西北和蒙古等较大范围区域的研究，还有聚焦于某一城镇的晋商经营活动的考察。这些成果大多以论文形式呈现，在晋商研究的重要著作中也均有涉及，但与其他商帮研究相比，专著成果偏少，也是目前晋商研究亟待拓展的领域。

在宏观区域方面，晋商研究的重要著作中大多有所涉及，此处不再赘述。其中，直接分区域探讨的有王尚义的《晋商商贸活动的历史地理研究》（2004年），文中分别以北京、汉口、扬州、上海、重庆、广州等核心城市为中心探讨了晋商在不同区域的商贸活动，在晋商的区域经济活动研究中具有重要价值。[1] 高春平的《晋商学》（2009年）分析了明清以来晋商在全国活动的十大市场，即北部边镇、北京、汉口、天津、恰克图、杀虎口、张家口、库伦等地区市场。[2] 乔南的《清代山西商人行商地域范围研究》（2008年）考察了清代山西商人在全国开展经济活动的区域边界，指出清代晋商经济活动遍及全国，主要在京津、鲁、豫、两湖、江淮、东北、西南、西北地区活动，并拓展了蒙古市场及俄罗斯贸易区。[3] 张继焦、侯达的《晋商及其所建立的全国市场体系：超越施坚雅的"区域市场观"》（2021年）对施坚雅基于中国市场体系提出的"区域市场理论"提出质疑，认为晋商已经建立起一个跨区域的全

[1]　王尚义：《晋商商贸活动的历史地理研究》，科学出版社2004年版。
[2]　高春平：《晋商学》，山西经济出版社2009年版。
[3]　乔南：《清代山西商人行商地域范围研究》，载于《晋阳学刊》2008年第2期。

国性市场体系，即以山西为核心，以分布于全国九大区域的山西会馆和票号为"点"，以晋商商路为"线"的连接各大区域的全国市场体系。①

在中观区域方面，以蒙古、西北等北方区域研究为主，这些地区也是晋商活动的主要区域。对于西北地区，既有结合茶叶贸易的研究，也有探讨晋商在西北经济带中作用的研究，比如陶德臣的《晋商与西北茶叶贸易》（1997年）、李建国《试析近代西北地区的晋商》（2008年）、乔南《商路、城市与产业——晋商对近代西北经济带形成的作用浅析》（2015年）。② 对于蒙古地区，邵继勇的《明清时代边地贸易与对外贸易中的晋商》（1999年）、周建波的《旅蒙晋商在蒙古地区的开发与经营》（2009年）、郭娟娟等的《清代塞外贸易的山西忻代商人》（2016年）考察了明清以来晋商的北部边境贸易和经营情况。③ 关于华北地区，代表性成果有王云爱的《明清时期晋商与华北区域经济的发展》（2007年），探讨了晋商与华北经济发展的互动关系。④

在微观区域方面，既有以行政省为单位的较大范围的考察，也有以城镇为单位的较小范围的探讨。在这一领域，许檀的研究成果非常具有代表性，她以碑刻等原始资料为基础，聚焦各区域晋商活动的重点城镇，同时结合所研究地区的商业特征，分别对清代晋商在张家口、济南、禹州、甘肃的经营活动进行了重点考察，⑤ 推动了晋商的分区域研究。在研究的城镇中，以北方蒙古地区的市镇为主，比如张家口、归化、库伦、包头、恰克图等，代表性成果有张淑利的《清末民初晋商由盛转衰原因探讨——以包头地区的旅蒙商为个案》（2007年）、赖惠敏的《山西常氏在恰克图的茶叶贸易》（2012年）、郭娟娟等的《旅蒙晋商与内蒙古城市近代商会职能转变——以民国时期归绥、

---

① 张继焦、侯达：《晋商及其所建立的全国市场体系：超越施坚雅的"区域市场观"》，载于《青海民族研究》2021年第1期。

② 陶德臣：《晋商与西北茶叶贸易》，载于《安徽史学》1997年第3期；李建国：《试析近代西北地区的晋商》，载于《青海社会科学》2008年第6期；乔南：《商路、城市与产业——晋商对近代西北经济带形成的作用浅析》，载于《经济问题》2015年第5期。

③ 邵继勇：《明清时代边地贸易与对外贸易中的晋商》，载于《南开学报》1999年第3期；周建波：《旅蒙晋商在蒙古地区的开发与经营》，载于《中国地方志》2009年第2期；郭娟娟、王泽民等：《清代塞外贸易的山西忻代商人》，载于《历史档案》2016年第3期。

④ 王云爱：《明清时期晋商与华北区域经济的发展》，载于《中共山西省委党校学报》2007年第6期。

⑤ 许檀：《清代后期晋商在张家口的经营活动》，载于《山西大学学报（哲学社会科学版）》2007年第3期；许檀、张林峰：《清代中叶晋商在济南的经营特色——以山陕会馆碑刻资料为中心的考察》，载于《中国社会经济史研究》2019年第1期；许檀：《清代晋商在禹州的经营活动——兼论禹州药市的发展脉络》，引自《史学集刊》2020年第1期；许檀：《清代中叶山陕商人在甘肃的经营活动——以碑刻资料为中心的考察》，载于《中国经济史研究》2022年第1期。

包头为中心的考察》（2015 年）、赖惠敏的《清代库伦的买卖城》（2015 年）、王飞的《清代张家口经贸与商帮研究》（2020 年）。① 北京是晋商活动的中心地区，相关研究主要围绕北京的山西会馆和金融业展开，主要有郭松义的《清代北京的山西商人——根据 136 宗个人样本所作的分析》（2008 年）、孟伟等的《明清时期北京通州晋翼会馆研究——以明清时期的翼城商人和山西布商为重点》（2017 年）、孟伟的《北京通州张家湾山西会馆考略》（2017 年）、刘秋根等的《清末北京印局及其对工商业的放款——以晋商〈宣统三年转本底账〉为中心》（2018 年）。② 此外，郝平的《明清山西商人与河北正定商业——以正定山西会馆为中心的考察》（2019 年）以河北正定县山西会馆资料为基础，探讨了晋商在正定的经营活动。③ 在省份区域研究中，以山西、河北、河南、新疆等省的研究为主，主要有王兴亚的《明清时期的河南山陕商人》（1996 年）、杨俊国等的《清代新疆晋商初探》（2008 年）、高春平主编的《晋商与明清山西城镇化研究》（2013 年）、陶德臣的《晋商与清代新疆茶叶贸易——新疆茶叶贸易史研究之二》（2015 年）、郝平等的《明清河北境内山西商人会馆的历史变迁》（2019 年）、晏雪莲等的《晚清山西商人与河北棉花贸易研究——以商业文书为中心》（2022 年）。④

---

① 张淑利：《清末民初晋商由盛转衰原因探讨——以包头地区的旅蒙商为个案》，载于《内蒙古社会科学（汉文版）》2007 年第 5 期；赖惠敏：《山西常氏在恰克图的茶叶贸易》，引自《史学集刊》2012 年第 6 期；郭娟娟、张玮：《旅蒙晋商与内蒙古城市近代商会职能转变——以民国时期归绥、包头为中心的考察》，《民国档案》2015 年第 1 期；赖惠敏：《清代库伦的买卖城》，载于《内蒙古师范大学学报（哲学社会科学版）》2015 年第 1 期；王飞：《清代张家口经贸与商帮研究》，山西大学博士学位论文，2020 年。

② 郭松义：《清代北京的山西商人——根据 136 宗个人样本所作的分析》，载于《中国经济史研究》2008 年第 1 期；孟伟、杨波：《明清时期北京通州晋翼会馆研究——以明清时期的翼城商人和山西布商为重点》，载于《山西师大学报（社会科学版）》2017 年第 3 期；孟伟：《北京通州张家湾山西会馆考略》，载于《山西大学学报（哲学社会科学版）》2017 年第 2 期；刘秋根、陈添翼：《清末北京印局及其对工商业的放款——以晋商〈宣统三年转本底账〉为中心》，载于《人文杂志》2018 年第 3 期。

③ 郝平：《明清山西商人与河北正定商业——以正定山西会馆为中心的考察》，载于《中国经济史研究》2019 年第 3 期。

④ 王兴亚：《明清时期的河南山陕商人》，载于《郑州大学学报（哲学社会科学版）》1996 年第 2 期；杨俊国、杨俊强：《清代新疆晋商初探》，载于《晋中学院学报》2008 年第 1 期；高春平：《晋商与明清山西城镇化研究》，三晋出版社 2013 年版；陶德臣：《晋商与清代新疆茶叶贸易——新疆茶叶贸易史研究之二》，载于《中国社会经济史研究》2015 年第 4 期；郝平、杨波：《明清河北境内山西商人会馆的历史变迁》，载于《中国经济史研究》2019 年第 5 期；晏雪莲、周超宇：《晚清山西商人与河北棉花贸易研究——以商业文书为中心》，载于《河北经贸大学学报》2022 年第 1 期。

（二）天津的商帮研究

目前天津的商帮研究已经取得了不少成果，既有宏观领域的商帮梳理与对比，也有聚焦于某一商帮的微观考察。在宏观层面，天津市政协文史资料研究委员会编的《天津的洋行与买办》介绍了天津以粤商和甬商为代表的买办阶层发展的基本情况。① 庞玉洁的《开埠通商与近代天津商人》（2004年）以天津开埠为分界点，考察了包括晋商在内的天津各帮商人由旧式商人向新式商人的转型过程以及各帮商人的势力消长和商会的发展演变。② 在微观层面，主要集中在甬商和鲁商，其中又尤以甬商的研究成果为代表，宁波市政协文史委编著的《宁波帮在天津》（2006年）以宁波帮在天津的发展历程为主线，探究了宁波帮对天津金融业、实业、社会文化等方面的重要影响。③ 宋美云、周利成主编的《船王董浩云在天津》（2008年）详细梳理了世界船王宁波人董浩云在天津的发展历程，特别是挖掘整理了天津档案馆保存的相关原始船运资料。④ 王静的《近代旅津山东商人研究》（2012年）较为全面地梳理了近代旅津山东商人在天津的经济、政治、社会和文化等方面活动，⑤ 是目前外地商帮在天津经济社会活动研究的代表性成果，对本书具有重要借鉴价值。宁波帮博物馆、天津市档案馆合编的《宁波帮在天津史料·人物篇》（2016年）通过甬津两地档案馆和博物馆的合作，以旅津宁波商人为线索，搜集整理了相关档案资料。⑥

（三）其他区域的商帮研究

天津之外的其他重要城市的商帮研究成果非常丰富，专著颇多，既有以区域为中心考察各大商帮的发展、竞合以及与区域经济社会互动关系的研究，也有聚焦某一区域某一商帮的具体探讨。就前者而言，主要代表性成果有王凤山等的《宁波近代商帮的变迁》（2010年）、郑小娟等的《15－18世纪的徽州典当商人》（2010年）、尹铁的《商人与杭州早期现代化研究》

---

① 天津市政协文史资料研究委员会编：《天津的洋行与买办》，天津人民出版社1987年版。
② 庞玉洁：《开埠通商与近代天津商人》，天津古籍出版社2004年版。
③ 陈守义：《宁波帮在天津》，中国文史出版社2006年版。
④ 宋美云、周利成：《船王董浩云在天津》，天津人民出版社2008年版。
⑤ 王静：《近代旅津山东商人研究》，天津社会科学院出版社2012年版。
⑥ 宁波帮博物馆、天津市档案馆：《宁波帮在天津史料·人物篇》，宁波出版社2016年版。

（2014 年）、秦树才的《滇南商人与商帮》（2014 年），罗群的《商帮与近代云南地方社会》（2014 年）、冀春贤、王凤山的《明清地域商帮兴衰及借鉴研究——基于浙江三地商帮的比较》（2015 年）。① 就后者而言，主要代表性成果有陶水木的《浙江商帮与上海经济近代化研究（1840－1936）》（2000 年）、贺三宝的《江右商帮兴衰对区域经济社会影响研究》（2017 年）等。②

第三节 主要内容、研究方法与创新

一、主要内容

本书的主要研究对象是晋商在天津的经济活动，晋商也即山西商人，主要是指籍贯地为山西的商人。晋商在天津的经济活动主要包括商业、贸易和金融活动，这是本书考察的主要内容，晋商在天津还从事丰富的社会、政治和文化活动，这些内容本书虽会涉及，但并不是研究的主要内容。

本书主要系统梳理了晋商在近代天津商业、贸易和金融领域的经济活动以及晋商在近代天津经济发展中的作用和影响。主要解决的问题有：晋商在天津是如何兴起的？晋商如何推动近代天津的商业、贸易和金融发展？晋商在近代天津的经济发展中扮演着什么样的角色？晋商与旅津其他商帮相比，有何相同点和不同点？晋商的独特性又表现在哪些方面？这些问题是引导本书研究开展的重要线索。基于对以上问题的思考和分析，本文拟设置九个部分，主要内容如下：

绪论部分主要介绍本书的选题意义、研究现状、主要内容和框架、研究方法和创新点等内容，并对研究的时间和空间范围进行说明。

第一章是明清以来天津经济发展概况，从长时段简要叙述天津经济发展

---

① 王凤山、冀春贤等：《宁波近代商帮的变迁》，宁波出版社 2010 年版；郑小娟、周宇：《15－18 世纪的徽州典当商人》，天津古籍出版社 2010 年版；尹铁：《商人与杭州早期现代化研究》，浙江大学出版社 2014 年版；秦树才：《滇南商人与商帮》，云南人民出版社 2014 年版；罗群：《商帮与近代云南地方社会》，云南人民出版社 2014 年版；冀春贤、王凤山：《明清地域商帮兴衰及借鉴研究——基于浙江三地商帮的比较》，郑州大学出版社 2015 年版。
② 陶水木：《浙江商帮与上海经济近代化研究（1840－1936）》，上海三联书店 2000 年版；贺三宝：《江右商帮兴衰对区域经济社会影响研究》，世界图书出版公司 2017 年版。

和演变的过程，重点阐释天津在不同历史时期经济发展的特点以及内外部环境的演变，为后文天津晋商经济活动研究进行铺垫。

第二章是晋商在天津的兴起，从明朝初年晋商在天津从事盐业运销活动开始，论述早期晋商在天津的盐业和金融活动，并结合清朝中期山西会馆的建立阐述晋商在天津集团化的发展路径和资本积累过程。

第三章是晋商在天津的商贸活动，分行业具体阐述晋商在天津主要从事的商业和贸易活动，具体包括烟草业、茶叶运销、棉布业、颜料业、染整业、皮毛业、货栈业等行业。

第四章是晋商在天津的金融活动，具体论述晋商在天津开设的典当、印局、账局、票号、银号等传统金融机构的产生和发展情况。

第五章是晋商在天津的衰落，论述在经历"庚子事变"等战乱冲击、外国洋行挤压和华商银行、外商银行的竞争之后，晋商在天津商贸和金融领域的衰落过程，重点揭示晋商在天津的优势行业票号业和典当业的衰落过程，并探究晋商在天津衰落的原因。

第六章是晋商与天津其他商帮的比较，从横向角度对比分析晋商与天津其他商帮的经济活动，在比较视野下分析晋商的发展历程，厘清晋商在天津的经营特点和发展脉络，总结天津晋商与其他商帮的共性与个性。

第七章是晋商在近代天津经济发展中的作用，指出晋商广泛地参与到近代天津的经济发展之中，推动了区域商业、贸易和金融的发展，促进了天津北方贸易和金融中心的形成，对于近代天津经济发展产生了重要影响。

最后是结论部分，对本书的若干主要结论进行总结梳理和简要概括。

综上所述，引言是本书的基础部分，主要介绍研究的基本框架、主要内容和研究综述。第二章至第七章是本书的主体部分，其中第二章至第五章主要探讨晋商在天津商业、贸易和金融领域中的表现，即晋商在天津的兴起、发展、鼎盛和衰落的过程。第六章从横向角度，以晋商为中心，对天津各大商帮进行了对比分析。第七章是在前文分析基础上的纵向深入，进一步分析了晋商在天津经济发展中的作用和影响。结论是本书的总结部分。本书的框架与各章之间的关系如图 0－1 所示。

| 意义与综述 | → | 绪论 |

| 经济背景 | → | 第一章　明清以来天津经济发展概况 |

| 商帮兴起 | → | 第二章　晋商在天津的兴起 |

| 早期盐业活动 | 早期金融活动 | 天津山西会馆 |

| 商帮发展 | → | 第三章
晋商在天津的商贸活动 | 第四章
晋商在天津的金融活动 |

| 烟草业、茶叶业、布业、
颜料业、染整业、
皮毛业、货栈业 | 典当、印局、账局、
票号、银号 |

| 商帮衰落 | → | 第五章　晋商在天津的衰落 |

| 商贸的衰落 | 金融的衰落 | 衰落的原因 |

| 商帮比较 | 横向比较 → | 第六章　晋商与天津其他商帮的比较 |

| 闽粤商 | 甬商 | 津冀商 | 鲁商 |

| 商帮影响 | 纵向深入 → | 第七章　晋商在近代天津经济发展中的作用 |

| 商业市场 | 贸易网络 | 金融市场 | 近代工业 |

| 总结 | → | 结论 |

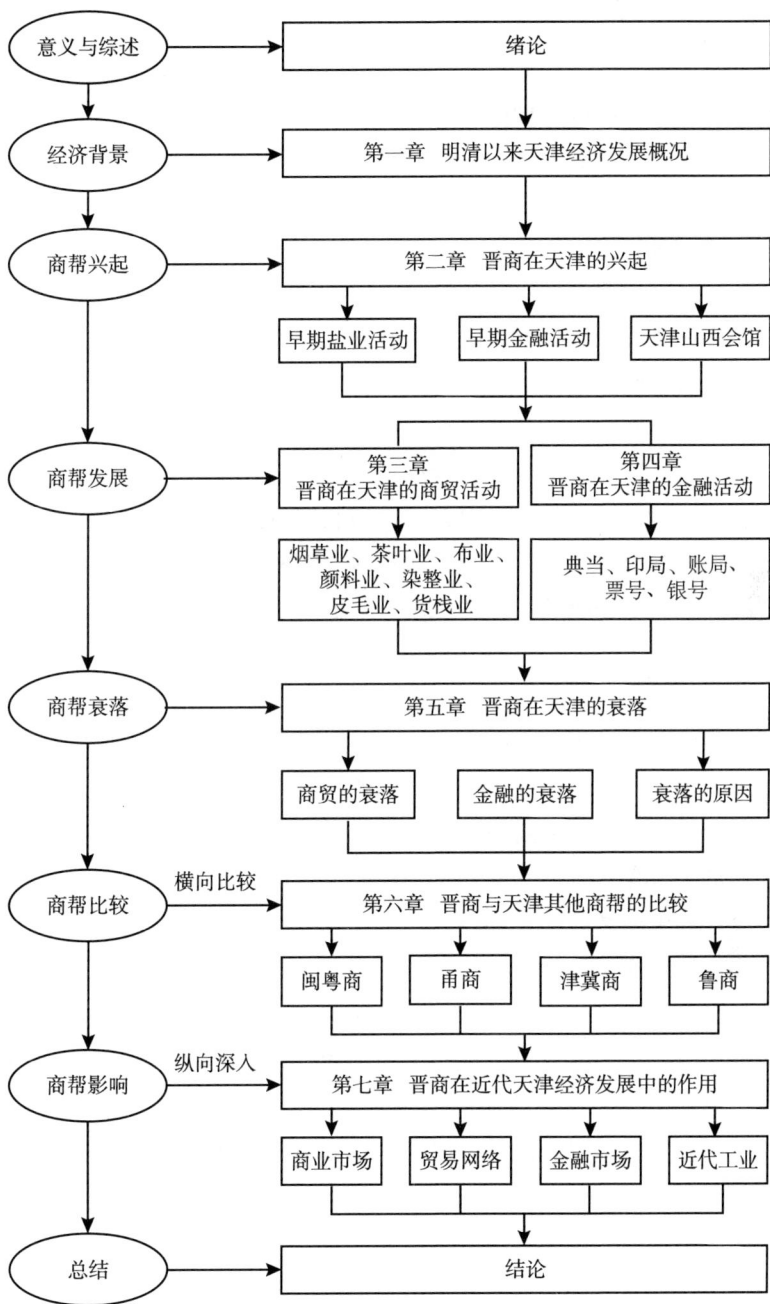

图 0 - 1　本书框架与各章之间的关系

二、研究方法

本书以马克思经济学理论为指导，将经济学、历史学、文献学等学科的理论方法有机结合，进行多学科综合研究，将定性分析与定量分析、宏观分析与微观分析相结合，在充分发掘新的历史资料和数据的基础上，努力使本书的研究得以深化。

首先，本书运用了历史分析法、比较史学、批判史学的研究方法。运用历史分析法、比较史学的方法，分析晋商在天津不同历史时期的发展变化。在史料搜集的基础上进行归纳分析，以批判方法对待史料以保证论述的客观性，并依据多方面史料对某些存在争议的问题进行论证。

其次，本书运用了档案学和考据学的研究方法。对天津商会档案、津海关档案、日本对天津调查资料以及民国报刊资料进行搜集、鉴别和整理，形成对历史事实客观和科学的认识，对资料记载的冲突之处进行考证，运用文献检索法搜集与课题相关的图书和电子数据。

三、主要创新

本书努力在研究视角、研究内容和史料解读等方面进行创新。

首先，本书在近代天津中西交汇影响的历史大背景下，考察晋商的发展与变迁，将微观和宏观分析视角相结合，既深入微观层面剖析晋商在天津不同历史时期的变化与发展，又从宏观层面将晋商与旅津其他商帮进行横向比较，总结梳理天津晋商的发展特点。

其次，晋商研究已经取得了非常丰硕的研究成果，但是在晋商与区域经济社会发展、晋商在全国各区域的经济活动等方面的专题研究较为缺乏，目前尚没有专著，已经落后于甬商和徽商的相关研究。本书将商帮史和城市史研究相结合，努力拓展晋商研究的新领域，是"晋商在中国"系列研究的重要组成部分，也是晋商区域性研究的重要补充。

最后，本书在充分利用津海关贸易报告和天津商会原始档案资料的基础上，较为系统地梳理了明清以来晋商在天津经济活动的相关资料，特别是注意搜集利用各地对天津商人的原始调查资料，以期丰富和拓展相关研究的史料基础。

第一章 明清以来天津经济发展概况

商帮史研究应当与城市史紧密结合，对晋商在天津经济活动的研究首先需要放在明清以来天津经济发展变迁的宏观背景下进行考察。关于明清以来天津经济发展的研究已经极为丰富，本章仅就与商帮发展相关的内容和背景进行简要概述。

第一节 1860 年前的天津经济

早期天津的商业贸易是在漕运和盐业两大基础上发展起来的，凭借毗邻北京的政治优势以及海河与渤海结合的地理优势，在国内南北埠际贸易中发挥了重要作用，在开埠之前已经成为北方货物集散中心和华北最大的商业中心和港口城市。开埠之前的时期也是天津晋、闽、粤、甬等各大商帮繁荣发展的时期。

一、农业与手工业

清朝初年，为了恢复被战争破坏的经济，清政府采取一系列措施对天津等地的农田水利进行修整，鼓励开垦荒地以促进直隶地区农业生产发展。康熙年间，天津总兵蓝理在天津城南河渠圩岸周围旱涝无常的贫瘠土地仿照南方水田进行开垦。雍正年间，天津营田发展到十围，包括贺家围、何家圈围、吴家咀围、双港围、白塘口围、辛家围、葛沽围、盘沽围、东泥沽围、西泥沽围。① 乾隆、嘉庆年间，天津一直有新的土地被开垦。乾隆二年

---

① 孙德常、周祖常：《天津近代经济史》，天津社会科学院出版社1990年版，第2～3页。

（1737 年），天津土地数为 3 793 顷 24 亩 9 分 4 厘，计征地丁税银 9 651 两 4 钱 6 分。① 鸦片战争以前，天津土地仍以放佃收租为主。

早期天津的手工业发展主要依赖于丰富的盐场资源以及便利的河运交通。天津地处渤海西岸，盐业资源非常丰富，天津早期的富商大多是以食盐贩运起家。明清以来，对天津盐业资源的管理为统治者所重视。"津门之地本斥卤，第一生涯惟醯贾"，② 明太祖洪武二年（1369 年）设立"河间长芦都转运盐使司"，下设沧州分司、青州分司，长芦盐名称即由此而来。明世宗嘉靖年间，长芦盐业生产逐渐采用日光晒盐法，产量大为增加。明朝末年，长芦盐的运销量已经达到 239 800 多引。③

清朝沿袭明制，在天津设立盐运使管理盐务，天津逐渐成为长芦盐转运枢纽和中心。乾隆初年，在天津县境有兴国、富国和丰财三个盐场，共有灶户 443 户，灶丁 2 475 人，灶地 1 266 顷 13 亩。④ 长芦盐业的迅速发展使盐商迅速崛起，比如著名盐商张霖原籍抚宁，早在顺治年间就来到长芦行盐致富。大盐商查氏原籍浙江海宁，在天津经营盐业成为巨富。至道光年间，长芦盐商聚津户数已经达到 372 户，每年出入天津的芦盐不下 60 余万引。盐商于康熙初年建立起行业组织"芦纲公所"，以筹办通纲公益、调解钱债纠纷等。很多盐商的引地在直隶河南各县，但总店却设在天津，如晋益恒津店、瑞昌津店等 20 来家均如此。

除盐业外，天津还有造船业和砖瓦业。造船在天津被称为排船，服务于盐、渔等业，是天津早期有影响的手工业，民国大军阀曹锟的祖父辈均经营此业。海河闸口以下建有皇船坞，是停泊修理清代历朝皇船的地方。砖瓦业亦为天津一大行业，明代三卫时期，各卫分别于马家口和西门外建立官窑 15 座。清代已多为民窑，按地域划分东西南北四路，营此业者有数十家。

二、商业与贸易

明代天津的商业贸易已经非常繁荣，天津已经成为北方的商品集散地，

---

① 王守恂：《天津政俗沿革记》卷六，转引自郭蕴静：《天津古代城市发展史》，天津古籍出版社 1989 年版，第 207 页。
② 《续天津县志》，引自天津市地方志编修委员会：《天津通志·旧志点校卷》中，南开大学出版社 2001 年版，第 462 页。
③ 来新夏：《天津近代史》，南开大学出版社 1987 年版，第 5 页。
④ 孙德常、周祖常：《天津近代经济史》，天津社会科学院出版社 1990 年版，第 12 页。

是南北贸易的重要中转站。当时的闽粤、江浙沿海商人在天津已经非常活跃，这也是闽粤帮在天津发展兴盛的历史基础，他们将南方的特产运至天津或东北销售，再从天津采购华北地区特产运回南方，沿途在重要口岸补充货物或就地销售，闽粤地区的蔗糖、兰靛、茶叶、海货、木料、果品、景德镇瓷器、江南竹木制品每年春季运到天津销售。江浙商人贩运丝绸、布匹到天津，有的通过大清河转贩至直隶境内。福建的南纸商由福建沿海路进入天津，一部分在天津就地销售，另一部分转运至北京。去往辽东的漕船，在天津购入青梭布、栀黄布、深兰布等各色布匹运销东北。① 由此可见，这一时期环渤海贸易开始形成。贸易的活跃导致商品交易的繁盛，明代天津城里曾建立五集，平均每月有十五天的集市交易时间，随着商品交易规模的扩大，明代弘治六年（1493 年）又增添一个市场，形成"五集一市"的商业格局，天津北门外和东门外的早期商业街区开始形成。

清代天津的商业贸易规模继续扩大，在开埠之前已经成为北方的货物集散中心和华北地区最大的商业中心和港口城市。② 清朝建立之后一直实行海禁政策，以镇压沿海反清复明力量和巩固统治，曾经繁荣的南北沿海贸易也一度被中断。在收复台湾和统一全国之后，康熙皇帝于 1684 年宣布开放全国海禁，南北沿海贸易再次恢复和繁荣起来，天津与南方各省的贸易规模逐渐增大，带动天津商业规模不断扩大。南方闽、粤、江、浙等地商人再次扬帆北上，商品货物种类较明代更为繁多，南北往来的次数也大为增加。清代，天津与东北地区的米粮贸易逐渐兴盛。乾隆初年，直隶地区米价昂贵，乾隆皇帝谕令放松对天津和东北地区粮船限制，"嗣后奉天海洋运米赴天津等处之商船，听其流通"。③ 此后，环渤海地区贩运粮食船只越来越多，乾隆时期发展到 300 余只，嘉庆道光年间"每岁约六百余只，每船往返各四、五次或五、六次不等。不但船户籍以养生，沿海贫民，以搬海粮石生活者，不下数万人"。④ 由于当时清朝与外国通商的四个口岸全部在南方，南方商人也较早参与到外国商品的贩运中，在由南向北的贸易货物中增加了各种外

① 《督饷疏草》卷三《天启三年发过鲜运疏》，转引自来新夏：《天津近代史》，南开大学出版社 1987 年版，第 6 页。
② 许檀：《清代前期的沿海贸易与天津城市的崛起》，载于《城市史研究》1997 年第 Z1 期。
③ 梁志忠点校摘编：《清实录东北史料全辑》第 4 册，吉林文史出版社 1998 年版，第 35 页。
④ 光绪《楼霞县志》卷 9《艺文志》《条陈时政疏》，转引自孙德常、周祖常：《天津近代经济史》，天津社会科学院出版社 1990 年版，第 16 页。

国商品，天津也由此出现了"洋货街"，晚清诗人描绘道，"百宝都从海舶来，玻璃大镜比门排，和兰琐伏（毛织品）西番锦，怪怪奇奇洋货街"。①

在南北贸易促进下，天津商业种类不断增加，城市规模也不断扩大，"天津去神京二百余里，当南北往来之冲，南运数万之漕悉道经于此，舟楫之所式临，商贾之所萃集，五方之民所杂处，……名虽曰卫，实在一大都会所莫能过也"。② 由漕运和南北商货贸易带动，粮食业、洋货局栈、木材业、绸缎业、竹货业、茶业、杂货业、广货业、瓷业、颜料业、皮货业、锅铁业、锡业等行业逐渐兴盛，天津北门外大街和东北地区宫北宫南大街一带成为天津早期商业中心，这里也是早期山西、闽粤、浙江商人聚集的区域。据《津门保甲图说》统计，19 世纪中叶以前天津城内外人口已经达到约 20 万人，其中 52.7% 的人是从事工商业的铺户，包括铺户、鱼贩、盐商、窑户等。③

早期天津的商业是在漕运和盐业两大基础上发展起来的，凭借海河与渤海结合的优越地理位置，占据河运与海运便利条件，天津在国内南北埠际贸易中发挥了重要作用。同时，元明清三代定都北京，中国的政治中心进一步向北方转移，天津作为拱卫京师的重要屏障，其政治和军事意义不断提升，区域经济发展的枢纽作用也日益显现。天津的城市功能主要是服务于京师的物资给养、战略屏障、交通发展等需要。天津是元代至民国北洋政府时期历代首都经济圈的重要组成部分，开埠之前天津已经相当繁荣，"畿辅喉襟之地，人杂五方，繁华奢侈，习俗使然。昔年漕运盐务盛时，生意勃勃，异常热闹"。④ 天津的经济发展离不开海运和河运的发展。从天津城市布局来看，明清天津城修筑在海河东岸，东西距离长而南北较短，呈长方形的布局构造，通过海河河道联系海上交通，南北运河联系水路交通，庞大而完备的水路交通体系使得天津快速发展成为货物集散中心。

天津在开埠之前，其贸易主要以国内埠际贸易为主，在南北贸易中主要起中转作用，进出天津的货物种类基本以农副产品和手工业制品为主。天津的商业主要建立在小农经济基础之上，其商业的繁荣很大程度上是作为北京

① 崔旭：《津门百咏》，转引自来新夏：《天津近代史》，南开大学出版社 1987 年版，第 8 页。
② 来新夏：《天津近代史》，南开大学出版社 1987 年版，第 6 页。
③ 罗澍伟：《近代天津城市史》，中国社会科学出版社 1993 年版，第 166 页。
④ 张焘：《津门杂记·自序一》，清光绪十年刻本。

的物资补给基地而取得的。北京是当时的政治中心，输入天津的大部分货物运往北京，供给北京的皇室、官吏和军队等消费。天津商品的供给主要取决于国内自然经济条件和运输条件，商业的发展还直接或间接地受地方官府的操纵。因此，开埠之前天津的商品吸纳和输出能力有限，尚未形成直接的经济腹地，城市的经济辐射力较弱，经济地位尚不如北京。

三、金融业

明代以来至开埠之前是天津传统金融业大发展的时期，印局、账局、典当、钱铺、票号等各类金融机构大量出现。这一时期也是晋商发展兴盛的时期，山西金融商人陆续进入天津并开始掌控天津金融市场。

盐业、漕运和南北贸易的繁荣带动了典当业和银钱业的发展。早期天津的典当业多为盐商经营，在清代道咸年间开设的 40 余家大当铺中，盐商开设的占半数以上。天津钱业始于乾隆年间，清代通用货币为制钱和银两，两种货币同时流通，必然产生兑换交易。随着天津商品经济的迅速发展，货币兑换日益频繁，兑换货币成为钱业的起源。最初专业从事兑换业务者多是独自经营，设摊而贾，称为"兑钱摊"。有的商铺也兼营兑换业务。由于钱摊盈利丰厚，逐渐开始独资设立店铺，雇佣二三人，经营兑换货币、存放款等项目，这时称为钱铺或钱号。天津东门外天后宫的宫南、宫北大街就是繁华的银钱市场。道光初年，天津钱号公所在天后宫财神殿成立，后又设公所议事厅。天津是山西票号的发祥地，也是票号在全国经营的主要城市，开埠前山西祁、太、平三帮票号在天津经营的格局已经形成，票号在天津的经营情况后文会详细论述，此处不再赘述。

第二节　1860～1899 年的天津经济

开埠之后，天津商业、贸易和金融格局发生了巨大变化，天津从国内埠际贸易中心转变为华北土特产品与国际商品交换的枢纽。外国洋行和银行大量进入，对中国商业和金融组织产生了严重冲击，中国商人不得不面对来自外国的竞争，天津的半殖民地化程度不断加深。

一、农业与工业

清政府继续对天津荒地进行开垦，大量水稻田的开垦奠定了天津水稻生产的基础。开埠之后，随着外国对中国农产品需求量的增加，天津原有的自然经济格局逐渐被打破，农产品商品化程度提高，刺激了天津本地经济作物的种植和加工。天津种植的经济作物主要有棉花、红枣、乌枣等，棉花在鸦片战争前就有一部分成为商品，随着外国对原棉需求量的增加，天津棉花的出口量也不断增加。1861 年棉花输出量仅 74 担，到了 1866 年猛增为 136 177 担。① 这些棉花一部分产自天津，另一部分产自天津周边的省份，中国商人在棉花运销中发挥了很大作用。天津郊县盛产的红枣和乌枣也被出口到西方各国。随着经济作物的发展，粮食生产商品化的程度也逐渐提高，主要表现在粮食加工业的发展上，特别是酿酒业的发展，1893 年天津向国外出口酒达到 6 833 担，价值 44 768 海关两。② 19 世纪后半期，随着农产品商品化的不断发展，在天津郊县的小农经济中分化出一些具有资本主义经营方式的富农和地主，光绪六年（1880 年）已经出现外地来的富户或商人以机械化方式进行农业生产的记载，"天津有客民在距津一百五十里地方，批租荒地五万亩，概从西法，以机器从事，行见翻犁锄耒，事半功倍"。③

开埠之后，受到外国机器大工业生产商品的冲击，天津工业格局发生巨变，传统手工业遭受打击，近代工业开始兴起。正如同鸦片战争时中国古老的武器装备在英国坚船利炮下不堪一击一般，西方机器化大生产制品对中国传统手工业产品带来巨大冲击，如同马克思指出的："成千上万的英美船只开到了中国，这个国家很快就为不列颠和美国廉价工业品所充斥。以手工劳动为基础的中国工业经不住机器的竞争。"④ 外国商品的大量输入使得天津传统经济基础瓦解，家庭手工业被破坏，中国自古以来的农村地区耕织结构解体。英国输入天津的棉纺织品最初遭到传统手工棉纺织业的强烈抵制，造成商品滞销。19 世纪 40～50 年代，洋布已经进入天津市场，但消费群体主

① 《北国春秋》1960 年第 1 期，第 73 页，转引自孙德常、周祖常：《天津近代经济史》，天津社会科学院出版社 1990 年版，第 68 页。
② 《北国春秋》1960 年第 1 期，第 74 页，转引自孙德常、周祖常：《天津近代经济史》，天津社会科学院出版社 1990 年版，第 68 页。
③ 李文治：《中国近代农业史资料》第 1 辑，三联书店 1957 年版，第 680 页。
④ 《马克思恩格斯全集》第 7 卷，人民出版社 2016 年版，第 264 页。

要是富裕阶层，市场需求很小。随着西方工业生产技术的提升和流通环节的缩短，英国纺织品质优价廉的优势逐步体现出来，中国传统棉纺织品逐步失去市场而萎缩。19世纪60年代之后，洋布大量倾销天津，民间需求也逐渐被释放出来，天津逐渐成为外国洋布向中国倾销的中心口岸。1863年天津进口各类洋布共达202 316匹，价值为1 018 822海关两，占洋货进入天津总额的16.24%。1883年已经达到2 958 549匹，价值为6 322 653海关两，占进入天津洋货总额的61.44%。① 在洋布的冲击下，中国传统棉纺织业逐步萎缩，"旧时妇女织成布匹，经纬之纱都出女手。自洋纱盛行，而轧花、弹花、纺纱等事，弃焉若忘，幼弱女子亦无有习之者"。② 除纺织业之外，凭借价格优势，外国生产的五金、生铁、煤油等机器化产品逐步取代了传统五金、土铁、植物油和蜡烛等，传统手工业逐步萎缩。外国洋行不但从天津输入各类商品，还在天津直接建立各类工厂，表1-1显示了天津开埠至"庚子事变"之前外资企业的开设情况。

表1-1　　　　　　　　　1860~1900年天津外资企业一览

开设年份	国别	工厂名称	资本额（两）	工人数
1874	英	大沽驳船公司	500 000	500
1887	英	高林洋行打包厂	—	—
1887	德	德隆洋行打包厂	—	—
1887	法	永兴洋行瑞兴蛋厂	—	50
1887	德、英	天津印刷厂	100 000	100
1888	德	隆茂洋行打包厂	—	—
1889	英	天津煤气公司	30 900	100
1890	德	华胜洋行打包厂	—	—
1890	德	安利洋行打包厂	—	—
1890	德	新泰兴洋行打包厂	—	—
1890	德	兴隆洋行打包厂	—	—

① 孙德常、周祖常：《天津近代经济史》，天津社会科学院出版社1990年版，第45页。
② 李文治：《中国近代农业史资料》第1辑，三联书店1957年版，第504页。

续表

开设年份	国别	工厂名称	资本额（两）	工人数
1891	英	高林洋行卷烟厂	10 000	50
1896	日	桑茂洋行石碱厂	——	10
1897	英	天津自来水公司	198 000	200
1898	英	平和洋行打包厂	——	——
1900	英	仁记洋行打包厂	——	——

资料来源：罗澍伟：《近代天津城市史》，中国社会科学出版社 1993 年版，第 255 页。

　　为了抵制外国经济势力的侵入，清政府开展"洋务运动"以继续维持统治，天津是洋务运动的中心地区，天津近代工业开始兴起。天津机器局、北洋水师大沽船坞、轮船招商局、天津电报局、天津铁路公司、北洋铁路局、开平煤矿等官办工业先后创立。同时，天津民族资本家也开始投资近代工业，天津早期的民族资本家主要由粤商和甬商组成，他们很早就与外国人做生意，不少人是外国洋行的买办。他们模仿外国人的做法，购买外国新式机器，投资兴办新式工业。"庚子事变"之前，天津民族资本经营的工业企业共有 10 家左右，雇佣工人总数约 1 300 人，主要涉及面粉业、火柴制造业、毛纺织业、机器制造业等领域。1878 年招商局总办道台朱其昂创办天津贻来牟机器磨坊厂，1884 年广东商人罗三佑创办天津第一家机器铁工厂德泰机器厂，1887 年杨宗濂和吴懋鼎创办天津自来火公司，吴懋鼎于 1898年又创办了天津织绒厂。[①]

二、商业与贸易

　　1860 年天津开辟为通商口岸之后，外国洋行和商品大量涌入，原有封闭的国内商品流通格局被打破，天津逐渐发展成为华北传统商品市场与国际商品市场的纽带，开始了西方资本主义大机器生产的商品与华北传统的农副产品之间的交换时代，"乃自西洋通款各国来津贸易者既夥，议准于距城五里之紫竹林地方设立关榷，建造房屋，中外互市，华洋错处，轮船懋迁，别

---

① 孙德常、周祖常：《天津近代经济史》，天津社会科学院出版社 1990 年版，第 120 ~ 122 页。

开生面，为北洋通商要地，由是益臻繁盛，焕然改观"。[①]

开埠初期，天津进出口贸易额迅速增长（见表 1 - 2），天津港在全国港口的地位显著提升。由表 1 - 3 可见，1894 年外国商品净进口值位居全国第 2 位，比 1865 年增长了 1.81 倍，增长率仅次于上海。由表 1 - 4 和表 1 - 5 可见，1894 年国内商品净进口值和净出口值分别位居全国第 1 位和第 6 位，比 1865 年分别增长了 2.8 倍和 4.73 倍，增长率均位居全国第一。

表 1 - 2　　　　　　天津开埠后进出口贸易额统计　　　　　单位：海关两

年份	进口总数	出口总数	年份	进口总数	出口总数
1855	11 852 437	1 704 916	1888	24 208 777	3 750 240
1866	16 583 457	2 687 962	1893	32 609 200	5 960 947
1870	16 188 609	733 577	1894	37 412 806	6 864 248
1873	15 946 800	1 256 573	1895	41 068 882	9 158 924
1878	18 818 692	1 954 787	1899	61 903 755	15 700 807
1883	18 349 345	3 317 666			

资料来源：罗澍伟：《近代天津城市史》，中国社会科学出版社 1993 年版，第 168 页。

表 1 - 3　　　　1865 年和 1894 年国内重要口岸外国商品净进口值比较

名称	1865 年贸易值（海关两）	名次	1894 年贸易值（海关两）	名次	贸易值增长倍数
上海	10 617 005	1	30 485 714	1	1.87
汉口	8 445 545	2	10 985 275	4	0.30
天津	7 724 571	3	21 712 098	2	1.81
广州	6 775 928	4	13 699 283	3	1.02
厦门	6 282 689	5	5 995 854	6	- 0.05
汕头	4 078 788	6	8 650 411	5	1.12

资料来源：根据以下资料整理：孙德常、周祖常：《天津近代经济史》，天津社会科学院出版社 1990 年版，第 86 页。

———————

① 张焘：《津门杂记·自序一》，清光绪十年刻本。

表 1 - 4   1865 年和 1894 年国内重要口岸国内商品净进口值比较

名称	1865 年贸易值（海关两）	名次	1894 年贸易值（海关两）	名次	贸易值增长倍数
上海	5 643 595	1	6 269 184	3	0.11
天津	4 127 866	2	15 700 708	1	2.80
厦门	3 529 126	3	4 027 274	4	0.14
汕头	3 110 119	4	10 774 430	2	2.46
福州	3 106 915	5	1 361 744	6	- 0.56
宁波	2 242 363	6	1 843 342	5	- 0.18

资料来源：根据以下资料整理：孙德常、周祖常：《天津近代经济史》，天津社会科学院出版社 1990 年版，第 86 页。

表 1 - 5   1865 年和 1894 年国内重要口岸国内商品净出口值比较

名称	1865 年贸易值（海关两）	名次	1894 年贸易值（海关两）	名次	贸易值增长倍数
上海	21 826 381	1	45 940 093	1	1.10
福州	15 984 331	2	7 025 031	5	- 0.56
广州	13 485 207	3	18 031 721	3	0.34
汉口	12 621 639	4	23 218 827	2	0.84
九江	6 273 930	5	6 705 479	7	0.07
宁波	5 081 457	6	5 615 081	10	0.11
汕头	2 961 885	7	6 483 667	9	1.19
烟台	2 527 380	8	6 569 738	8	1.60
牛庄	2 167 314	9	8 532 443	4	2.94
厦门	2 001 086	10	2 650 020	11	0.32
天津	1 197 158	11	6 864 248	6	4.73

资料来源：根据以下资料整理：孙德常、周祖常：《天津近代经济史》，天津社会科学院出版社 1990 年版，第 86~87 页。

但这一时期天津港的直接贸易相较于转运业逊色很多，天津港开埠之后的贸易特点是以转运业为主，天津进出口贸易主要从上海转口，多数由上海商号开设的分号代理，由此天津与上海的商贸和金融联系极为紧密，而直接的国际贸易规模则较小。19 世纪 60 年代主要的对外贸易国是日本和暹罗（今泰国），上海是当时全国最大的口岸，而天津的航道通塞、港口设施、汇兑结算条件都无法与上海相提并论，来往货船停驻所耗费的各项费用也比上海港昂贵。当时仅从出口贸易的绝对值来看，天津港虽然是逐年增长，但都基本依附于上海港口进行，经过津海关转运的大部分货物都来自上海口岸，当时天津口岸只能称为上海口岸的附属港，多是与国内其他通商口岸进行的间接贸易，"查天津来往土货之口，计上海、汉口、福州、香港及广东等口为首，但几乎全数经由上海转运"，"洋制品在华之消费口岸言之，天津虽居最大者之列，但皆仰于上海"。①

由于天津是华北唯一通商口岸，天津的经济腹地逐渐形成并扩大。开埠初期，天津输入的洋布等洋货主要销往直隶、山西、山东西部和河南北部等地，小部分销往陕西和蒙古等地。至 19 世纪 70 年代，清政府实行内地子口税三联单制度后，一些洋行深入内地采购羊毛等畜牧产品，1870年天津出口货物中出现了草帽辫、驼毛、羊毛、猪鬃、山羊皮褥子等新产品，天津的经济腹地扩展到西北和蒙古牧区。② 19 世纪末 20 世纪初，天津的经济腹地已扩展至直隶省、山西省、山东省、河南省、陕西省、甘肃省以及新疆、蒙古和东北地区，面积 200 余万平方英里，覆盖人口约 6 700 余万人，③ 形成了以天津为中心的华北、西北和东北"三北"经济圈。同时，"庚子事变"后，天津的租界面积急剧扩大，港口基础设施不断完善，贸易结构也逐渐发生变化，由之前主要对上海的转口贸易转向直接对外贸易。为适应对外贸易扩大的需求，洋行陆续来津投资设厂，由 1890 年的 47 家增加到 1906 年的 232 家。④ 伴随着贸易的发展，越来越多的外国银行陆续在租界内设立分行。由此可见，贸易及商业市场的扩大是推动近代天津经济发展的主要力量。

开埠之后，俄国终于取得了在天津自由贸易的特权，并且享受比其他列强更为优惠的贸易权利，由此在天津的势力迅速扩大，对以晋商为代表的传

---

① 吴弘明编译：《津海关贸易年报（1865～1946）》，天津社会科学院出版社 2006 年版，第 2、160 页。

② 孙德常、周祖常：《天津近代经济史》，天津社会科学院出版社 1990 年版，第 88 页。

③ 数据引自日本"清国驻屯军司令部"编写的《天津志》，1909 年由博文馆印刷。

④ 孙德常、周祖常：《天津近代经济史》，天津社会科学院出版社 1990 年版，第 131 页。

统商帮产生了巨大冲击。其实早在 18 世纪初期，俄国就已经看到天津的政治和经济价值，1730 年俄国商人萨瓦在向沙皇提交的秘密报告中说，"看来有一条海道——不必怀疑——可以进入中国的著名海港天津。从天津到北京只有七十俄里（70.69 公里），通过此路难免发生战争，因此需要一支坚强的船队"。① 天津在俄商的茶叶贸易中居于核心地位，1861 年俄商在中国设立洋行，他们直接深入南方茶叶产地监督收购，一部分茶叶由俄商在汉口加工之后通过长江运到上海，之后再运到天津，从陆路转运到恰克图。俄商的茶叶贸易对山西茶商产生了巨大冲击。俄国远东铁路修通之后，天津转口贸易逐渐减少，到俄国十月革命后完全停顿。

三、金融业

开埠之后，天津的金融业格局发生了重大变化，金融主权逐步丧失。随着外国洋行的进入，天津的进出口贸易被洋行操控，为了便于资金结算和控制天津金融市场，外国银行纷纷在天津设立分行，天津的金融主权逐渐被外国银行攫取，金融领域的半殖民地化加深。

1860 年开埠之后，天津外商的资金融通主要是依靠怡和、宝顺、旗昌等实力雄厚的洋行提供，但随着对外贸易规模的不断扩大，这种资金融通的方式逐渐不能适应贸易发展的需求。天津历史上最早出现的现代银行是1881 年英国汇丰银行在天津设立的分行，② 极大地便利了洋行在天津的贸易业务，"汇丰银行在这个港口（天津港）有了一个营业鼎盛的分行，使得天津的洋行在金融周转方而得以享受和上海洋行同样的便利，能够直接进口，节省了从上海转运的费用，从而得以较低的价格把货物运到天津"。③ 汇丰银行天津分行的设立拉开了外国银行在天津设立分行的序幕，由此掀起了一股外国银行设立的浪潮。由表 1 - 6 可见，近代天津主要外国银行比如英国汇丰银行、德国德华银行、英国麦加利银行、俄国华俄道胜银行、日本横滨正金银行大多是在 1900 年之前就已经进入天津。

---

① 来新夏主编：《天津近代史》，南开大学出版社 1987 年版，第 11 页。
② 汪敬虞：《十九世纪外国在华银行势力的扩张及其对中国通商口岸金融市场的控制》，载于《历史研究》1963 年第 5 期。
③ 严中平：《中国近代经济史（1840～1894）》，人民出版社 1989 年版，第 1082 页。

表 1-6　　　　　　　　　　　近代天津主要外资银行

序号	名称	津行成立时间	国家	总行所在地	总分行	地址
1	汇丰银行	1881	英国	香港	分行	英租界中街
2	德华银行	1890	德国	上海	分行	英租界领事道
3	麦加利银行	1896	英国	伦敦	分行	英租界中街
4	华俄道胜银行	1897	俄国	北京	分行	英租界中街
5	横滨正金银行	1899	日本	横滨	分行	英租界中街
6	花旗银行	1901	美国	纽约	分行	英租界中街
7	华比银行	1906	比利时	布鲁塞尔	分行	英租界中街
8	东方汇理银行	1907	法国	巴黎	分行	法租界中街
9	义品放款银行	1912	法比合办	布鲁塞尔	分行	英租界中街
10	万国储蓄会	1912	法国	上海	分行	法租界中街
11	正隆银行	1915	日本	大连	分行	日租界昶街
12	运通银行	1917	美国	纽约	分行	英租界中街
13	朝鲜银行	1918	日本	朝鲜京城	分行	法租界中街
14	大东银行	1922	日本	北京	分行	法租界中街
15	大通银行	1929	美国	纽约	分行	英租界中街
16	天津商业放款银行	1932	美国	天津	总行	英租界大沽路

资料来源：根据汪敬虞：《十九世纪外国在华银行势力的扩张及其对中国通商口岸金融市场的控制》，载于《历史研究》1963 年第 5 期；沈大年主编：《天津金融简史》，南开大学出版社 1988 年版，第 19～20 页；吴石城：《天津之外商银行》，载于《银行周报》1935 年第 19 卷第 29 期，第 16 页后附表相关内容整理。

　　清末为抵御外国银行势力的扩张，维护国家主权和民族资本主义发展，各式华资银行纷纷设立。1897 年，中国第一家华资银行——中国通商银行成立，总行设在上海，银行为官商合办性质，并于 1898 年在天津设立分行，这也是天津的第一家华资银行。开埠之后，天津埠际贸易的扩大依赖票号资金进行调节，钱业也多吸收票号存款以扩充业务，"庚子事变"之前是天津票号的繁盛时期。

第三节　1900～1949年的天津经济

20世纪之后，天津经济发展的外部环境非常不稳定，先后遭受"庚子事变"、壬子兵变、军阀混战和日本入侵的影响，经济遭受巨大破坏。外国资本在天津急速扩张，其中尤以日本的扩张为剧。天津国际贸易结构发生了重大变化，直接出口比重显著提升。外国银行在天津的势力继续扩张，华资银行快速成长，传统银钱业在激烈竞争中艰难生存。

一、农业与工业

20世纪后，随着交通工具、基础设施、城市规模的发展完善，天津对内陆的辐射能力和吸引能力进一步增强，农产品商品化程度不断提高。国内外纺织业迅速发展，棉花需求大幅上涨，进一步刺激了天津及其腹地的棉花种植。华北平原广大农村的花生、芝麻、水果等经济作物种植面积也不断扩大。然而，由于战乱频发、政局混乱，天津的农田土地先后被各级官僚、军阀和地主势力侵占。1929年世界经济危机爆发后，国际市场需求萎缩，对华北地区农产品市场造成很大冲击。日本侵占天津后，天津土地又被日本侵占控制。到天津解放前夕，由于长期战乱和灾祸影响，天津农业经济濒于破产。

"庚子事变"之后，外国工业资本在天津快速扩张。到1913年，天津外国工业企业资本总额约为400余万元，同期外国在华工业企业资本总额约为2 800万元，天津约占15%。① 第一次世界大战后外资工厂在天津势力继续扩大，由表1－7可见，英国工厂规模较大，资本较为雄厚，而日资工厂数量较多，涉及行业较广。在1928年国民革命军占领天津之前，外国资本在天津累计投资设厂76家，投入资本1 770余万元。1931年"九一八事变"之后，日本侵占东北并开始武力威胁华北地区，英美等国在天津的工业投资受到一定影响，开设的企业数量和生产规模都不如日资企业。同英美等国在天津的工业投资相比，日本的投资增长最快，开设的工厂企业达到

---

① 孙德常、周祖常：《天津近代经济史》，天津社会科学院出版社1990年版，第137页。

40 余家，^① 主要集中在纺织、化学、食品三个工业部门。

表 1 - 7　　　　　　　　1912～1927 年天津开设外资工厂情况

时间	国家	名称	时间	国家	名称
1912	英国	大英烟公司天津工厂	1922	美国	保华油漆染料厂
1914	美国	美孚石油公司天津洋烛厂	1923	美国	海京地毯厂
1915	日本	清喜洋行骨粉工厂	1924	英国	屈臣氏药房汽水厂和制冰厂
1916	日本	寿星面粉公司	1924	英国	和记洋行天津分厂
1917	日本	东亚火柴厂	1925	美国	倪克地毯厂
1918	美国	中国电气公司天津分公司	1925	美国	乾昌地毯厂
1918	日本	精泽织绒厂	1925	英国	东方机器厂
1918	日本	裕津制革厂	1925	日本	三友洋行火柴厂
1919	英国	德隆洋行打包厂	1927	美国	美古绅洋行纺毛厂
1920	日本	中华火柴厂			

资料来源：根据以下资料整理：孙德常、周祖常：《天津近代经济史》，天津社会科学院出版社 1990 年版，第 173～174 页。

　　20 世纪之后，特别是在民国建立之后，天津的民族工业开始出现持续发展势头，初步奠定了以原材料加工为主的轻工业格局。天津逐步建立起以制革、烟草、玻璃、烛皂、火柴、造纸等行业为主的日用品工业，以面粉、汽水、啤酒，榨油等行业为主的食品工业，以织呢、织绒、染织等行业为主的织染工业以及铸铁和机器行业。

　　天津民族工业企业的数量和资本额在上海、武汉、广州之后位居全国第四位。^② 然而，民族资本主义工业的发展势头并没有保持下去，1929 年欧美国家发生经济大危机，九一八事变之后天津又失去了东北市场，给天津民族工业造成严重困难。1937 年日本占领天津之后，立即对天津工矿企业展开野蛮掠夺。天津沦陷期间，日本规定军用物资和重要产品不准出售，一律由日伪政府征购。抗战胜利后，天津的工业生产一直处于停滞和半停滞状态，

① 孙德常、周祖常：《天津近代经济史》，天津社会科学院出版社 1990 年版，第 174 页。
② 孙德常、周祖常：《天津近代经济史》，天津社会科学院出版社 1990 年版，第 142 页。

1948 年的金圆券改革造成的币制严重混乱加速了天津经济的崩溃。

二、商 业 与 贸 易

20 世纪之后,天津进出口贸易格局发生了重要变化,之前的上海转口贸易逐渐被对外直接贸易超越。天津与日本的直接贸易规模日益扩大,而原先在天津对外贸易中占据主导地位的英国贸易份额相对减少,日本的势力在天津的商业和贸易领域逐渐占据重要地位。受西方国家 1929 年经济危机影响,天津贸易逆差严重,九一八事变之后,东北失陷,土产来源受到影响,同时国际市场需求日益缩小,天津出口贸易从 1932 年开始急剧下降。1933年和 1934 年日军侵占热河造成政局动荡,加之黄河泛滥成灾,天津商业大受影响,出口额连续下降。1936 年上半年由于受到日本策划的"冀东走私"贸易的影响,华界和租界区倒闭商店达 2 000 余家,天津商业遭受严重打击。[①] 1937 年日军占领天津之后,封锁了我国北方各港至上海的航路,天津商业遭到日伪政府的掠夺。抗日战争胜利之后,天津商业短暂恢复,但很快又由于币制改革失败而陷入混乱。

三、金 融 业

20 世纪之后,由于受到战乱、兵变和军阀混战的破坏,天津金融业在艰难中发展。"庚子事变"中,天津金融业遭受严重破坏,山西票号暂时从天津撤庄。在联军占领时期,由于缺乏约束,天津钱业迅速膨胀,为之后钱业动荡埋下了祸根。天津外国租界面积继续扩大,形成"九国租界",成为中国租界面积最大的城市,为了躲避灾祸,华商银号、银行和商铺陆续迁入租界内,天津的金融中心由此转移到租界内。

外国银行在天津的势力继续扩大,日本和美国的银行势力扩张尤其快速。民国建立之后,由于第一次世界大战爆发,欧洲各国无暇东顾,日本和美国趁机扩张在中国的金融势力,这一时期在天津设立的外国银行分行也主要以日本和美国银行居多,比如日本的正隆银行、朝鲜银行和大东银行,美国的运通和大通银行等。外商银行在天津金融市场上占据重要地位,操纵着天津金融市场,比如天津的外汇市场长期被英国汇丰银行垄断。民国初年,

---

① 孙德常、周祖常:《天津近代经济史》,天津社会科学院出版社 1990 年版,第 242 页。

天津汇丰、麦加利、花旗、正金、东方汇理等 12 家外商银行组成天津银行汇兑公会，试图进一步垄断天津外汇市场。到清朝灭亡时为止，德国、俄国、日本、美国、法国等主要资本主义国家均先后在天津设立分行。

　　20 世纪后，天津华资银行势力逐步壮大，势力渐渐超越传统银钱业，而以晋商为代表的传统商帮却未能顺应华资银行的发展浪潮。1902 年，为了平息金融风潮和维护金融市场稳定，直隶总督袁世凯设立天津官银号，也称为"直隶省官银号"或"天津银号"，虽然名称中仍然带有旧式金融机构的称谓，但也具有新式银行的性质。天津官银号是天津第一家地方性银行，其经营宗旨为"维持市面，振兴实业"，成为北洋政府兴办实业与直隶地区早期资本主义工商业发展的重要金融支柱，在近代天津历史中占据重要地位，天津官银号于 1910 年正式改组为直隶省银行。清政府为加强金融控制，于 1905 年和 1908 年相继成立户部银行和交通银行，前者为国家中央银行，后者统揽国家邮、电、路、航四政款项并享有发行钞票权，由于天津在北方金融市场的中心地位，两行很快在天津分别设立分行，1905 年户部银行天津分行成立，1908 年更名为大清银行天津分行，辛亥革命后于 1912 年改组为中国银行天津分行，交通银行天津分行于 1908 年成立。清末天津较大规模的华资商业银行是 1911 年成立的殖业银行，此外还有一些小规模的商业银行，比如志成银行、厚德商业银行等。① 与中央和地方官办银行不同，天津的商业银行设立时间较晚，反映出清末民族资产阶级和新兴的银行势力较为弱小。

　　民国之后，华资银行在天津出现了设立的高潮，金城银行、大陆银行、大中银行等纷纷在天津成立，盐业银行、中孚银行、兴业银行、中南银行等国内重要商业银行陆续在天津设立分行，天津华商银行数量不断增加，实力不断增强，基本奠定了民国时期天津华资银行的体系。至 1937 年日军占领天津之前，天津历史上共成立较大规模的华资银行 37 家，其中总行设立在天津的有 14 家，② 见表 1-8。为了团结互助，天津的华资银行建有同业组织，即天津银行业同业公会。

---

　　① 天津市地方志编修委员会：《天津通志·金融志》，天津市社会科学院出版社 1995 年版，第 145 页。
　　② 包含曾经将总行设立在天津的银行，1927 年南京国民政府成立之后，不少银行将总行迁往上海。

表 1 - 8   1937 年之前成立的天津华资银行

序号	名称	津行成立年份	性质	总行所在地	总分行或办事处	津行地址
1	中国通商银行	1898	官商合办	上海	分行	
2	天津官银号	1902	官办	天津	总号	北马路
3	户部银行	1905	官办	北京	分行	北马路
4	交通银行	1908	股份有限公司	上海	分行	法租界四号路
5	北洋保商银行	1910	股份有限公司	北京	分行	法租界中街
6	殖业银行	1911	股份有限公司	天津	总行	法租界四号路
7	中国银行	1912	股份有限公司	上海	分行	法租界
8	新华信托储蓄银行	1914	股份有限公司	上海	分行	法租界中街
9	盐业银行	1917	股份有限公司	上海	分行	法租界八号路
10	金城银行	1918	股份有限公司	天津	总行	英租界中街
11	中孚银行	1918	股份有限公司	上海	分行	法租界八号路
12	聚兴诚银行	1918	股份有限公司	重庆	分行	法租界中街
13	浙江兴业银行	1919	股份有限公司	上海	分行	英租界天增里
14	大陆银行	1919	股份有限公司	天津	总行	法租界三号路口
15	明华商业储蓄银行	1919	股份有限公司	上海	分行	法租界四号路
16	天津边业银行	1919	股份有限公司	天津	总行	法租界巴黎道
17	大生银行	1919	股份有限公司	天津	总行	法租界六号路
18	中南银行	1921	股份有限公司	上海	分行	英租界中街
19	中国实业银行	1921	股份有限公司	上海	分行	英租界领事道
20	东莱银行	1921	股份有限公司	上海	分行	法租界二十一号路
21	裕津银行	1921	股份有限公司	天津	总行	宫北大街
22	东陆银行	1921	股份有限公司	天津	分行	
23	上海商业储蓄银行	1923	股份有限公司	上海	分行	法租界五号路

续表

序号	名称	津行成立年份	性质	总行所在地	总分行或办事处	津行地址
24	中国农工银行	1925	股份有限公司	上海	分行	法租界七号路
25	国民商业储蓄银行	1925	股份有限公司	香港	分行	法租界二十六号路
26	中国垦业银行	1925	股份有限公司	上海	分行	法租界六号路
27	中国丝茶银行	1925	股份有限公司	天津	总行	法租界杨福荫里
28	华威银行	1925	股份有限公司	天津	总行	
29	山西省银行	1927	省政府经营	太原	分行	法租界三十二号路
30	大中银行	1928	股份有限公司	上海	分行	法租界一号路
31	中央银行	1929	国民政府经营	上海	分行	英租界中街
32	河北省银行	1929	官办	天津	总行	法租界八号路
33	河南农工银行	1930	股份有限公司	开封	办事处	英租界广东路
34	中国国货银行	1931	股份有限公司	上海	分行	法租界八号路
35	中原商业储蓄银行	1931	股份有限公司	天津	总行	日租界福岛街
36	国华银行	1934	股份有限公司	上海	分行	法租界中街
37	天津市民银行	1935	股份有限公司	天津	总行	东北角单街子

资料来源：根据以下资料整理：吴石城：《天津之华商银行》，载于《银行周报》1935年第19卷第19期，第14~15页；天津市地方志编修委员会：《天津通志·金融志》，天津市社会科学院出版社1995年版，第101页。

天津历史上还有一类银行是由中国和外国合资设立的银行，这类银行数量有限，影响力也较小。天津最早的中外合资银行是1910年成立的北洋保商银行，为了解决当时拖欠洋商货款问题，由中、德、日三国商人合资创办。之后的中外合资银行都为民国之后成立，大多为外地银行在天津设立的分行，只有1920年中日合资创办的天津银行将总行设在天津，见表1-9。

表 1 - 9 天津主要中外合资银行

序号	名称	津行成立时间	国家	总行所在地	总分行	地址
1	北洋保商银行	1910	中德日	天津	总行	北马路
2	中华懋业银行	1920	中美	北京	分行	法租界六号路
3	华义银行	1920	中意	上海	分行	法租界中街
4	天津银行	1920	中日	天津	总行	日租界昶街
5	美丰银行	1923	中美	上海	分行	法租界七号路
6	中法工商银行	1923	中法	巴黎	分行	英租界中街
7	中华汇业银行	1924	中日	北京	分行	法租界大沽路
8	远东银行	1924	中日	哈尔滨	分行	英法租界交界营口道

资料来源：根据以下资料整理：沈大年：《天津金融简史》，南开大学出版社 1988 年版，第 21 页；天津市地方志编修委员会：《天津通志·金融志》，天津市社会科学院出版社 1995 年版，第 159～161 页。

第二章　晋商在天津的兴起

天津是我国重要的盐产区，晋商在天津因盐而兴。凭借明朝初年"开中法"的国策以及山西靠近北方九边重镇的地理优势，晋商累积了大量资本，为之后在天津的发展壮大奠定了坚实基础。晋商也是最早在天津建立会馆的商帮之一，从天津山西会馆的产生也可以审视晋商在天津的崛起过程。

第一节　晋商在天津的早期盐业活动

晋商在天津最早的经营活动可能很难考证，但天津特殊的要素禀赋以及明初实施的"开中法"政策为探讨晋商在天津的早期经营活动提供了可能的分析路径。

天津自古以来就是我国重要的盐产区，也是环渤海盐产区的主要组成部分，丰富的海盐资源成为商人致富的来源，正如清代诗人崔旭在《津门百咏》中写道："堆积如山傍海河，河东数里尽盐坨。民间珍视同珠玉，不道此间如许多。"[①] 天津地处渤海西岸，是长芦盐区的中心地带，长芦盐闻名全国，到目前仍被广泛食用。天津盐业开发最早可追溯至西汉时期，汉武帝时期频繁用兵，财政拮据，武帝听从大臣建议实行食盐专卖制度，并开始在全国产盐集中区域设置盐官，其中就包括渔阳郡之泉州（今天津武清区）和渤海郡之章武（今天津和河北沧州等地）。[②] 金元时期，长芦盐业生产已初具规模，元代曾在渤海西岸设立多处盐场，其中丰财盐场（现塘沽盐

---

① 华鼎元辑，张仲点校：《梓里联珠集》，天津古籍出版社1986年版，第155页。
② 张毅：《明清天津盐业研究（1368－1840）》，天津古籍出版社2012年版，第12页。

场）、芦台盐场（现汉沽盐场）和三叉沽盐场都在天津境内，这三大盐场产盐丰富，为天然的优良海盐产区。明朝永乐年间，官府曾在沧州设立"长芦都转盐运使司"，所以直隶盐以"长芦"冠名。明中叶以后，随着漕运的兴盛和水路交通的畅达，芦盐运销大为便利，天津盐业发展迎来重要发展机遇。清代商品经济快速发展，天津完成了由军事城堡向多功能商业城市的转变，① 天津取代沧州在长芦盐场的中心地位，天津盐业愈加繁盛，康熙十六年（1677 年），长芦都转盐运使司迁至天津，天津正式成为长芦盐务管理中心。长芦盐场经过多年的整合裁撤，至道光年间尚存 8 场，其中天津的丰财、芦台二场是芦盐的产销中心。以上是长芦盐从西汉至清前期大致的发展脉络，天津在长芦盐产销中的中心地位是伴随着清代天津商业城市的发展而最终确立的，而晋商在长芦盐运销中的重要地位还需要从明朝初年的"开中法"讲起。

明朝初年虽然实现了国家统一，但北部面临元朝残余势力的威胁。明太祖朱元璋为了巩固北部边境，在长城沿线 9 个重要据点建立了军事堡垒，称为"九边重镇"，屯兵 80 余万。由于塞北天气寒冷，土地贫瘠，不适宜耕种，招纳附近农民运粮不但耽误农事，而且具有一定风险，军队的棉衣和粮食供给成为明朝建国之初面临的重大问题。朱元璋在听取大臣建议之后，决定于洪武三年（1370 年）实行"开中法"，即商人通过向边镇运送粮食来换取盐引，再到指定盐场支盐贩卖，这样既解决了边镇的粮食供应问题，也有利于激发商人的运粮积极性。山西在早期"纳粮中盐"中占据较大地缘优势，山西距离北方九边重镇和长芦盐场的距离相对较近，同时又占据山西南部河东盐场的本土优势，晋商捷足先登，享受到"开中法"的政策红利。长芦盐场是明朝政府指定的辽东、蓟州、宣府、大同、固原五镇的中盐盐场，② 晋商在长芦盐场非常活跃，据《新修长芦盐法制》记载，"明初分商之纲领者五，曰浙直之纲，曰宣大之纲，曰泽潞之纲，曰平阳之纲，曰蒲州之纲"，③ 五纲之中山西商人占了四纲，可见晋商在长芦盐场中的重要地位。盐商种类繁多，按照盐业运销的不同流程可以划分为运商、场商、业商、租

---

① 郭蕴静：《清代天津商业城市的形成初探》，载于《天津社会科学》1987 年第 4 期。
② 张正明：《晋商兴衰史》，山西古籍出版社 1995 年版，第 15 页。
③ 段如蕙：《新修长芦盐法志》卷 2《沿革》，引自《中国史学丛书》初编第 43 册，台湾学生书局 1966 年版，第 112 页。

商、代商等类别，"主行盐者谓之运商，主收盐者谓之场商，占岸者曰业商，租引者曰租商，代租商办运者曰代商"，① 山西商人从运商逐渐向场商和业商转化。

弘治年间，随着货币白银化的发展，"开中法"由纳粮中盐转变为纳银中盐，即商人向官府交纳白银也可换取盐引，由此晋商内部出现了分化，一部分晋商继续从事边镇粮食运销，而另一部分晋商则专门从事长芦盐业经营，逐步成为豪商巨贾。明朝万历年间内阁首辅张四维之父张允龄长期在天津从事盐业经营，获利巨大。张四维之弟张四教从父经商，"治业滋久，谙于东方鹾利源委，分布调度，具有操纵。末年业用大裕，不啻十倍其初"。② 与张家为姻戚，同为蒲州大族的王文显也曾外出经商，"翱翔长芦之城"。③ 此外，蒲州商人王海峰"初亦略抵诸域校计所以赋财，故辙以为不足置吾算，乃东走青沧"。④ "蒲人之占贾者，惟淮阳为众，若青沧之盐，占之则近岁始，远者不过数十年，其最久而世贾于是者，则又惟展氏（展玉泉）为然"。⑤ 这些都表明大约在明朝中叶之后，大量山西蒲州商人经营长芦盐业。光绪《山西通志》曾经记载明代商人王三鑑在天津经商的事例，"王三鑑，蒲州人，商天津，乡人王某寄金百两，暴卒，其子不知也，后二年，鑑归里还之"。⑥

山西商人不但在长芦盐场从事经营活动，还大量迁往天津。山西人康从征"明季业鹾于芦，遂家天津"，大同人武中岳"晚年家天津，业芦鹾"，⑦ 浮山人张午阳"服贾天津，用盐筴起家"，⑧ 这些都是迁往天津的山西盐商。号称"天津八大家"之一的王家就是迁居天津的晋商代表，创业人王益斋于清代咸丰年间在天津通过为盐商代购苇席、麻袋而起家，同时还开设印局、钱铺，发放印子钱和钱帖。在资本不断壮大之后，王家接办了直隶省境

① 曾仰丰：《中国盐政史》，商务印书馆 1936 年版，第 22 页。
② 张四维：《条麓堂集》卷 28，引自《明威将军龙虎卫指挥佥事三弟子淑墓志铭》，明万历二十四年刻本。
③ 李梦阳：《空同集》卷 44，转引自刘建生、刘鹏生：《山西近代经济史》，山西经济出版社 1995 年版，第 56 页。
④ 张四维：《条麓堂集》卷 21《海峰王公七十荣归序》，明万历二十四年刻本。
⑤ 张四维：《条麓堂集》卷 23《送展玉泉序》，明万历二十四年刻本。
⑥ 光绪《山西通志》卷 142《义行录上》，转引自张正明主编：《明清晋商商业资料选编》，山西经济出版社 2016 年版，第 58 页。
⑦ 黄掌纶：《长芦盐法志》卷 17《人物》，清嘉庆十年刻本。
⑧ 曾国荃、张煦等修，杨笃、王轩纂：《山西通志》卷 139《孝友录二》，清光绪十八年刻本。

内的多处引岸，逐渐发展成为大盐商，并出任芦纲公所纲总，其后代与我国著名的南开大学的创办有密切关系。清代管理长芦盐务的官员不少都是山西人，比如顺治十六年（1659年）时的长芦巡盐御史田六善是山西阳城人，康熙五年（1666年）的长芦盐政李粹然是山西人，康熙三十七年（1698年）的巡盐御史张泰交也是山西阳城人，^① 这在一定程度上有利于山西商人在天津的盐业运销活动。

清朝建立前后，晋商凭借长期对蒙古和东北地区的边境贸易而受到清政府优待，享受盐业运销的垄断权力，一批实力雄厚的商业家族开始出现，清朝初期经营长芦海盐的晋商代表是著名皇商范氏家族，有学者认为清初至乾隆时期全国最重要的盐商就是范家。^② 清军入关以前，范家先祖范永斗已经在辽东边镇市场与后金贸易，清军入关之后，范家于顺治年间正式入籍内务府，成为清朝皇商，不但垄断京师和张家口的贸易市场，还经营河东和长芦两处盐场，承办的河东盐行销山西潞安、泽州两府，长芦盐行销直隶和河南20个州县，运销量占长芦总引地的11%左右。范家在这些州县中都开设有盐店，在天津、沧州设置有囤积海盐的仓库，组成了一个从指定产区到各地州县的运输销售网络。范家共持有长芦盐引约10万道，按每引最低定额200斤计算，每年购运海盐超过2000万斤。^③ 范家的长芦盐业资本，据乾隆二十年（1755年）内务府统计，"所有盐业查明估银百万余两"。^④ 由于当时盐商普遍存在"夹带私盐"现象，范家实际的引盐运销量和盐业资本远不止此。然而，到了乾隆时期，由于盐课、捐输负担加重等原因，山西长芦盐商开始衰落，乾隆后期盐商纷纷破产，没有破产的盐商也大都负债累累。^⑤ 范家在大约乾隆十年开始走向衰败，每当范家在资金周转上出现问题，朝廷顾念范家为国家做出的贡献，便往往借给他们一些官款并责令分期交还本利。但如此一来却陷入恶性循环，官款越积越多，盈利却越来越少。为了应对亏损，范家采取措施缩小经营规模，清理亏赔不堪的河东盐业，保留仍有盈利的长芦盐业，然而长芦盐运销也不乐观，"引盐不能畅销，以致

---

① 张毅：《明清天津盐业研究（1368－1840）》，天津古籍出版社2012年版，第65、130、171页。

②③ 韦庆远、吴奇衍：《清代著名皇商范氏的兴衰》，载于《历史研究》1981年第3期。

④ 《总管内务府奏销档》，转引自韦庆远：《档房论史文编》，福建人民出版社1984年版，第51页。

⑤ 芮和林：《浅析乾隆时期长芦盐商走向衰落的原因》，载于《盐业史研究》1994年第4期。

商力拮据"[1]。加之在对日贩铜中亏欠官款,"尚拖欠官项银一百二三十万两",[2] 范家终于在乾隆四十八年(1783年)被抄家,朝廷饬令逮捕范清济,革除其家族兼任的一切官职,并查封全部家产,兴盛近一个半世纪的清代著名皇商范氏家族惨淡落幕。与范家结局相同的还有乾隆时期山西泽州府凤台县盐商朱立基,朱立基经营长芦盐务,与同籍乡人魏汝植、卫纯修、关卫周、关卫盘、王伟、王章等承办永庆号盐务,因为经营不善,卖价不敷运本,致使连年亏缺,拖欠"引课、帑利并带征等项共银二十五万四千八百余两",其全部资产"计值银一十六万四千七百二十余两,以之抵欠,尚不敷银九万余两",[3] 最终朱立基被杖一百,革除职务,发配充军,其同籍伙友也遭到不同程度的处分。到了嘉庆、道光时期,长芦盐商更是惨淡经营,日渐消乏。"从前殷商、乏商,尚觉参半,近则乏商无以自存,殷商亦成疲乏,其稍可勉支者,不过十之二三,恐不转瞬而即消归乌有。揆情度势,实属水尽山穷"。[4] 沉重的盐课和息银极大压缩了盐商的利润空间,名目繁多的各种捐输报效更是让盐商苦不堪言。盐商们力图通过提高盐价将重赋转嫁给消费者,却致使私盐泛滥,反而侵害了盐业运营的根基。

面对这种情况,部分长芦山西盐商适时转型,投资经营多元化。例如山西徐沟的刘氏家族从清朝初年就开始经营长芦盐业,是直隶地区的食盐专卖商,后来投资了栾城的钱庄业。[5] 山西商人王益斋也是以经营盐业而发家,后来开设益德号钱铺。[6] 天津晋商将前期积聚的盐业资本主要投向了金融等行业,为之后晋商在天津金融市场中的地位奠定了坚实的基础。同时,晋商在将芦盐运销各地的同时,也将各地的粮食、农产品和土特产品运到天津,扩大和完善了天津的商品流通网络,促进了天津经济发展和商业繁荣。此外,山西盐商还积极参与天津的社会公益事业,盐商武中岳之子武廷豫经常接济乡邻,"每岁腊及严冬雪夜,必率仆携钱遍历闾巷,散给之,不使之知

---

① 中国第一历史档案馆、天津市档案馆、天津市长芦盐业总公司:《清代长芦盐务档案史料选编》,天津人民出版社2014年版,第178页。

② 《清实录》第23册,中华书局1986年版,第750页。

③ 中国第一历史档案馆、天津市档案馆、天津市长芦盐业总公司:《清代长芦盐务档案史料选编》,天津人民出版社2014年版,第100页。

④ 中国第一历史档案馆、天津市档案馆、天津市长芦盐业总公司:《清代长芦盐务档案史料选编》,天津人民出版社2014年版,第388页。

⑤ 关文斌:《文明初曙:近代天津盐商与社会》,天津人民出版社1999年版,第68页。

⑥ 刘文智:《津城故里追寻晋商足迹》,载于《山西档案》2006年第4期。

其名",① 后来又出资创办了"同善救火会"。山西盐商还多次参与修建城墙、官衙、学校等城市建设，为天津社会发展做出了贡献。

第二节　从天津山西会馆看晋商兴起

会馆的建立是商人群体势力壮大的重要标志，② 重要的商帮往往会在其主要活动区域内建立会馆。会馆的数量、规模和存在时长一般与商帮在某一区域的影响力成正比。晋商在天津虽然不是最早建立会馆的商帮，但却是建立会馆最多的商帮，从清朝乾隆年间开始在粮店街、锅店街和杨柳青共建立三所会馆，山西会馆的建立成为天津晋商发展壮大的重要标志，也是了解晋商在天津兴起的一个重要视角。

天津位于河海交汇之处，交通极为便利，由于其毗邻京师的特殊地理位置，是南方漕运物资进入京城的必经之道，元代以后一直为南北方航运枢纽，沿着南北运河，出现了"燕、赵、秦、晋、齐、梁、江淮之货，日夜商贩而南；蛮南、闽广、豫章、楚、瓯越、新安之货，日夜商贩而北"的盛况。③ 每年的夏秋季节，漕运的漕船与商贾的商船便集中于天津三岔河口一带，船只上满载着江浙闽粤的蔗糖、茶叶、布匹、绸缎、蔬果、文房四宝等商品，这些船只南返时又会将北方的药材、杂粮、山货等带回南方。随着商品经济的繁荣，从事运输、商业和贸易的移民日益增多，外省商人势力不断增强，作为客居异地的同乡组织——会馆也随之出现。客居天津的各地商人以地缘关系为纽带，建立起诸多会馆以便于本乡客商临时住宿，也为联络同乡感情、协调相互关系、商议市场价格、维护经济权益提供平台和场所。会馆有力地承担起信息传递、资金融通、人才交流、物资调运等市场职能，对于天津经济发展做出了较大贡献。史料记载，最早在天津建立的商人会馆是乾隆四年（1739 年）由闽粤商人在针市街建立的闽粤会馆，之后是江西商人于乾隆十八年（1753 年）在估衣街建立的江西会馆，④ 闽粤赣南方商

① 黄掌纶：《长芦盐法志》卷 17《人物》，清嘉庆十年刻本。
② 本文探讨的主要是商人会馆，具有科举和政治功能的会馆不在本文探讨范围之内。
③ 《李长卿集》卷 19，转引自林纯业：《明代漕运与天津商业城市的兴起》，载于《天津社会科学》1984 年第 5 期。
④ 来新夏：《天津历史与文化》，天津大学出版社 2013 年版，第 232 页。

帮最早在天津建立会馆与天津漕运发展有着密不可分的关系。南方商帮虽然最早在天津建立会馆，但山西商人建立的会馆数量却最多，规模也更为宏大，服务功能最全，这是其他商帮会馆无法比拟的。[①] 19 世纪 80 年代天津人张焘编纂的《津门杂记》中共记录了天津的 10 余所会馆公所，山西会馆排在第一位介绍，而且篇幅明显多于其他会馆，足可见山西会馆的影响力。

晋商在天津建立的会馆共有三处，分别为清代乾隆、嘉庆和道光年间所建。最早是在河东杂粮店街修建的晋都会馆，始建于清乾隆二十六年（1761 年），此后于嘉庆、道光年间分别在锅店街和杨柳青兴建了两所山西会馆，这三所会馆以杂粮店街的晋都会馆和锅店街的山西会馆规模为大。清代以后，旅津晋商主要经营盐业、颜料、铁锅、锡器、烟业、茶叶等种类，特别是在典当、票号等银钱业中占有优势，是天津势力最强大的商帮之一。自乾隆年间第一个会馆建立到 20 世纪 50 年代，天津的山西会馆经历了创建、发展、兴盛、衰亡的过程，历时二百余年。山西会馆的创建、重修和扩建主要是由旅津晋商集资完成，一方面是为了"报神恩、联乡谊、诚义举"，另一方面是用来满足山西商人在天津经营活动的需要。晋商通过会馆沟通信息、协调纠纷、稳定秩序和议定价格，可以说山西会馆对晋商的发展起到了不可替代的作用，也是晋商经济实力壮大的直接体现，晋商会馆数量的增加和规模的扩大反映了旅津晋商经营范围和商业规模的扩大。

晋商在天津建立的第一所会馆是乾隆二十六年（1761 年）在河东杂粮店街修建的"晋都会馆"，后于乾隆三十七年（1772 年）、嘉庆十一年（1806 年）经历两次大规模重修，更名为"山西会馆"。由目前所发现的会馆碑刻等资料来看，晋都会馆应该是由旅津山西烟商发起创立的，这说明清代前中期山西烟草商人在天津的势力很大。首先，著于 1870 年左右的《天津事迹纪实闻见录》中记载，"凡西客烟行聚议，均在河东（山西会馆）"，[②] 张焘在《津门杂记》中也记载晋都会馆是"西客烟行聚议之所"，[③] 这说明晋都会馆的主要服务对象是山西烟草商人；其次，碑刻资料中记载会馆发起者为山西翼城人冯承凝和曲沃人贾汉英，会馆名称也已经指明了会馆的服务商人主体。春秋战国时期，位于今天临汾市的侯马市、曲沃县等地曾

---

①　宋美云：《天津山西会馆撷录》，载于《山西档案》2006 年第 4 期。

②　《津门杂记·天津事迹纪实闻见》，天津古籍出版社 1986 年版，第 7 页。

③　张焘：《津门杂记·会馆》，清光绪十年刻本。

经是晋国都城的所在地，"晋都"实际就是指晋南的侯马、曲沃和翼城等地。曲沃县是明清时期山西的主要烟草生产基地，在我国烟草历史中享有盛誉。明朝末年曲沃人张士英自福建带回烟种，曲沃土壤和气候适合烟草种植，加上烟草可观的经济效益，曲沃县逐渐成为山西省烟草种植基地，直到民国六年（1917 年）曲沃县在全省烟厘收入中占近97%，足以说明曲沃县在全省烟草种植中的主导地位。曲沃县生产的青烟是我国著名烟草品种，具有悠久历史，嘉庆时期陈琮编辑的《烟草谱》中记载，"衡烟出湖南，蒲城烟出江西，油丝烟出北京，青烟出山西，兰花烟出云南"。① 天津的烟草经营最早也是由山西人开拓的，明代崇祯十七年（1644 年）山西人张晋凯在天津估衣街竹竿巷开办中和烟铺，② 带动了天津水、旱烟销售，当时竹竿巷烟铺林立，成为天津有名的烟叶销售市场。1761 年《创建晋都会馆记》和1772 年《重建晋都会馆记》中有"中和号"分别捐银 2 两和 5 钱的记录，1806 年《改建山西会馆序》有"中和号"担任督工首事的记录。晋都会馆的创立说明在乾隆中期，山西烟草商人在天津的势力已经比较庞大，能够发起筹建会馆的商人也不会是一般商人，应该是一个区域中行业影响力较大或具有较高声望的商人。实际上，清朝前期开始，山西烟商在华北地区尤其是京津的势力就已经比较庞大，北京河东烟行会馆建立于雍正五年（1727 年），③ 乾隆中期北京的山西烟商数量已经达到 500 多家。④ 此外，通过分析晋都会馆碑刻中各商号的捐资数额，可以看出晋商在天津的势力发展过程。晋都会馆初建之时捐资约 550 余两，其中第一组会员共 55 人，捐银 260 余两，平均每人不到 5 两；第二组有商号 80 家，捐银 290 余两，平均每家约3.6 两。1772 年重修会馆时，捐资 500 余两，参与商号数量较之前有所增加，有 148 家，平均每家捐资 3.4 两。1806 年改建为山西会馆时，花费 575两辟置南院一所，长 15.7 丈，宽平均 3.3 丈，后又得捐资"千又余金"。⑤

晋商在天津建立的第二所会馆是嘉庆十二年（1807 年）在锅店街建立

---

① 陈琮辑，黄浩然笺注：《烟草谱笺注》，中国农业出版社 2017 年版，第 21 页。
② 天津市地方志编修委员会办公室、天津市烟草专卖局：《天津通志·烟草志》，天津古籍出版社 2009 年版，第 44 页。
③ 李华：《明清以来北京工商会馆碑刻选编》，文物出版社 1980 年版，第 46 页。
④ 黄鉴晖：《明清山西商人研究》，山西经济出版社 2002 年版，第 241 页。
⑤ 许檀：《清代河南、山东等省商人会馆碑刻资料选辑》，天津古籍出版社 2013 年版，第383 ~ 389 页。

的山西会馆，见图 2-1，与晋都会馆的创建相距近半个世纪。锅店街山西会馆从建立到最后完工耗时 20 余年，中间由于各种原因几经中断，于道光九年（1829 年）终于建成，其面积和规模远大于粮店街的晋都会馆。会馆"长 52 丈，前宽 11 丈 4 尺，后宽 9 丈 2 尺"，"栋宇巍焕，局面堂皇，内祀关圣帝君，无僧道住持。该馆存项甚巨，皆本省人捐纳"。[①] 晋商为何建立第二所会馆？《初建山西会馆碑记》中记载，"虽河东建有会馆，又苦于地势偏窄，隔河不便"，[②] 从表面上来看是因为粮店街山西会馆规模较小、交通不便，但新建会馆恰恰说明天津晋商势力不断壮大，规模不断扩张，河东山西会馆已经无法满足商人的需求。锅店街山西会馆为旅津山西商号十三帮所建，十三帮除了经营盐业和金融业的盐商、钱商、账商、当商外，还包括

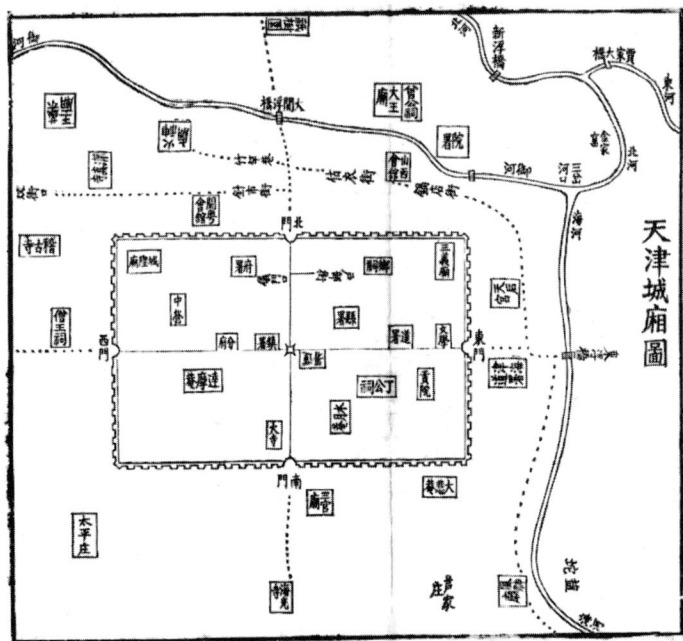

图 2-1 天津锅店街山西会馆位置

资料来源：张焘：《津门杂记·天津城厢图》，清光绪十年刻本。

---

① 张焘：《津门杂记·会馆》，清光绪十年刻本。
② 许檀：《清代河南、山东等省商人会馆碑刻资料选辑》，天津古籍出版社 2013 年版，第399 页。

布商、茶商、杂货商、颜料商、染商、皮货商、铁商和锡商等商人，[①] 各行商人在馆内各有公所。由此可见，锅店街山西会馆的服务对象众多，范围远大于粮店街山西会馆，从各家商号捐银的数目上也可以看出晋商在天津经营种类的繁多和势力的扩张。布行是晋商在天津经营的主要行业之一，晋商在津开设有绸缎店、布匹店，形成了一些较大的商号，如广顺布店和庆兴布店分别为修建锅店街山西会馆捐资 100 两和 25 两。[②] 茶业是晋商长期经营的大宗商品，晋商将两湖、福建等地的茶叶运销至蒙古地区和俄国销售，其中有一部分分销至天津，碑记记载粗茶众号捐银 104 两，武茶庄众号捐银共 2 715.87 两，[③] 足见山西茶商的实力。杂货帮涵盖商品众多，包括海杂货、南纸、红白糖、藤竹货、烟丝以及绸缎呢绒、棉花、碱面、五金等，晋商在天津购置南货运回本省及内地售卖。杂货众号位列锅店街山西会馆创建者之首，从捐银来看也是最多的，共计 5 523.86 两，[④] 占总数的 26.89%。西裕成颜料庄也是会馆创建者之一，作为平遥颜料商的代表，西裕成在嘉庆时期就已经进入天津。在道光三年（1823 年）会馆建设陷入停顿之时，西裕成等商号积极倡导恢复建设，其他颜料商如永新号、如松号、如升号各捐银 50 两。[⑤] 山西染坊业在天津占据着重要地位，其中以山西平定人为多数，山西染坊不但加工质量好，而且保证原件不亏尺、不错乱，受到市民称道。碑刻名录中的晋玉成可能就是染布庄晋裕成，捐银 100 两。[⑥] 在天津的山西皮货商人主要经营寿阳和榆林的羊皮、西宁和内蒙的羊绒，以及西北的牛皮、驴皮等。天津估衣街冬季皮货铺多数由山西人经营，皮行共捐银 150 两，捐银数额排在中上。铁、锡是山西盛产的金属资源，也是山西商人贩运的重要商品，山西平定生产的铁、汾城生产的白锡均销往天津。[⑦] 平定铁锅行销全国，会馆捐银名录中就有涌源锅店捐银 20 两的字样。[⑧] 从捐银总额上看，仅修建春秋大楼就筹集到

---

① 天津市档案馆、天津社科院历史研究所等：《天津商会档案汇编（1912－1918）》，天津人民出版社 1992 年版，第 2085 页。

②④⑥ 许檀：《清代河南、山东等省商人会馆碑刻资料选辑》，天津古籍出版社 2013 年版，第 400 页。

③ 许檀：《清代河南、山东等省商人会馆碑刻资料选辑》，天津古籍出版社 2013 年版，第 400 页。武茶庄即贩运福建武夷山茶叶的晋商茶庄。

⑤⑧ 许檀：《清代河南、山东等省商人会馆碑刻资料选辑》，天津古籍出版社 2013 年版，第 401 页。

⑦ 交通部邮政总局：《中国通邮地方物产志》，商务印书馆 1937 年版，第 7～10 页。

20 541.23 两，去掉没有明确记载商号名称的杂货众号和茶庄众号后，有108 家商号共捐银 12 170 两，平均每家 112.7 两，商号的平均捐银数额也远高于之前的数额，可见晋商在天津商业规模的扩大。此外，捐款名录中还出现了当时的在任官员，天津城守营都司郝谦和天津候补盐知厅张日仁共捐银 28 两，这两位官员应当也是山西人，可见当时山西商人与天津官府的关系已经比较密切。

两所山西会馆都建于天津城北交通便利、贸易发达的沿河地带，会馆的建造重修集聚了大量的山西商人，反过来又进一步带动了天津的商业发展，扩大了城市规模。资料记载晋商在天津西部古镇杨柳青还建立有一所会馆，① 但在 1884 年张焘编撰的《津门杂记》中未见记载，目前关于杨柳青山西会馆的资料较为缺乏，相关研究有待进一步深入。

---

① 宋美云：《天津山西会馆撷录》，载于《山西档案》2006 年第 4 期。

第三章　晋商在天津的商贸活动

晋商在天津的发展过程中，商业和贸易活动日趋多元化，他们从内地将土产货物贩运到天津，又从天津将全国各地乃至外国货物运回内地。天津开埠后，晋商还通过天津港进行进出口贸易。晋商经营种类由最初的盐业逐渐扩展至烟草业、茶叶业、布业、颜料业、染整业、皮毛业、货栈业、杂货业等众多领域，加上典当、账局、票号等金融业，号称"十三帮商人"。晋商在天津的商贸活动历史悠久，种类繁多，在天津北方商贸中心地位的形成过程中发挥了重要作用。以下选取晋商在天津具有较大影响力的若干行业具体论述。

第一节　晋商在天津的烟草经营活动

晋商很早就在天津从事烟草经营，天津最早的烟铺由山西商人于明朝末年创办，延续近 300 年，可以说晋商是天津烟草商业的创始者。晋商于清代乾隆年间在天津建立的第一所会馆"晋都会馆"是由山西烟草商人发起创建的，可见山西烟商在天津的势力。

一、晋商与天津烟草业的兴起

目前学界普遍认为，烟草种植起源于美洲，在美洲大陆没有被发现之前，我国有关烟草的记载极少，即使有所谓烟草的记载，也不是一般讲的用于吸食的烟草。烟草自明朝万历年间由吕宋岛（今菲律宾）等处传入我国，最早传入南方的福建、广东等省，很快传遍全国各地。烟草传入天津的时间尚待考证。据明朝杨士聪编撰的《玉堂荟记》记载，"烟酒古不经见，辽左有事，调用广兵，乃渐有之，自天启中始也。二十年来，北土亦多种之。一亩之收，可以敌田十亩，乃至无人不用"。① 这段资料至少说明两点：一是北方烟草的吸食与种植可能是从明末东北驻军开始的；二是种植烟草具有很大的经济效益，比种植粮食作物的收益要高。天津种植烟草的较早记载出现在《蓟县志》中，明朝隆庆年间，戚继光由江浙地区带来烟叶种子和技术，在蓟州种植，后来蓟州晒烟成为中国著名晾晒烟的一种。②

天津本土的烟草种植可能较早，但有资料记载的烟草售卖已经到了明朝末年。明朝崇祯十七年（1644 年）山西临汾人张晋凯在天津估衣街竹竿巷开办中和烟铺，③ 标志着天津烟草商业的开始。中和烟铺的历史十分悠久，从明朝末年创立至 20 世纪 40 年代，历经 300 余年而不衰。1944 年烟铺重修门面，正是烟铺创建 300 周年，以"五甲子老烟铺"作为牌匾，高悬于二三楼之间，颇为壮观，见图 3-1。由于历史悠久，还发生了很多趣事。据史料记载，中和烟铺藏有一副对联颇为珍贵，上书"醉客不须酒，留宾可代茶"，据说是明朝万历年间进士、户部尚书、大书法家倪元璐赠送给烟铺的。④ 烟铺创办之初并无名称，因货物种类齐全，名声很大。明清之交名臣施琅之子施仕纶任通州漕运总督，驻地在天津归贾胡同北口。施仕纶经常路过烟铺，烟铺掌柜以贵客待之，施仕纶见烟铺并无店名，就为烟铺起名为"中和烟铺"，并挥毫题写了牌匾。

中和烟铺经营的烟草是从天津本地还是其他地方采购史料中无从查找，但从张晋凯的籍贯推测，其经营的烟草很可能是从山西省内曲沃等县采购运销，因为曲沃县自明末就开始种植和加工烟草，在北方影响力很大。中和烟铺在天津和关外名声很大，带动了天津旱烟销售，当时竹竿巷烟铺林立，成为天津有名的烟叶销售市场。

---

① 杨士聪：《玉堂荟记》，转引自杨国安：《中国烟业史汇典》，光明日报出版社 2002 年版，第 165 页。

② 天津市地方志编修委员会办公室、天津市烟草专卖局：《天津通志·烟草志》，天津古籍出版社 2009 年版，第 3 页。

③ 天津市地方志编修委员会办公室、天津市烟草专卖局：《天津通志·烟草志》，天津古籍出版社 2009 年版，第 44 页。

④ 郭长久：《天津烟草百年》，百花文艺出版社 2001 年版，第 63 页。

图 3 - 1　晋商创办的天津历史最悠久的烟铺——中和烟铺（五甲子老烟铺）

资料来源：天津市地方志编修委员会办公室、天津市烟草专卖局编：《天津通志·烟草志》，天津古籍出版社 2009 年版，第 44 页。

　　除烟铺之外，天津还形成了烟叶交易集市，主要由山西烟商主导。随着山西烟商势力的扩大，为了便于集会聚议和维护晋帮烟商利益，山西烟商集资于乾隆二十六年（1761 年）在河东粮店街建造了"晋都会馆"，山西晋南的曲沃和翼城地区曾经是古代晋国的都城所在地，因此称为"晋都"。"晋都会馆"是晋商在天津建立的第一个会馆，可见当时晋南烟商势力之大，山西烟草商人是最早在天津兴起的烟草商和晋商群体，"天津早年贩卖烟草的商人以山西人为多，这些商人聚财有道，曾在河北粮店街结成山西会馆，以保护自己的利益。乾隆年间天津修筑城墙，山西烟行的商人还募集资金修建城墙，以显示他们致富不忘公益事业的精神"。[①] 山西著名烟商字号祁县帮祥云集就在天津开设有分号，烟坊设立在山西曲沃县，[②] 其他烟商字号是否在天津开设有分号尚待资料验证。

　　乾隆时期，山西烟商在京津地区的势力就已经很大，乾隆三十五年

---

　　① 胡兴元、曲振明：《沧桑历尽话津烟》，引自天津市政协文史资料委员会：《天津文史资料选辑》第 95 辑，天津人民出版社 2002 年版，第 143 页。

　　② 祁县志编纂委员会：《祁县志》第九编第一章，转引自张正明：《明清晋商商业资料选编》（下），山西经济出版社 2016 年版，第 457 页。

（1770 年）在北京的山西烟商数量达到 500 多家，[①] 这些烟商一部分是在北京专营烟草买卖，还有一部分是晋商大商号在北京的分庄。北京河东烟行会馆在乾隆二十五年（1760 年）重修会馆碑记中较为详细地记录了捐银字号，而在几乎同时期的天津粮店街晋都会馆创建碑记中也记录了众多字号，遗憾的是由于石碑风化严重，这些字号和商人名字大部分无法辨识，北京和天津的山西烟商之间的关系有待进一步考证。

二、山西曲沃的烟草种植与运销

天津最早的烟铺是由山西临汾人张晋凯创建，经营的烟草主要来自山西省曲沃县等地，天津的第一所山西会馆也是由山西曲沃、翼城的烟商发起建立，因此天津烟草经营与山西曲沃的烟草种植具有密不可分的关系，晋商在山西曲沃的烟草种植与经营活动是需要阐释清楚的。

曲沃的烟草种植历史悠久，据记载始于明朝末年，是山西最早种植烟草的区域，当时引入的烟草在曲沃称为"兰花荻荍"，康熙年间编纂的《曲沃县志》记载，"沃旧无此种，乡民张士英自闽中带来，明季兵燹踵至，民穷财尽，赖此颇有起色"。[②] 这说明曲沃的烟草种子是由本地人从福建引入。张士英是商是民？他通过怎样的方式从遥远的福建带回烟草种子在曲沃种植？是有意为之，还是无心栽种？这些问题由于资料的匮乏，可能已经无从查考。笔者推测，张士英很可能是在福建经商的山西商人，看到烟草种植的巨大经济利益而回故乡试种并取得成功，从而带动了曲沃繁荣至今的烟草行业。曲沃的烟草种植规模很大，主要集中在县城东北，分布在 27 个村庄，以听城、南常、北赵和毛张村烟叶质地最佳，故有"听城烟叶甲晋省"之说。[③] 从清代中叶至民国十七年（1928 年），曲沃烟草种植面积高达17.3 万亩，占全县耕地面积的 30% 以上，年产烟叶 1 400 万斤。[④] 据 1927年《实业公报》记载，清代曲沃所产烟叶每年大约在 5 000 万担，民国十三年（1924 年）降至 1 400 万担，山西北部的代县和繁峙县等地区所产烟叶

① 黄鉴晖：《明清山西商人研究》，山西经济出版社 2002 年版，第 241 页。
② 《曲沃县志》卷 13《方产》，清康熙四十五年刻本，爱如生中国方志库。
③ 曲沃县志编纂委员会：《曲沃县志》，海潮出版社 1991 年版，第 132 页。
④ 黄鉴晖：《黄鉴晖选集》，山西经济出版社 2018 年版，第 388 页。

亦属不少，但无法与曲沃相比。[①]

曲沃烟在中国烟草中的名气很大，康熙年间编纂的《延绥镇志》记载，"各省之有名者，崇德烟、黄县烟、曲沃烟、美原烟焉"，[②] 这说明早在康熙时期，山西曲沃的烟草与浙江崇德、山东黄县、陕西美原的烟草齐名。乾隆时期陈琮编辑的《烟草谱》中也有记载，"衡烟出湖南，蒲城烟出江西，油丝烟出北京，青烟出山西，兰花香烟出云南"。[③] 曲沃烟草带动了山西境内的烟草种植，"今则邑民大食其利矣。晋人种烟草，汾（州）、代（州）昉于曲沃"。[④]

曲沃烟的销售市场以山西为中心，扩张至华北全域、西北的甘肃和新疆等地，是清代对俄恰克图贸易的商品种类之一，因此曲沃烟是一种国际性商品。其销售网络呈现以山西为中心向四周辐射的特征，分为东、西、南、北四路，以北路为主要销售渠道。[⑤] 晋商各大商号采购曲沃烟草后一路北上，运到平遥之后集散，平遥是当时重要的商品集散中心，之后再度北上，到达晋商在塞外的大本营——张家口和归化（今呼和浩特），之后继续向北运至中俄贸易中心——恰克图。"所有恰克图贸易商民，皆晋省人。由张家口贩运烟、茶、缎、布、杂货，前往易换各色皮张、毡片等物"，[⑥] 由张家口贩运的货物中有烟，应该主要就是曲沃烟。曲沃著名烟坊"永发和"生产的"月生定"牌旱烟在张家口非常出名，在商都（今内蒙古乌兰察布市商都县）也很畅销。"东谦亨"生产的"东生"牌烟远销库伦（今蒙古国首都乌兰巴托）、恰克图，以及俄罗斯的西伯利亚和莫斯科等地。[⑦] 津海关贸易报告中也有一些关于烟草的记载，但这些烟草是否来自曲沃则不得而知。京津地区活跃着众多的山西烟商，从逻辑上讲，天津应该是曲沃烟北上的一个重要集散地，否则山西烟商不可能在天津建立第一个山西会馆，山西商人在天

---

① 《实业公报》1927年第1期，转引自杨国安：《中国烟业史汇典》，光明日报出版社2002年版，第473页。

② 谭吉璁纂修，陕西省榆林市地方志办公室整理：《康熙延绥镇志》，上海古籍出版社2012年版，第90页。

③ 陈琮辑，黄浩然笺注：《烟草谱笺注》，中国农业出版社2017年版，第21页。

④ 光绪《续修曲沃县志》，转引自杨国安：《中国烟业史汇典》，光明日报出版社2002年版，第216页。

⑤⑦ 段士朴：《曲沃烟史简述》，引自政协曲沃县委员会、曲沃县文史研究馆：《曲沃文史》第一辑，1985年版，第28页。

⑥ 何秋涛撰，黄宗汉辑补：《朔方备乘》卷46《考订绥服纪略》，清光绪七年刻本，爱如生中国方志库。

津的烟草经营活动还有待于更多的资料予以印证。

第二节　晋商在天津的茶叶经营活动

茶叶是晋商长期经营的大宗商品，在晋商研究中具有极为重要的地位，由晋商和其他商帮共同开拓的贯通中俄的万里茶道发挥了重要的经济和贸易功能，由晋商主导的恰克图中俄贸易是清代"南北贸易"格局的重要组成部分。目前对晋商的茶叶经营活动已经有很多研究，主要围绕恰克图贸易和万里茶道展开，特别是聚焦万里茶道中的重要节点城市如汉口、张家口、归化、恰克图等地，但似乎对晋商在天津的茶叶经营活动关注不多。天津在晋商茶叶经销网络中居于什么地位？天津是否在万里茶道和恰克图贸易中发挥过一定的作用？这些问题都亟待回答。

一、天津在晋商茶叶运销中的地位

天津经营茶叶的商帮众多，距离中国南方产茶区较近的广东、福建、浙江商人通过漕运较早把茶叶从南方运到天津销售。明代去天津从事盐业运销的晋商是否也贩运茶叶尚待论证，目前有资料记载的晋商在天津的茶叶经营活动出现在清代中后期。在锅店街山西会馆道光九年（1829 年）的《建修春秋大楼捐过布施号名银数碑记》中有"武茶庄众号复捐银 1 215 两 8 钱 7 分，又捐公所银 1 500 两"的记载，[①] 这段简短且珍贵的资料至少说明或印证了以下几个问题：一是晋商早期贩运的茶叶主要来自福建武夷山。"武茶庄"即贩运福建武夷山茶叶的晋商茶庄，这段记载是在 1829 年即道光前期，19 世纪 50 年代太平天国运动兴起之后，晋商才改从湖北和湖南采购茶叶。二是山西茶庄在天津数量众多。既然是为天津山西会馆捐银就说明这些茶庄是常驻天津的，"众号"说明不止 1 家，遗憾的是这里并没有记录具体的茶商字号，为相关研究带来了困难。三是天津晋商茶庄的资本雄厚、规模不小。"复捐银"说明之前已经捐过银两，这里晋商茶庄共捐银 2 715.87 两，

---

① 许檀：《清代河南、山东等省商人会馆碑刻资料选辑》，天津古籍出版社 2013 年版，第 400 页。

其捐银数额在全部捐银字号中位居前列，仅次于西河杂货众号的 5 000 两和当铺业的 4 700 两，这说明山西茶商在当时天津晋商从事的各行业中是占有相当地位的。

晋商经营的茶叶贸易是国内外贸易，主要销售区域是北方蒙古草原和俄国，但这并不是说晋商经营的茶叶不会销售到国内重要商埠去，在晋商的全国茶叶经销网络中，一部分城市是作为茶叶转运集散基地而发挥作用，比如张家口、归化城和恰克图；一部分城市是茶叶消费市场，比如北京；而一些城市则兼具集散基地和消费市场的功能，比如汉口、天津、上海。从事中俄恰克图贸易的晋商规模较大的茶庄，比如大升玉、恒隆光、锦泰亨、独慎玉、永玉恒、天庆隆、祥发永、公合盛、壁光发、天合兴、永光发、大泉玉等除了在北方的库伦、张家口、归化设有分号外，在上海、汉口、天津也设有分号。① 祁县渠家著名茶商字号长裕川在包括天津在内的国内重要商埠开设众多分号，"总号在祁县城内段家巷，在汉口、长沙、南昌、扬州、十二圩、张家口、绥远、天津等地设分号 10 余处"。② 这些分号在晋商构建的全国茶叶产销网络中的功能是不同的，北方"两口"即东口张家口和西口归化城并不是茶叶的终极消费市场，而主要是转运集散地，同时也是晋商在塞外经营的两个最大基地。汉口主要是作为晋商茶叶加工和转运基地，当然汉口本身也是茶叶消费市场。上海、天津是国内重要商埠和金融中心，本身也是巨大的茶叶消费市场，在很长的时期内，在晋商的茶叶经销网络中，天津是既作为消费市场又作为茶叶转运市场而发挥作用的。

山西茶商在天津的具体经营活动受到资料限制并不十分清晰，笔者就目前掌握的一些资料进行了一些初步探索。除了前面谈到的恰克图各大茶商字号在天津设立有分号之外，著名晋商旅蒙商号大盛魁在天津开设有分号，主要经营皮毛、茶叶、生烟、药材、日用百货等业务，③ 但是大盛魁在天津的分支机构名称是沿用大盛魁还是改用其他名称并不清楚。祁县著名茶庄长裕川、永聚祥、亿中恒、大德诚、巨贞川都曾经在天津设立分号。④ 榆次常家

① 路履仁：《外蒙古见闻纪略》，引自全国政协文史资料委员会编：《文史资料选辑》第 63 辑，文史资料出版社 1982 年版，第 80 页。
② 张正明主编：《明清晋商商业资料选编》，山西经济出版社 2016 年版，第 455 页。
③ 《旅蒙商大盛魁》，引自内蒙古政协文史资料委员会编：《内蒙古文史资料选辑》第 12 辑，内蒙古文史书店 1984 年版，前言第 1 页。
④ 常士宣、常崇娟：《万里茶路话常家》，山西经济出版社 2009 年版，第 144～145 页。

的大德玉茶庄直到民国初年在天津还有经营活动，受榆次常家影响，榆次很多商人也经营茶叶生意，比如开设较晚的"天一祥"和"聚兴顺"茶庄，这两家茶庄在 1945 年抗日战争胜利后在张家口依然具有较大影响力，其中聚兴顺茶庄曾经引入蒸汽压茶机制茶，在天津、上海、汉口均设有分号。①由此可见，晋商较大规模的茶庄均在天津设有分号，但是这些分号何时设置以及在天津的具体经营情况还有待进一步印证。

二、天津与晋商茶叶之路

晋商开拓的万里茶道主要由陆路和水路构成，即通过畜力以及内陆的河道湖泊进行运输，目前的研究也大多集中于此，但对运河和海运方面似乎有所忽略。实际上，天津是晋商转运茶叶的重要基地，晋商在汉口和两湖地区加工茶叶后，一部分早期通过运河在天津转运，后期先通过水路运至上海，再海运至天津，万里茶道还应该包括一段运河和海运路程。这个问题非常重要，因为不但涉及对万里茶道的再认识问题，还涉及对天津在万里茶道和晋商北路贸易中的定位问题。

中俄恰克图贸易早期主要由晋商开拓，这条贸易路线也即万里茶道的国内部分实际非常复杂，在不同的历史时期由于受到自然、政治等各种因素影响而发生变化，其线路大致如下：在太平天国运动之前，晋商的采茶地区主要是在福建武夷山，茶叶市场在崇安县下梅村，这里也被学者普遍认为是万里茶道的起点。茶叶通过陆路向北送至江西省铅山县老河口，再通过水路向西北方向经信江、鄱阳湖、长江至汉口。太平天国运动兴起之后，晋商难以南下闽北采茶，更多从两湖地区的湖北蒲圻县羊楼洞、蒲圻县与湖南临湘县交界的羊楼司、临湘县的聂家市，以及安化和咸宁等地区采购，晋商于两湖采购的茶叶先集中于汉口，沿汉江至襄樊，转唐河向北至河南省赊旗镇，之后改为陆路，经洛阳，过黄河，入太行山，由南向北穿越山西，在大同附近分开两路：一路向东北方向至张家口，之后转向西北方向至库伦，最后抵达国内部分的目的地买卖城（即恰克图）；另一路向西北方向至归化并销售

---

① 范维令编著：《万里茶道劲旅：祁县茶商》，北岳文艺出版社 2017 年版，第 33、37、40、42、46 页。

于蒙古草原部落。① 由此可以看出，晋商开拓的茶叶之路是由南向北，先经水路后经陆路的商路，从路程来看近似于一条直线，中间没有曲折多绕的线路，天津也并不在这条茶路之上。但是，天津是晋商经营的重点城市，也是漕运的重要枢纽，道光九年（1829 年）山西会馆建造春秋大楼时山西茶商曾捐助巨款，如果山西茶商在天津不甚活跃，他们为什么又要捐助巨款呢？天津史研究专家张利民认为，"茶业是晋商长期经营的行业，从两湖等地将茶叶运销蒙古和俄国，需要在天津完成水路与陆路的转运，所以晋商历来是主要经营者，且有一定的垄断性"。② 可见，已经有学者认为天津是晋商茶叶之路的一个中转地，但是缺乏明确的资料验证。实际上，从河南道口（今安阳市滑县道口镇）确实有一条向东北方向沿运河北上进入天津的茶叶之路，近些年来新发现的晋商资料验证了这一观点。

《行商纪略》和《行商遗要》是晋商为便于运输茶叶、棉花和布匹等货物而记录下来的贸易指南和备忘录，代代抄传下来，内容详尽丰富。据范维令多方考证，《行商纪略》应是写于清代道光后期即 19 世纪四五十年代，其中记载了晋商从湖北羊楼洞采购茶叶经过河南道口、山东临清、天津运送到通州，在临清关和天津关报税的过程，③ 这正是京杭运河山东段、直隶段和天津段的部分。这一方面说明晋商茶路是有一段经运河北上经过天津的路程，另一方面也说明在太平天国运动兴起之前，晋商就已经来到湖北采购茶叶。《行商遗要》是祁县长裕川茶庄手抄本遗物，史若民认为也可能是祁县乔家大德诚茶庄遗物，具体年代无法考证。其中记载的从河南道口经山东临清、天津至通州的茶路与《行商纪略》所载路线几乎完全一致。④ 两种资料文笔风格不同，但都记载了晋商茶路经天津转运的历史。如此，在道光九年（1829 年）山西会馆建造春秋大楼时，山西茶商捐助巨款也就很好解释了。这条经运河贩茶的路线应该兴盛了很长时期，但由于运河维护成本巨大，在咸丰五年（1855 年）黄河改道冲断山东境内运河之后，京杭运河北段就废

---

① 姚贤镐编：《中国近代对外贸易史资料（1840－1895）》（第 2 册），中华书局出版社 1962 年版，第 1292 页。
② 张利民：《从旅津晋商碑刻看清代天津集散中心地位的形成》，载于《史林》2017 年第 4 期。
③ 范维令编著：《万里茶道史旅：祁县茶商》，山西古籍出版社 2002 年版，第 517～519 页。
④ 史若民、牛白琳编著：《平、祁、太经济社会史料与研究》，北岳文艺出版社 2017 年版，第 18 页。

弃了，① 晋商沿运河运茶的历史也就此结束。

晋商沿运河北上运茶因 1855 年黄河改道结束，之后是否很快就改走海路不甚清晰，但在 1878 年由于中国北方的大灾荒而确实有过一段走海路的历史。1877 年中国北方的直隶、山西、山东、河南、陕西等省出现大面积干旱，造成中国历史上罕见的特大灾荒，史称"丁戊奇荒"。在大饥荒面前，用于路上驮运的牲畜很难找到，晋商茶叶之路不得不改道由汉口向西至上海，从海路至天津，再由天津至张家口，"有一部分的增长是由于这个港口（指汉口）的山西商人把他们供销蒙古的砖茶，全部从水路发运天津，而在前几年则有相当的数量是经汉水运达老河口，再从老河口陆运到蒙古的。由于闹饥荒，所以很难找到陆运所需的驮运牲畜，因此不得不改变通商的道路"，"惟经营砖茶之山西商人，向多取道汉水由老河口遵陆运往蒙古，自本年（1878 年）起，改变途径，先由水路由沪而津，再由天津循陆经由张家口运至恰克图"。② 由此，天津成为晋商茶叶之路的重要转运基地。但需要注意的是，这条经天津的茶叶转运之路早在 1861 年就已由俄国商人开通，并成为俄商主导的茶叶之路。"丁戊奇荒"之后，畜力逐渐得以恢复，晋商北方茶叶之路也得以继续，但是由天津转口的茶叶贸易并没有减少，"华商似乎很可能继续增加海运津郡之茶叶量，而舍弃循汉水、过晋省之故道"。③

由此，天津与晋商开拓的茶叶之路有着极为紧密的关系，天津曾经是晋商茶叶之路的重要转运基地，在 1855 年之前的很长时期内晋商通过京杭运河北上运茶，1878 年之后通过上海出口，再沿海路北运至天津转口。

第三节　晋商在天津的布业、颜料业和印染业经营活动

棉布是大众消费品，与民众生活极为密切，由棉布上色、加工而形成的颜料业和印染业与棉布业一起组成了完整的产业链条，因此本节将这三个行业加以综合考察。其中，晋商在天津颜料业的势力非常大，长时期居于垄断

---

① 姚汉源：《京杭运河史》，中国水利水电出版社 1997 年版，第 578 页。
② 姚贤镐编：《中国近代对外贸易史资料（1840－1895）》（第 2 册），中华书局出版社 1962 年版，第 1291、1313 页。
③ 吴弘明编译：《津海关贸易年报（1865－1946）》，天津社会科学院出版社 2006 年版，第 126 页。

地位。更为重要的是，很多学者认为票号脱胎于天津颜料业，因此对这方面的研究具有重要意义。

一、晋商在天津的布业经营活动

山西布商的兴起与盐商一样，与明朝初年的北部边关驻军紧密相关，九边驻军在前文盐商部分已经有所论述。日本学者寺田隆信对明朝山西布商的兴起有非常严谨的研究，他认为北方九边驻扎的大量军队不但需要粮食，也需要抵御严寒的棉花和棉布，而且棉花还是重要的军事装备材料，据说当时生产一种叫作"棉甲"的装备，可以抵御火铳和弓箭。[①] 由此可见，明朝北部戍军对棉花和棉布有着巨大的需求，这种需求一方面是由明政府直接向民间采购来满足，另一方面是通过商人来贩运，山西布商由此兴起。

棉花种植和棉布加工在我国具有悠久历史，明代棉花种植已经普及全国，棉布已经成为民众普遍使用的服装材料，棉布需求的增加突破了家庭式自给自足的生产方式，由农村集市、城市市场、区域市场组成的棉花棉布市场网络已经逐步形成。在棉布的市场竞争中，江南地区特别是苏州、松江地区生产的棉布具有很大的优势，是当时全国主要的棉布生产基地，北方的棉花源源不断地运往江南地区加工，出现了"北棉南运"的状况。到了清代，棉花和棉布的主要产地和消费地区形成了许多交易市场，晋商在这些市场非常活跃。直隶、河南、山东是晋商在北方涉足的主要产棉区，天津晋商主要从棉花产地成批购进原棉，加工后进行销售，有的则贩运至蒙古和西北地区。清代中后期，华北、西北的棉布市场已经基本被直隶、河南、山东的棉布所占领，江南棉布的北方市场逐步缩小。这一时期也是华北地区棉纺织手工业大发展的时期，每年约有 500 万匹至 1 000 万匹的生产能力，[②] 这些棉布由晋商在内的各地商人通过远程贩运输送全国。

晋商在天津除经营土布之外，还采购进口洋布。天津开埠后，外国棉布凭借质量和价格优势通过天津港大量进入华北和西北地区，晋商成为天津进口棉布的主要购买者之一，棉布经晋商转运再销往内陆地区。《津海

---

① 寺田隆信著，张正明等译：《山西商人研究》，山西人民出版社 1986 年版，第 179 页。
② 陈阿兴、徐德云主编：《中国商帮》，上海财经大学出版社 2015 年版，第 69 页。

关贸易报告》对晋商购买天津进口洋布有较为详尽的记载，在1883年贸易形势不太乐观的情况下，晋商采购洋布超过300万匹，"到埠之首船载来大批棉布，以应晋商企望之需，晋人每年屡至本埠选购商品，其数达300人左右……所进棉货总计3 185 512匹"。① 到了1884年贸易形势好转之后，大批晋商云集天津港采购洋布，"各色棉货殆皆有所加多，职因1883年贸易不振定然导致物极必反。客年晋商之来津者为数无几，而本年之到埠者则为数夥颐，晋商之出现，俾销路得以畅旺"。② 由此可见，晋商在天津洋布进口的转运经营中占有十分重要的地位。

永泰生和锦泰公是晋商在天津开设的洋布庄，③ 但这两个洋布庄留下的资料不多，相比较而言，永泰生的资料更多一些。在《天津商会档案》1904年由晋商和闽商牵头反对加收铺捐的资料中可以找到一些线索，"商号永泰生、万胜顺、沅吉生、大顺玉、合盛永、锦全昌、元吉生、谦元慎、永兴正等……窃职等各商向由山西来津，寄居栈店，购买洋布广货等货，运回销售"，④ 永泰生位于晋商洋布商商号之首，这说明永泰生在天津晋商的洋布庄中规模应该比较大，而且主要是从天津进口洋布，运回山西销售，这也可能说明晋商从天津进口的洋布主要是供山西消费使用。在碑刻资料中也出现了两个字号的记载，其中永泰生的资料明显更多一些。在道光十八年（1838年）洛阳山陕会馆的《东都马市街山陕会馆众商集金建社碑记》中有永泰生捐银8两的记载，⑤ 在整个字号捐银数额中处于中等位置，但由于没有商号类别，所以难以判断是否是经营布匹的永泰生。如果是的话，那么永泰生的历史应该就很悠久了。永泰生是祁县商号，据《祁县志》记载，"晋逢德、存义公、日盛元、永泰生、晋泰裕及泰来、益华、道生等商号，都以绸缎为主业，经营规模都很可观"，⑥ 在榆次的碑刻中也有"祁邑永泰

---

① 吴弘明编译：《津海关贸易年报（1865－1946）》，天津社会科学院出版社2006年版，第129页。

② 吴弘明编译：《津海关贸易年报（1865－1946）》，天津社会科学院出版社2006年版，第132页。

③ 张正明：《晋商兴衰史》，山西古籍出版社1995年版，第86页。

④ 天津市档案馆、天津社科院历史研究所等编：《天津商会档案汇编（1903~1911）》（下），天津人民出版社1989年版，第1441~1442页。

⑤ 张正明、科大卫等主编：《明清山西碑刻资料选》（续二），山西经济出版社2009年版，第453页。

⑥ 祁县志编纂委员会编：《祁县志》第九编第一章，转引自张正明主编：《明清晋商商业资料选编》（下），山西经济出版社2016年版，第458页。

生"的记载。① 在民国后的榆次、灵石、寿阳、碛口等地碑刻中都有永泰生的记载,这说明永泰生的分庄比较多。同时,永泰生还经营茶叶和钱庄,②这说明永泰生并非是单纯的洋布庄。

二、晋商在天津的颜料业经营活动

如果从延续时间的角度来看,在天津的山西商人从事的各类行业中,除了典当业就要数颜料业了。在1860年天津开埠之前,晋商就已经在天津从事颜料经营并占据垄断地位,这种影响力一直延续到1949年之前。目前学界的主流观点认为中国第一家票号——日升昌票号是由天津的颜料庄改组转变而来,因此研究晋商在天津乃至全国的颜料经营活动具有十分重要的学术价值,因为这对理解票号起源具有极为重要的意义。

山西人从事颜料和印染经营活动的历史非常悠久,元代官府就在山西襄陵和翼城设立织染局,③ 既然从事织染业务,也就会有颜料的供给和输送问题。当时这些染料是从山西本地采购还是从外省输入,是官方采购供给还是依靠商人运送,这些问题都还有待史料印证。明代山西人从事染料经营也很活跃,《明实录》中记载正德年间,南京工部尚书山西绛州人韩重纵容其子与商人勾结贩运颜料牟利,"纵其子,与揽头,输纳颜料,以营厚利,甚为士论所鄙"。④

山西颜料商人以平遥县商人势力最大,明代中叶平遥颜料、桐油商人就已经在北京建立会馆,称为"平遥会馆"或"集瀛会馆",后改名为"颜料会馆",在会馆内乾隆十八年(1753年)《公建桐油行碑记》中记载,"颜料行桐油一项售卖者,惟吾乡人甚伙",⑤ 这些都说明清代北京的平遥颜料商人规模已经比较庞大,否则不会有建立会馆的举动。平遥商人贩运颜料入京的道路是通过通州,也就是北京的东南方向,"必本客赴通自置,搬运来京",⑥ 这条道路很可能是通过经天津的北运河入京的,这既是一条运河之路,也是一条联系京津的商贸之路。据黄鉴晖先生考证,到清嘉庆二十四年

　　① 王琳玉主编:《三晋石刻大全·晋中市榆次区卷》,三晋出版社2012年版,第462页。
　　② 祁县志编纂委员会编:《祁县志》,方志出版社2018年版,第945页。
　　③ 光绪《山西通志·风土纪下》卷100,转引自黄鉴晖:《明清山西商人研究》,山西经济出版社2002年版,第22页。
　　④ 寺田隆信著、张正明等译:《山西商人研究》,山西人民出版社1986年版,第256页。
　　⑤⑥ 李华:《明清以来北京工商会馆碑刻选编》,文物出版社1980年版,第2页。

（1819年），在京城和通州的颜料商各36家，保定11家，天津4家。[①]

很多票号中人和学者都认为日升昌票号的前身是平遥商人经营的颜料庄，不少学者认为是日升号，黄鉴晖认为是平遥西裕成颜料庄。日升号主营业务是颜料，由平遥县达蒲村李氏家族经营，在北京、天津、沈阳、重庆设立有分庄。从这四个分庄设立的地理位置来看，它们的功能是不同的。很多资料都说，日升号是在四川重庆府收购铜碌，贩运回内地销售，因此重庆应该是颜料的来源产地。天津是颜料集散市场，商人将颜料运送至天津，再转运北京和沈阳等地，北京和沈阳是很明显的消费市场。有不少学者认为天津的日升颜料铺最早改组为票号，比如较早研究山西票号的山西商业专门学校教授韩业芳在其1921年出版的《山西票庄皮行商务记》中谈道，"当时有平遥县城内人雷履泰者，领平遥达蒲村李姓（俗呼李二魔子）之资本，在天津开设日升颜料铺，贩卖各种颜料"，[②] 这是目前能够找到的最早的天津日升颜料铺的资料之一。这种说法此后被很多人沿用，比如著有《晋商盛衰记》的山西商业专门学校校长严慎修也是持这种看法，直到现在很多学者也都认为天津是票号起源地。票号起源于天津的说法虽然被大众所接受，但是却没有直接的史料支撑，黄鉴晖先生根据天津开埠前的经济发展状况以及平遥颜料商的活动区域，认为天津并不是票号的起源地，"那种以为票号发祥地是天津的意见，怕是一种推测"。[③] 由此，日升颜料铺或西裕成颜料庄是否在天津改组成票号尚待资料进一步证实。

天津开埠之后，外国化学颜料大量进口，对天津本地传统颜料业形成较大冲击。外国颜料以日本和德国为主，由于外国颜料色彩鲜艳，品种繁多，受到中国消费者欢迎，天津颜料市场也得以快速发展。1898年天津进口染料价值只有47万海关两，1906年达到66万海关两。随着纺织印染业的发展，1921年和1922年分别达到140万和170万海关两，1930年达到340万海关两，1931年达到峰值650万海关两。[④] 二战期间，由于来自日本、德国等国的进口颜料减少，颜料价格猛涨，天津颜料商人获利丰厚。这些外国颜料都为洋行进口，再由天津的山西、河北、上海颜料商人分销，这些颜料行

---

① 黄鉴晖：《明清山西商人研究》，山西经济出版社2002年版，第23页。
② 韩业芳：《山西票庄皮行商务记》（1921年），引自山西财经大学主编：《晋商研究早期论集》（一），经济管理出版社2008年版，第1页。
③ 黄鉴晖：《山西票号史》（修订本），山西经济出版社2002年版，第91页。
④ 姚洪卓：《近代天津对外贸易研究》，天津古籍出版社2011年版，第129～130页。

一般都为行业内的大中型字号，小型字号是无法代理分销的。比如德国德孚洋行进口的各种颜料大部分被各帮颜料商代理分销，包括山西帮的永信蔚、万益、大胜全、德昌公等，上海帮的谦和、协兴，河北帮的万聚恒、福兴恒、玉兴泰、公裕号等。①

晋商在天津颜料市场长期居于垄断地位，天津的颜料同业公会也被称为"西帮油漆颜料同业公会"，从名称上也可见晋商的影响力。1905 年，天津颜料行业商号加入天津商会名单中共有 11 家颜料商，其中确定由晋商经营的有 5 家，② 其余 6 家尚待考证。排名前 4 位的颜料字号，如公胜号、东如升、如升大、日兴昌均为晋商经营。其中东如升为平遥日升昌票号东家李氏经营，③ 这说明在日升昌票号创办之后，平遥李家依旧在经营颜料业。从名称上来推测，如升大和日兴昌也很有可能是由李家经营的，这说明平遥商人在天津颜料业中影响力是很大的。因此，那种认为平遥李家是把颜料业转变为票号业的观点值得商榷，票号业是从颜料业中催生出来的，但原有的颜料业还在继续。民国后，山西颜料商人在天津的势力依然很大，商号数量占全行业的 60%。④ 还有一个方面可以看出山西颜料商人在天津商界的实力，在民国十三年（1924 年）天津总商会会董改选中，山西汾阳县商人张炽和韩沂入选，他们分别经营大胜全颜料铺和公胜颜料庄。⑤ 在日军占领天津前的1936 年，天津油漆颜料业共有 21 家，其中 10 家是山西人开的。⑥

山西商人在天津颜料行业经营历史悠久，出现了很多著名商号和商人，以山西平遥县、汾阳县、平定县商人为主，汾阳商人后来居上，成为天津山西颜料商人的主体。商号除了前面论及的公胜号、东如升、如升大、日兴昌，还有民国后规模不断扩大的永信蔚、万益、大胜全、德昌公等。永信蔚

① 陈福康：《天津解放前颜料行业概况》，引自全国政协文史资料委员会编：《文史资料存稿选编》经济（上），中国文史出版社 2002 年版，第 875 页。
② 天津市档案馆、天津社科院历史研究所等编：《天津商会档案汇编（1903～1911）》（上），天津人民出版社 1989 年版，第 68 页。
③ 天津市档案馆、天津社科院历史研究所等编：《天津商会档案汇编（1912～1918）》，天津人民出版社 1992 年版，第 1537 页。
④ 陈福康：《天津解放前颜料行业概况》，引自全国政协文史资料委员会编：《文史资料存稿选编》经济（上），中国文史出版社 2002 年版，第 876 页。
⑤ 天津市档案馆、天津社科院历史研究所等编：《天津商会档案汇编（1912～1918）》，天津人民出版社 1992 年版，第 93、95 页。
⑥ 宋美云：《清末民初天津晋商掠影》，引自天津市政协文史资料委员会编：《天津文史资料选辑》第 107 辑，天津人民出版社 2006 年版，第 158 页。

历史非常悠久，据记载是清代康熙年间，山西汾阳人蔚士兴、蔚士喜两兄弟去天津经商，二人在锅店街开办永信蔚油漆颜料庄，历经 280 多年而不衰。[①] 图 3－2 是 1929 年天津永信蔚伙友在山西会馆前的合影。蔚家后人蔚子丰长期担任天津油漆颜料公会会长，也是天津商会的董事。日军占领天津后，蔚子丰借口体弱多病辞去会长职务，保留了民族气节。德昌公颜料庄由山西汾阳商人樊世荣于清末创立，地址在天津估衣街，后来经营规模不断扩大，在北京、上海、广州、香港建有分号，经营的商品"骆驼牌"袋装颜料在华北地区占有很大市场，樊世荣因此被称为"颜料大王"。1953 年公私合营时期，樊世荣被聘请为天津市化工总公司顾问。[②] 山西平定县人王之明在天津开设德生颜料庄，从日本、德国进口化学颜料，颜色种类繁多，生意越做越大，在上海、南京、石家庄等地开设了分号。山西汾阳县人赵遂初，早年就职于天津警界，任少将参议，后弃官从商，任天津诚昌号颜料庄经理、天津市油漆颜料业同业公会理事长和天津市商会常务理事，1947 年曾因抬棺材竞选"国大代表"而轰动一时。

图 3－2　1929 年天津永信蔚颜料庄同人合影

资料来源：山西省政协《晋商史料全览》编辑委员会编：《晋商史料全览·会馆卷》，山西人民出版社 2007 年版，第 338 页。

---

① 蔚振忠：《蔚姓广谱》（综合卷），甘肃光子印务 2009 年版，第 189 页。
② 汾阳县志编纂委员会编：《汾阳县志》，海潮出版社 1998 年版，第 471 页。

三、晋商在天津的印染业经营活动

印染业与颜料业紧密相关，商人贩运的颜料很大一部分用来进行棉丝品染色加工。晋商很早就在京津地区从事印染业，乾隆四年（1739 年）山西布商和染商在直隶通州地区建立晋翼会馆，又名染坊公所，① 这说明当时山西染布商人在直隶地区已经具有一定规模，也说明印染业是伴随着棉布业和颜料业而发展的。天津晋商经营的印染业属于棉布加工业，主要是染制青、红、蓝、灰等各种色布，销售市场主要是华北、西北以及东北地区。染坊接待的顾客大多数是妇女，业务比较烦琐，但是晋商经营的染坊不仅能够保证质量上乘、不易掉色，而且在收货时量尺作暗记，交货时不亏尺、不错乱，受到市民称道。

染业在天津称为"染坊"，有铺面的称为"弹染铺"。清代以前，天津的染坊多设在城北沿河一带，主要是便于排放染布污水。天津估衣街万寿宫染坊是清代末期较有声望的染坊，用大缸染色，人工脚踩元宝石压布，以染青布、蓝布著称。天津染坊经营者多是山西、冀中一带人，这与晋商和冀商经营颜料生意直接相关。庚子事变前，天津有染坊 30 户左右，② 主要由晋商和冀商经营。天津开染坊的大多数是山西平定人，平定人经营染坊具有悠久的历史。据记载，乾隆年间有平定县西郊村人李常青到山东青州府安邱县开设染坊。此后，北京、天津等大城市也成为平定人外出经商的首选之地。清末民初，天津河东土地庙沿河大街一带成为山西平定帮聚居经商之处，仅西郊村在天津的商户就达 30 余家。③ 其中比较有名的有西郊村人赵忠贵经营的德源诚染坊，赵忠贵民国初年去天津谋生，在平定县人开设的德源诚染坊做工，后成为东家的三女婿，老东家去世前将染坊交给赵忠贵经营，他大力进行技术改造，将人工染布改为用进口机械设备加工，使德源诚成为天津设备精良、技术一流的著名染厂。④ 平定县西郊村人在天津经商的商人和字

---

① 李华：《明清以来北京工商会馆碑刻选编》，文物出版社 1980 年版，第 32 页。

② 天津市地方志编修委员会办公室、天津二商集团有限公司编：《天津通志·二商志》，天津社会科学院出版社 2005 年版，第 660 页。

③ 山西省政协《晋商史料全览》编辑委员会编：《晋商史料全览·阳泉卷》，山西人民出版社 2006 年版，第 472～473 页。

④ 山西省政协《晋商史料全览》编辑委员会编：《晋商史料全览·阳泉卷》，山西人民出版社 2006 年版，第 474～475 页。

号还有郝广德经营的染坊、郝云生经营的利顺彩染坊、郝承先经营的德义诚染坊、王佩经营的公玉德染坊、郝永生经营的德胜号机械染厂。山西平定人还在天津周边的河北无极县占有极大势力，民国初年无极县共有印染作坊32家，从业人员177人，全部为山西平定人。[1]

晋商在天津的著名染店字号有晋裕成、同心德、维新成、义同泰等。晋裕成是祁县渠氏家族开设的布庄，兼营染布生意。义同泰历史最悠久，既接受委托加工，同时也自染自营。日军占领天津后，染整厂大都自营染布销售，参与投机，而山西帮义同泰染厂坚持正规经营，以染整为主，生产经营遭受巨大损失。1949年后经政府部门接管整顿，义同泰得以继续生产，直至1956年社会主义改造完成。[2]

第四节　晋商在天津的皮毛业经营活动

晋商从事皮毛运销历史悠久，在近代天津皮毛市场中具有较大影响力，是近代天津皮毛运销体系的主体之一。山西交城是中国北方重要的皮毛加工基地，运送到天津的皮毛需要先在交城等地进行加工处理。

一、晋商与天津的皮毛运销业

天津是近代中国最大的皮毛集散中心和出口港，在世界皮毛运销体系中占有重要地位。皮毛是天津进出口货物中的大宗商品，采购自蒙古草原、华北和西北的皮毛在天津集散，内销至东北并向欧美国家出口。天津开埠后，俄商将产自本国的皮毛品运输至天津，转销内地和海外。同时，由于晋商很早就开始到蒙古地区经商，皮毛业也是晋商较早经营的行业，之后发展成晋商经营的主要行业之一。目前有关晋商的皮毛运销活动以及天津的皮毛运销业的研究已经有一些成果，但将二者相结合，探讨晋商在天津的皮毛运销活动的研究比较缺乏。清代中国北方的皮毛集散中心如归化、张家口、库伦、包头、天津都是晋商势力比较强大的地区，因此开展相关研究对于深入理解

---

① 刘宗诚：《民初晋商在无极》，引自李希曾主编：《晋商史料与研究》，山西人民出版社1996年版，第583页。

② 阳泉市政协文史资料委员编：《晋商史料与研究》，山西人民出版社1996年版，第577页。

晋商在近代中国皮毛运销业中的作用具有重要意义。

樊如森认为天津的皮毛运销体系可以划分为三级市场，即初级市场、中级市场和终极市场（终点市场）。① 初级市场是皮毛来源市场，即初级产品的来源市场。中级市场是集散市场，它既是初级市场的销售地，又是终点市场的来源地。终点市场是国内和国外的销售市场，即消费市场。这种对天津皮毛运销体系的划分有助于理解不同市镇在天津皮毛运销体系中的功能，也有助于分析不同商人在该体系中的作用。实际上，这种对皮毛市场的分层划分不但适用于天津，也适用于其他区域；不但适用于皮毛业，也适用于其他行业。

我国北方的皮毛贸易历史悠久，规模较大的购销活动从清代前期开始，由山西商人和直隶商人为主的旅蒙商人经营。山西商人经营的地域范围主要是蒙古中西部以及俄国东部地区，他们将换来的皮毛在山西和直隶等地加工后再转销东北、直隶、山东、河南、湖北和江南等地。直隶商人经营的地域范围主要是蒙古东部地区，他们将换得的皮毛经古北口等处运回直隶，加工后再转销本省、山东等地。羊毛和驼毛主要用于手工制毡或者作为取暖用的填充物，而皮张尤其是细皮张主要是加工成各种裘皮服装。皮毛的运输工具主要是骆驼、牛、骡马等牲畜，运输缓慢，这种运输方式在铁路出现之前一直是皮毛运销的主要方式。

晋商从事皮毛经营历史悠久，这和商品经济发展、晋商资本扩张以及商路开拓都有着密切联系。康熙时期，蒙古的皮毛业尚不发达，皮毛很少外运。由于位置相邻，当时山西、直隶等省的皮毛匠远赴蒙古地区为农牧民加工日用皮毛物品。后来皮毛买卖行业虽有发展，但规模仍然较小。乾隆时期晋商势力强大，大批晋商赴陕西、甘肃、宁夏等地经商，形成了庞大的经商群体，为后期皮毛运销体系奠定了重要基础，下文将要论及的交城皮毛业与此有重要联系。晋商几乎垄断了陕甘宁地区的商业，他们大量收购皮毛、枸杞、甘草、发菜等当地土特产品，运往京津等地销售，并将天津进口的洋货运往西北地区销售，"（西宁）土产砂金、皮毛、马匹、木料、狐狸、牛黄、麝香之类，多为山西人收买，输入品为大布、茶叶、京津杂货"。② 甘宁青

① 樊如森：《天津开埠后的皮毛运销系统》，载于《中国历史地理论丛》2001 年第 16 卷第 1 辑。
② 《陇右纪实录》卷 8，转引自张正明主编：《明清晋商商业资料选编》，山西经济出版社 2016 年版，第 417 页。

地区规模较大、资产雄厚的皮毛商号，如瑞凝霞、步云祥、大德源等均由晋商经营。

　　晋商在中国北方的两个主要基地归化和张家口收购的蒙古皮毛都是通过天津转口。归化是当时重要的皮毛市场，蒙古草原购入的皮毛很多都在归化集散，少量运往山西北部的左云、浑源、右玉等地，大量通过天津出口至欧洲，"归化城，土人称库库和屯，山西省之散厅也……初本蒙古地，后乃规入山西……河套之东，一都会也……人口三万余，喇嘛亦二万，物产以家畜为大宗，若毛网、毡毯、制皮、大理石细工及油等亦均著名，毛网运至天津，输往欧洲"。① 晋商将在南方采购的茶叶北运至张家口，再从张家口采购当地皮毛通过天津转口，"茶市以张家口为枢纽，货物辐臻，商贾云集……自秋至初春最为繁盛，所至骆驼以千数，一驼负四箱，运至恰克图，箱费银三两，其进货则以牲畜、皮毛为大宗，黄油、酪酥次之，羊毛与驼毛额数尤巨，皆道天津而转办事外洋者"。②

　　天津开埠之后，国内皮毛通过天津转口进入国际市场，山西在天津的皮毛运销体系中占据重要地位。"惟本省之张家口，晋省之交城县同为熟皮之中心点，山羊皮均熟于张家口，羔皮咸熟于交城。……绒毛一项，全数先运晋省之包头镇、或本省之张家口等处"。③ 直隶张家口和山西交城是重要的熟皮加工基地，二者分工不同，张家口主要加工山羊皮，而交城主要加工绵羊皮。绒毛的加工处理是在当时行政区划仍然隶属于山西的包头和直隶张家口进行。外国商人也参与到皮毛运销体系中，与以晋商为代表的中国商人展开竞争。外国洋行开始是从中国商人手中购买毛皮，为了追求更高的利润，后来直接进入内陆各地采购，英国怡和洋行、和记洋行，德国德华洋行、隆昌洋行，美国慎昌洋行、美丰公司等直接派买办到国内重要市镇或牧区收购原料和采购熟皮，在张家口、归化城等地设立分支机构或代理处，皮毛出口不断增加。随着皮毛出口量的增加，天津皮毛的输入区域也不断扩大。据1909 年出版的《天津志》统计，当时进入天津的毛皮大致来自甘肃省的宁

---

① 光绪《蒙古志》卷2《都会》，转引自张正明主编：《明清晋商商业资料选编》，山西经济出版社2016 年版，第407 页。

② 光绪《蒙古志》卷3《贸易》，转引自张正明主编：《明清晋商商业资料选编》，山西经济出版社2016 年版，第408 页。

③ 吴弘明编译：《津海关贸易年报（1865～1946）》，天津社会科学院出版社2006 年版，第281 页。

夏府、兰州府、西宁府、甘州、凉州（治今甘肃武威），山西省的归化城、西包头、西嘴子、孟县、太原府、平定州、潞安府、泽州府，张家口外的喇嘛庙、热河、哈达一带，直隶的昌德、顺德、冀州、宣化四府，河南省的怀庆、河南、卫辉三府，山东省的临清州、济南府、青州府。[①] 著名晋商旅蒙商号大盛魁也积极与外国洋行展开竞争，运输皮毛至天津出口。大盛魁的经营中心之前主要在外蒙古西部的乌里雅苏台和科布多等地，自天津开埠之后，皮毛出口数量激增，外国洋行纷纷在归化设立分支机构以便于收购皮毛，大盛魁自外蒙西部收购的皮毛多数运往归化出售给外国洋行，再通过天津出口。后来大盛魁在天津开设盛记毛庄，直接经营出口业务。[②]

晋商在天津的皮毛市场中具有较大影响力，天津估衣街冬季皮货铺多数由山西人经营，天津晋商经营山西寿阳、陕西榆林的羊皮，西宁和内蒙古的羊毛、羊绒，以及西北的牛皮、马皮、驴皮、狐皮、黄狼皮等。19 世纪 90 年代，皮毛成为天津的大宗出口商品。1899 年天津共出口山羊皮 260 万张，羔羊皮 60.6 万张，绵羊毛 21.8 万担，驼绒 4.1 万担。[③] 据天津海关统计，1922 年至 1931 年 10 年间天津出口各种山羊皮及皮纸制品总值约 3 180 万海关两、羔皮 2 030 万两、绵羊皮 130 万两，总共约 12 300 万两，年均 1 230 万两，[④] 这与晋商的经营开拓有密不可分的关系。晋商在天津皮货帮的代表字号是四合源，它是集生皮采购、熟皮加工、熟皮运销为一体的历史悠久的大型皮庄字号。四合源皮坊开设于清咸丰元年（1851），是山西交城县近代规模最大、历史最久的皮坊，由交城神堂底王家、城内郭家等四家合股，所以称为"四合源"，在宁夏、汉口、天津、上海等地都设有分号，鼎盛时人员达到 200 人，其中技术工人 100 人左右，学徒 50 人。四合源也是交城倒闭最晚的皮坊，在日军占领交城后仍坚持生产，1940 年倒闭。

20 世纪 30 年代山西军政要员傅作义、董其武等人在天津开设公诚皮毛行，专做出口生意，与洋行打交道。天津华北制革厂的创办人是山西太谷人

---

① "中国驻屯军司令部"编，侯振彤译：《二十世纪初天津的概况》，天津人民出版社 1986 版，第 291～292 页。

② 《旅蒙商大盛魁》，内蒙古政协文史资料委员会编：《内蒙古文史资料选辑》第 12 辑，内蒙古文史书店 1984 年版，第 116～117 页。

③ 张利民：《近代环渤海地区经济与社会研究》，天津社会科学院出版社 2003 年版，第 146 页。

④ 《天津海关十年报告（1922－1931 年）》，引自天津社科院历史研究所：《天津历史资料》第五期，天津社科院历史研究所 1980 年版，第 46 页。

王晋生，他是留美制革专家，完全用进口设备，以科学方法生产各种皮革。制革厂20世纪30年代初投入生产，产品行销华北及东北各地，初期营业情况甚好。日军占领天津后，皮革被列为军用物资，华北各地运津的皮革要先卖给日本三井洋行，之后才准许民营工厂收购，华北制革厂原料来源发生困难，企业濒临倒闭。[①]

二、山西交城的皮毛加工与运销

在晋商经营的天津皮毛运销体系中，山西省交城县是一个典型的中级市场，晋商采购自蒙古和西北的皮毛不能直接运到天津，而需要先在交城和张家口进行加工处理，交城主要加工羔羊皮，张家口主要加工山羊皮，然后才能运到天津等地售卖。所以，交城县就成为山西省内最大的皮毛集散和加工中心。

交城皮毛加工业历史悠久，但其起源在史料中没有明确记载，根据目前存在的资料推测，交城的皮毛加工业应当在明代就已产生。其一，这和前文中多次谈到的明朝北部驻军同样有很大关系。北部边塞重镇中，大同、偏头、雁门、宣府、宁武等重镇要塞的粮食、棉衣、毛皮等均需山西供给，由此山西成为重要的军需物资供应基地。除了前面谈到的粮食、棉衣之外，毛皮也是重要军需，一方面是用于御寒，另一方面还可以和棉花一起制作抵御弓箭和火铳的甲胄。同时，交城的要素禀赋和地理位置也为其皮毛业的兴起创造了条件，交城县西北山区土地辽阔，畜牧业发达，且地处秦晋交通古道，是晋西、陕北、宁夏生羊皮输出的重要通道。交城加工后的毛皮既可北上供应塞北，又可东运蓟辽边陲，南调进入中原市场。良好的地理环境和庞大的皮毛军需促进了交城皮毛业的发展。其二，在清朝初年的一些古籍资料中可以找到一些线索。康熙九年（1670年），交城知县赵吉士在写给山西布政司、按察司和太原府的报告中谈到交城的皮毛业，"乃有一种贩皮之人，不列保甲，莫查户籍，自称京客，声言旗下伙计。怀万千之重资，合三五以成群，始犹借寓假店于关内，今则比屋杂处于城中。入山买皮，骡驮车载而至，从不纳分文官税，谁敢稽其来历？数百游民为之硝洗，腥秽满城，酿为

---

① 阳泉市政协文史资料委员编：《晋商史料与研究》，山西人民出版社1996年版，第578页。

瘟疫".① 这是赵吉士写给上级的公文，里面明确地记载了康熙初年交城存在的皮毛贩运和加工活动，当时的交城应该主要是从事皮毛加工，由"贩皮之人"将各地的毛皮运至交城，加工之后再运出销售，这种"贩皮之人"与欧洲的"包买商"非常类似，负责原料供给和成品销售。"怀万千之重资"说明当时的皮毛资本规模已经不小，"数百游民为之硝洗"说明皮毛加工的规模比较可观，这些贩皮客千里迢迢将毛皮运到交城加工，一定有其历史传承。另外，卦山天宁寺清代康熙十二年（1673年）《古罕碑》记载，"吾邑山多水少，止东城却波一水，旧为旗弁贩洗皮革，奸商挟之为利，腥秽填壅"，② 这段资料说明交城加工的皮毛不但满足市场需求，也是满足军队需求的，这与明代北方的军需供应是一样的。由此，交城的皮毛加工业在明代就已经产生，主要是满足北方军备物资需求，到了清代初期规模进一步扩大。

交城是我国北方重要的毛皮加工基地，在天津等地转口的毛皮需要先运至交城等地加工处理，由于是用硝石等原料加工，所以又称为"硝皮业"。天津的水质较硬，不适合进行皮毛加工，交城的水质盐碱性较大，非常适合该行业，这也是交城硝皮业兴起的重要原因。清代至民国初年是交城硝皮业的兴盛时期。至民国八年（1919年）交城皮坊还保留有120多家，全县从事毛皮业生产的工人包括季节性临时工和缝皮工达到七八千人。规模较大的皮坊四合源、公盛源、隆盛昌、义和德、义和源等每家雇佣工人二三百名。全县每年鞣制滩皮60余万张，裁制大褂85 000多件，产值达300余万元。有的皮坊还兼制黑白老皮、羔（胎）皮及直毛（狐狸、猞猁、灰鼠、水獭）皮等成品万件，产值约在100万元。③ 1937年抗日战争全面爆发之前，交城的商业依然很兴旺，市场活跃，经济繁荣。城关就有各行各业大小商店300多家，其中皮坊120多家。④

交城还是我国北方重要的毛皮集散中心，由硝皮业而支撑起生皮采购—熟皮加工—熟皮销售的市场网络。熟皮加工上文已经论述，就生皮采购而言，交城的生皮来源地除了山西本省之外，主要来自西部的宁夏、陕西、甘

---

① 赵吉士《牧爱堂编·除害》卷五，转引自交城县政协文史委员会编：《交城文史资料》第19辑，2005年版，第85页。
② 交城县政协文史委员会编：《交城文史资料》第7辑，1988年版，第70页。
③ 交城县政协文史委员会编：《交城文史资料》第7辑，1988年版，第70～71页。
④ 交城县政协文史委员会编：《交城文史资料》第7辑，1988年版，第87页。

肃等省，具体包括宁夏黄河两岸的吴忠、中卫、青铜峡、贺兰、花马池等地，陕西北部的三边地区，即定边、靖边、安边。各种毛皮中以宁夏的滩羊皮最为出名，因为宁夏的绵羊主要生长在黄河两岸的戈壁滩，所以称为"滩羊"，宁夏滩羊皮80%销往交城。滩羊中又以宁夏贺兰滩羊最为有名。驰名国内外的"二毛皮"即由出生后一个月左右的羊羔皮硝制而成，是滩皮中的名贵品种，售价比普通滩皮贵很多，主要用于出口欧洲。就熟皮销售而言，交城毛皮除了山西本省销售之外，还远销北京、天津、汉口、上海等重要商埠，再由这些商埠转运出口，是山西省主要的出口货物品种之一。据《山西外贸志》记载，天津开埠以来，山西羊皮即为大宗出口商品，每年出口羊皮达数万张，其中大部分都是在交城等地经过加工制作后，通过天津出口至英美等国。[①] 清末交城皮已经畅销美、日、俄等国，外国洋行年年到交城采买皮货，20世纪初的1902年和1903年，仅英、德两国7家洋行通过平定县槐树铺厘卡运往天津口的交城皮货就达833包、962件，共计73 440张，品种有羊绒、驼毛，生熟皮、滩皮、羔皮、羊皮、皮袄、皮褥、杂皮等多种。由于交城皮质量上乘，清末民初各大外国洋行纷纷来往交城采购皮货，总计46家，计有德国洋行瑞记、顺发、礼和、鲁麟、瑞丰、禅臣、克罗斯、世昌、志诚、地亚士、仁记、美最时、德义、乾昌、兴隆等15家，英国高林、平和、太古、良济、隆茂、仁记、德隆、明义、新泰兴、聚立、普尔、仁泰、涌玉、华泰等14家，美国隆茂、怡和、平和、益昌、安利、仁和、永丰、古宝财、兴隆、立新、德泰、德记、茂生等13家，法国拔维晏、立兴2家，日本三井1家，荷兰恒丰1家。[②]

民国时期，大宗皮货由四合源、万川、玉成、德兴等大型皮店发往北京、天津、上海、汉口、张家口、东三省等地，其中相当一部分转销俄罗斯、日本及欧美诸国。民国时期编撰的《中国实业志》记载，"山西省北路皮货以大同为代表，南路皮货以交城为代表，品质略有差异。销路亦因之不同。交城皮货以滩皮为最著，制工之精美，远在大同之上。曩年以销行国外为大宗，近年虽属减少，尚不失其晋省皮货出口之代表地位，其在国内市场

① 山西省政协《晋商史料全览》编辑委员会编：《晋商史料全览·吕梁卷》，山西人民出版社2006年版，第147页。
② 刘建生、燕红忠等：《明清晋商与徽商之比较研究》，山西经济出版社2012年版，第318页。

有太原、北平、天津、汉口、上海各地"。①

日军入侵是造成交城毛皮业衰落的主要原因。光绪初年后的近半个世纪，虽然屡遭自然灾害、军阀混战的影响，但交城硝皮业都能够在经历短暂衰退后发展起来。抗日战争爆发后，太原和晋中各县城相继沦陷，交城也于1937年末被日军占领，交通断绝，市场停滞，生皮无源，产品无路，日伪政府又采取了一系列经济封锁政策，交城皮毛业遭受毁灭性打击，硝皮坊、皮店、钱庄、银号几乎全部停业倒闭，历时数百年的民族工商业被彻底摧毁。大量皮坊工人迫于生计到西部的陕甘宁地区寻找生路，一些则到太原由日本人经营的皮坊店做工。

第五节 晋商在天津的货栈业经营活动

清中期天津货栈业兴起，开埠后进出口贸易兴盛，交通更为发达。在此条件下，晋商在天津从事的货栈业获得较大发展，在数量、经营商品种类、业务等方面都得到进一步扩展。

一、天津货栈业的发展

货栈业是近代中国商业市场上的一种中间性服务行业，以委托代理为主要经营业务，负责代客买卖货物、保管货物、寄宿客商、经营信用与抵押放款，并代客办理货物购销之间的存栈、托运、提取、报关、纳税、保险等手续，有时还自营购销。货栈广泛分布于全国各地，但在不同地区和行业中的称谓不同，如在上海、汉口称为行栈，在华南地区称为九八行、平码行、南北行，在四川称为过载行等，天津则称为货栈。具体到各个行业，根据商品的差异而有粮栈、干鲜果栈、棉栈等。清代商品经济繁荣，受益于便捷的水路资源和漕运经济，天津很快成为南来北往的货物集散中心。云集天津的各种商品需要存放和管理，各地客商也需要打探行情、货物交割和沟通交易的场所，货栈业应运而生，旅津各大商帮为了便于货物运输和存放，均建立了货栈。

---

① 山西省地方志办公室编:《民国山西实业志》（下册），山西人民出版社2012年版，第458页。

第一次鸦片战争后，外商先是获得了在通商口岸修筑或租赁房屋的权利，很快又谋取了租赁货栈的权利。第二次鸦片战争后，洋商租赁码头货栈的权利进一步扩大，地域范围也从早期的五口蔓延到沿海及长江中下游的多个通商口岸。外商在通商口岸大规模兴建货栈，便利洋商货物转运。天津开埠后，外国商品大量涌入天津港，外国洋行为了便于货物运输和存放，建立了很多外国货栈，与中国商人的货栈形成竞争态势。英法各国洋行与航运公司纷纷在天津城南的紫竹林租界开设码头，修筑货栈，协助进出口业务。宁波、广州、汉口、九江等地也有不少旗昌、太古、怡和的货栈。它们借助条约特权的保护，不断扩大经营范围，给中国传统货栈和百姓生计带来严重冲击，正如曾国藩在 1867 年给同治皇帝的奏折中所说，"独至铁路、轮船、行盐、开栈等事，害我百姓生计，则当竭力相争"。[1] 曾国藩已经意识到，在外商货栈进驻中国通商口岸、破坏传统货栈生存环境的情况下，必须尽快壮大本国货栈，才能更好地维护洋务工商业的发展，维护百姓生计。民国时期，随着天津对外贸易的扩大和城乡物资交流的扩展，货栈业获得迅速发展，至 20 世纪 30 年代已成为天津商业发展中不可缺少的行业。至 30 年代中期，天津全市共有各类货栈约 80 户，从业人员达 3 200 多人。[2]

早期货栈的职能较为简单，主要是负责存放和管理货物、向客商提供食宿和市场行情、作为中介沟通买卖双方的交易并居中收取佣金和管理费。但随着经济活动的丰富，货栈职能也更加复杂，出现了业务多元化的趋势，扩展出如下职能：为货物代办保险；为买卖双方做代购代销业务，有些货栈还自营自销；负责货物的装卸和转运；代办报关、纳税手续；代客储存货款，整存零取；代客垫付运费、税金等各项费用；向客商抵押或信用放款。

天津货栈业在发展中形成了以货物种类和商帮类别为基础的货栈种类，不同的商帮大多有较为固定的经营商品种类，比如以经营粮食为主的同和兴货栈、启泰栈、怡和斗店、万春斗店等；以经营山干货为主的交通货栈、文记货栈等；以经营鲜货为主的锦记栈、锦泰栈等；以经营皮毛为主的美丰厚行栈、鲁麟东栈、晋丰货栈等；以经营棉花为主的宝兴恒货栈、大通货栈、德源公货栈、通成货栈等；以经营油料作物为主的公庆成、大庆成等；以经

---

① 曾国藩：《曾国藩全集·奏稿》，岳麓书社 1991 年版，第 5787 页。
② 杜希英：《民国时期天津货栈业同业公会探析》，载于《邯郸学院学报》2013 年第 2 期。

营药材为主的公记货栈、通利公启记等。[①]

货栈业的发展与天津的近代化进程相伴随，旅津晋商的到来也在一定程度上促进了天津货栈业的发展。开埠通商之后，天津以其优越的地理位置发展成为经济繁荣的商业都市并成为北方经济中心，货栈业在这个过程中起到了承接内外市场的重要作用，是促进商品经济发展和物资流通的关键环节。

二、天津晋商货栈业的发展

晋商货栈业在天津起源较早，在嘉庆十一年（1806 年）粮店街重建山西会馆的碑文中记载有督工首事"晋成栈"，[②] 这是目前发现最早的晋商在天津建立货栈的记载之一。晋成栈位列督工首事之首，说明它的规模和影响力比较大，那么它的创始也很有可能是在晋商鼎盛发展的乾隆时期。在嘉庆十四年（1809 年）山东聊城重修山陕会馆的碑刻中也出现了"晋成栈捐银三百七十两八钱六分"的记载，[③] 其捐银数目位居全部捐银字号的中上水平。这说明晋成栈在天津和山东设有分号，聊城和天津都位于京杭大运河的枢纽位置，表明早期晋商主要是通过运河水路来贩运货物。

天津开埠以后，进出口贸易额逐年递增，中外商品云集天津市场，服务往来商旅的货栈业更加繁荣。为了便于货物的运销和贮存，晋商开办了晋生货栈、德茂栈、集义栈、晋义栈、荣裕货栈等，有的还发展为专业性货栈。其中，集义栈是山西商人建立的著名货栈，位于晋商聚集的估衣街，庚子事变前是大德通、大德玉、大美玉、三晋源、福成德、长慎涌等祁县帮票号设庄的地方。[④] 大量票号集中在货栈业设庄一方面可能是为了节省费用，同时也说明票号业与天津商贸的紧密联系。日军占领天津前，天津共有货栈 100 余家，其中由山西帮经营的货栈有十几家，历史悠久的有晋义公、同义公、惠源长等。在 1945 年日本宪兵队调查天津转运业的清册中，共有货栈或转运公司 61 家，根据来往的路线能够确定由山西人经营的只有 2 家，即华丰

---

① 刘续亨：《天津货栈业发展沿革概述》，引自天津市政协文史资料委员会编：《天津文史资料选辑》第 20 辑，天津人民出版社 1982 年版，第 172 页。

② 许檀：《清代河南、山东等省商人会馆碑刻资料选辑》，天津古籍出版社 2013 年版，第 390 页。

③ 张正明、科大卫等主编：《明清山西碑刻资料选》（续二），山西经济出版社 2009 年版，第 384 页。

④ 羊城旧客撰，张守谦点校：《津门纪略》（光绪二十四年），引自来新夏主编：《天津风土丛书》，天津古籍出版社 1988 年版，第 76～77 页。

公司和福顺公司，①其他的货栈无法确定，但应该已经很少了。

天津晋商开办的货栈广泛地参与到西北经济腹地的皮毛业务中，并与洋行开展竞争。天津开埠后，地处内陆的广大西北地区成为天津的经济腹地，皮毛等畜牧业产品开始大量出口。一些经营皮毛的货栈如晋商开办的晋丰货栈和直隶、山东商人开办的美丰厚行栈、鲁麟东栈等开始深入西北地区，他们或派人直接到西北地区进行羊毛收购，或在天津接待西北来的羊毛客商。在近代西北羊毛出口贸易中，天津洋行、买办及其代理人起了先导作用，其中天津洋行控制着海外市场和天津口岸之间的贸易，而买办及其代理人则控制着天津口岸和西北内地之间的贸易。天津洋行及其货栈在近代西北羊毛贸易中的一系列商业活动始终是以掠夺中国原材料、增加自身财富为目的。但同时，他们的商业活动在扩大天津口岸的商业腹地、使天津成为世界市场体系中的区域性集散中心的过程中也起到了一定作用。

山西货栈商具备传统商人的优良品质，能够较快适应千变万化的商业环境。山西货栈商重信用、待客热情诚恳、消息灵通、服务周到等优良品质有利于促进行业的顺利发展。在晋商货栈的人事构成与客货来源方面，货栈内部从业人员之间及其与股东之间普遍存在地缘关系，货栈的客货来源也都具有鲜明的地域特色。因而，近代天津晋商货栈业呈现出明显的传统商帮特征，不仅有利于维持货栈的正常经营，由此而结成的广泛的市场关系网络又成为货栈业扩展业务的重要资源。

此外，晋商在天津的杂货业也很发达，有些商号并非只是经营单一种类商品，而是农、牧、日用百货等商品同时经营，晋商在天津的杂货业资料相对有限，这里合并到货栈业中一并说明。山西平定煤铁资源丰富，平定铁锅非常有名，清代道光年间天津锅店街山西会馆碑刻中出现了"涌源锅店"。著名晋商旅蒙商号大盛魁在天津开设有分号，主要经营皮毛、茶叶、生烟、药材、日用百货等业务。民国时期山西榆次商人开设公兴顺和记杂货庄，总号设在山西榆次县，在天津、西安、太原、上海设有分号，天津分号主要负责杂货总采购和向榆次、西安、太原通过火车发运，推销由晋、陕运津的农业产品。在清末民初天津商会有关山西会馆纠纷档案中出现了丰泰裕、永昌

①　天津市档案馆、天津社科院历史研究所等编：《天津商会档案汇编（1937～1945）》，天津人民出版社1997年版，第1091页。

号、晋义堂、瑞昌公、敬记纸局等杂货店字号，具体资料不甚详细。山西大同商人白志先在 1938 年创立的裕民金针公司，在华北地区很有名气，公司总部设在大同，在天津设有办事处，专门从事大同黄花菜的国内批发业务及对外贸易业务，裕民公司通过天津口岸将大同黄花菜源源不断销售到日本、朝鲜、菲律宾、印度尼西亚、泰国及整个东南亚地区，并通过香港和澳门地区及东南亚等地转口贸易，远销至英国、法国、德国、葡萄牙、美国等欧美地区及中亚、西亚一些国家。[1]

---

① 山西省政协《晋商史料全览》编辑委员会编：《晋商史料全览·家族人物卷》，山西人民出版社 2007 年版，第 201 页。

第四章　晋商在天津的金融活动

晋商在天津开展的金融活动令人瞩目，晋商在金融领域的重要创造——票号就诞生于天津，这使得天津成为考察晋商金融资本产生和发展的重要区域。凭借经营的印局、账局、典当、钱铺、票号等金融组织，晋商逐步垄断了天津金融行业，在天津北方金融中心的形成中做出了重大贡献。

第一节　晋商在天津的典当

晋商在天津经营的各种行业中，历史最悠久、持续时间最长的要数典当业，长时期在天津典当业中占据垄断地位。清末民初开始，晋商资本虽然大规模从天津典当业撤出，但仍然占据人才优势，典当业经理人多为山西人。

一、天津典当业的发展

典当，俗称当铺，是我国最古老的一种抵押放贷的信用机构，大约起源于南北朝时期由寺庙经营的"寺库"。天津典当业伴随着城市扩展和人口增加而发展，据说在明代就已经产生。清代全国性的典当商人主要是北方的晋商和南方的徽商，清代乾隆年间，山西典商的势力范围已经遍及长江以北，与徽商形成对峙，乾隆时期山西学政幕僚李燧谈论汾州平阳二府商人在外开设典当铺的情况，"江以南皆徽人，曰徽商；江以北皆晋人，曰晋商"。① 山西典当商人闻名全国，他们很早就进入了典当行业，在这一领域生根发芽，

---

① 李燧、李宏龄著，黄鉴晖校注：《晋游日记·同舟忠告·山西票商成败记》，山西人民出版社1989年版，第70页。

逐渐占据统治地位，在中国北方具有强大的影响力。与各类金融业相比，典当业由于需要对各种当物估值，其技术含量相对较高。山西典商精通典当业务，对于古玩、金石、字画、皮货、首饰、珠宝等贵重物品均有较高的鉴赏水平，对于当物的质量成色、新旧程度、牌号真伪等都能做出较为精确的估计，这种对于当物的估值能力不经过长期训练是难以形成的。

由于山西商人在天津典当业长时期占据垄断地位，因此晋商在天津的典当经营活动很大程度上构成了天津典当业发展的主体内容，这里简要论述天津典当业发展的几个阶段以及非山西籍商人在天津的典当经营活动。天津典当业在大城市中比较具有代表性，典业经营资本雄厚，"当铺资本，在京、津、沪三大都市中，以天津最为殷实"，[①] 近代以前的发展历程大致可以划分为三个阶段：第一个阶段是清代乾隆年间至"庚子事变"之前的约一个半世纪，这是天津典当业产生和发展的时期，也是晋商在天津典当业产生、发展和占据垄断地位的时期；第二个阶段是"庚子事变"至天津被日军占领的 30 多年，这是天津典当业频繁遭受战乱侵扰的时期，也是晋商收撤资本转向经理人的时期，天津租界由于治安相对稳定，典当业获得快速发展；第三个阶段是日军占领天津至 1949 年之前，天津丧失金融主权，典当业在日伪政府的统治下艰难生存的时期。

天津典当业据说兴起于明代，但没有确切资料能够证实。目前最早的记载是乾隆二十六年（1761 年）河东粮店街山西会馆《创建晋都会馆记》碑刻中的两家山西当铺。[②] 乾隆三十年（1765 年）清朝内务府将内库银 15 万两交长芦盐政发典生息，"先由内库借领银 15 万两，交长芦盐政发商，按一分起息"。[③] 这说明至少在乾隆年间天津典当业已经产生了。天津开埠之后，商品经济繁荣，人口不断增加，典当数量也不断增多，至"庚子事变"前，天津典当业已发展到 44 家。[④] 除晋商之外，天津本地大商人也经营典当行业，比如有"天津八大家"之一称号的天成号韩家除了经营船运业外还大量投资典当业，在"庚子事变"中，韩家的 18 家当铺中有

① 王子寿：《天津典当业四十年的回忆》，引自全国政协文史资料研究委员会编：《文史资料选辑》第 53 辑，文史资料出版社 1964 年版，第 36 页。
② 许檀：《清代河南、山东等省商人会馆碑刻资料选辑》，天津古籍出版社 2013 年版，第 384 页。
③ 单士元：《故宫札记》，紫禁城出版社 1990 年版，第 120 页。
④ 吴石城：《天津典当业之研究》，载于《银行周报》1935 年第 19 卷第 36 期。

17家被抢劫，[①] 这说明"庚子事变"前，津帮在天津典当业中占有一定地位。

"庚子事变"及之后的频繁战乱造成天津典当业的剧变，这种变化集中体现在典当业的股东和开设位置的变化。首先，由于晋商在天津损失惨重，很多当铺已经无力经营，这为直隶、北京和天津本地商人带来了机遇，晋商的不少当铺都是以直接转让的方式转给其他商人，包括经理人和当铺职工一并转让。同时，晚清民国时期大量清朝贵族、官僚和军阀寓居天津，成为天津典当业资本的重要来源，比如担任过天津当业公会会长的山西灵石人王子寿年轻时就分别在张勋和曹锟出资设立的典当中担任学徒和经理。[②] 其次，由于华界频繁遭受战乱侵扰，包括典当在内的大量金融机构开始向租界转移，这是20世纪之后天津典当业在空间上的重大变化。到1934年，天津典当共87家，其中60家在租界和特别区内经营，占到近70%。[③] 这说明当时天津典当业的重心已经转移到租界地区。最后，天津典当业内部出现分裂，这以1936年租界内16家当铺组织质业公会为标志，天津典当业出现了两个行业公会组织，其原因是山西帮内部介休人和灵石人的区别，华界当铺的经理人多为介休人，而租界当铺经理人多为灵石人。

日军占领天津后曾经试图通过入股的方式控制天津典当业，但由于遭到典当业联合抵制而未果，日军遂通过其他方式破坏天津典当业正常发展。从1939年开始，天津日本军部授意谷内嘉作纠集日本浪人和天津黑社会势力在天津南市、北开、鸟市、谦德庄等地区开设"小押当"，这种当铺的典质期限比普通当铺要短很多，有10天、15天、20天等，最多1个月。小押当大肆收买天津典当业的当票，破坏当铺正常经营。在抗战胜利之前，这种小押当在天津开设数量极多，最多时竟达到500余家。[④] 1945年抗日战争胜利后，由于受到恶性通货膨胀和严重经济危机的影响，天津当铺数量不断减

　　① 辛成章：《天津"八大家"》，引自天津市政协文史资料研究委员会编：《天津文史资料选辑》第20辑，第45页。
　　② 王子寿：《天津典当业四十年的回忆》，引自全国政协文史资料研究委员会编：《文史资料选辑》第53辑，文史资料出版社1964年版，第32页。
　　③ 根据张中篱：《天津的典当业》，万里书店1935年版，第93~97页相关内容统计。
　　④ 王子寿：《天津典当业四十年的回忆》，引自全国政协文史资料研究委员会编：《文史资料选辑》第53辑，文史资料出版社1964年版，第51页。

少，到 1948 年只剩下 43 家勉强维持经营。[①]

二、晋商在天津的典当经营活动

天津是晋商经营典当业的主要区域之一，晋商在天津典当业长期居于垄断地位。"清代天津、北京、山东、河南、张北等地，其典当几乎全系晋商所经营，如所用资本及铺掌伙友等，皆属晋人"，[②] "从历史来看，天津典当业一直是山西帮称霸的行业"。[③] 因此，对晋商在天津典当经营活动的研究对于探明晋商在天津经营的优势行业具有重要意义。

山西商人何时来天津开设典当？民国时期天津史研究专家吴石城认为是在咸丰初年，他调查了 1935 年时的天津典当业，发现成立于咸丰四年（1854 年）的天聚当历史最悠久，[④] 因此有此结论。但这一观点显然存在偏差，早在清代乾隆时期，山西商人就已经在天津开设典当，乾隆《宝坻县志》记载，"邑之列肆开典者，大率来自他省，惟山右为多，本邑殊少"。[⑤] 在碑刻资料中也有所反映，乾隆二十六年（1761 年）在河东粮店街山西会馆《创建晋都会馆记》碑刻中明确记载有两家当铺，一个叫存义当，另一个看不清楚。[⑥] 该碑碑阴风化严重，大部分内容已经无法识别。同时，晋商经营的生意多以号来命名，也无法直接看出其经营类别。在大约 10 年后的乾隆三十七年（1772 年）《重建晋都会馆记》中有聚义当的记载，[⑦] 其他或是看不清楚，或是无法识别。嘉庆十一年（1806 年）的改建碑刻中出现了恒隆当、天升当、聚义当、永春当、文新当。[⑧] 这些都已经说明至迟到清代乾嘉时期，山西商人就已经到天津开设当铺。锅店街山西会馆建立在道光九

① 天津市地方志编修委员会：《天津通志·金融志》，天津市社会科学院出版社1995年版，第84页。

② 陆国香：《山西之当质业》，载于《民族》1936年第4卷第6期。

③ 刘绥亨：《我所了解的在天津的山西商人》，引自李希曾主编：《晋商史料与研究》，山西人民出版社1996年版，第575页。

④ 吴石城：《天津典当业之研究》，载于《银行周报》1935年第19卷第36期。

⑤ 乾隆《宝坻县志》卷7《风物》，转引自张正明主编：《明清晋商商业资料选编》（下），山西经济出版社2016年版，第414页。

⑥ 许檀：《清代河南、山东等省商人会馆碑刻资料选辑》，天津古籍出版社2013年版，第384页。

⑦ 许檀：《清代河南、山东等省商人会馆碑刻资料选辑》，天津古籍出版社2013年版，第387页。

⑧ 许檀：《清代河南、山东等省商人会馆碑刻资料选辑》，天津古籍出版社2013年版，第390页。

年（1829 年），建造年代较晚，但其覆盖的晋商范围很大，远超粮店街山西会馆，在《建修春秋大楼捐过布施号名银数碑记》中记载的当铺字号共有 39 家，捐银 4 700 两，仅次于西河杂货众号的 5 000 两，[①] 可见当时山西典当商人的势力。

天津开埠之后，商品经济快速发展，随着晋商经营范围的扩大与资本的增长，很多晋商选择将资金投向收益率较为稳定的典当业，"天津自开埠以还，商务转盛，黎庶日众，晋商挟其资力，来津开设当铺者甚多，惟时人民朴素，十当九赎，衣服宽大，不虑死当，地方安谧，在庚子变前，城乡当铺有四十四家之多，营业皆能盈利"。[②] 同治十年（1871 年）粮店街《重建山西会馆碑文》中出现了 20 余家当铺，[③] 到光绪六年（1880 年）的《重修山西会馆碑文》中出现 30 多家。[④] 粮店街山西会馆的规模小于锅店街山西会馆，这些捐银当铺应该不是全部数量。天津租界的第一家当铺天义成也是由山西人合伙出资于宣统年间开设。[⑤]

在天津的山西典当商人具有非常明显的地缘特征，初期多以介休人为主，"至邑人出外贸易者，在京则营当商、账庄、碱店，在津则营典质转账"，[⑥] 嘉庆十七年（1812 年），山西介休商人温锡五牵头在天津城北兴建了当行公所，建造公所的督事、监事大多数是介休商人，[⑦] 可见在天津的介休典当商人的影响力，此后当行公所一直是天津山西籍典商的议事场所。"至前清末叶，上述各地（天津、北平、山东、河南、张北）之典当，亦有他省人投资而转让者，惟掌铺伙友等，仍以晋人充当，其中以灵石介休人居多"。[⑧] 晋商除自己出资经营当铺之外，还为官吏管理当铺生意。清代前中

---

　　① 许檀：《清代河南、山东等省商人会馆碑刻资料选辑》，天津古籍出版社 2013 年版，第 400 页。

　　② 吴石城：《天津典当业之研究》，《银行周报》1935 年第 19 卷第 36 期。

　　③ 许檀：《清代河南、山东等省商人会馆碑刻资料选辑》，天津古籍出版社 2013 年版，第 392～393 页。

　　④ 许檀：《清代河南、山东等省商人会馆碑刻资料选辑》，天津古籍出版社 2013 年版，第 396～397 页。

　　⑤ 王子寿：《天津典当业四十年的回忆》，引自全国政协文史资料研究委员会编：《文史资料选辑》第 53 辑，文史资料出版社 1964 年版，第 46 页。

　　⑥ 民国《介休县志》卷 7《物产》，转引自黄鉴晖：《明清山西商人研究》，山西经济出版社 2002 年版，第 160 页。

　　⑦ 许檀：《清代河南、山东等省商人会馆碑刻资料选辑》，天津古籍出版社 2013 年版，第 417 页。

　　⑧ 陆国香：《山西之当质业》，载于《民族》1936 年第 4 卷第 6 期。

期朝廷对于官吏的约束较为严格，不允许经营当铺等生意，但很多官吏为了发财都通过私下渠道投资典当等行业。道光二十一年（1841年）直隶总督琦善被抄家时，发现他在天津出资开设当铺并由山西人经理，"天津大沽地方，有义和当一座，道光四年间，我主人（琦善）入本制钱两万串，与山西人岳泉等伙做，铺内系岳泉管事"。① 晋商与官员的关系素来密切，清代不少资料都有朝廷官员私下出资开设当铺的记载。晋商在天津的典当与印局关系密切，由印局开出的钱帖或银帖可以赎当，"津城典当，其柜伙尽属晋人，印子房与之声气相通，其帖可以赎当"。②

　　天津开埠之后，山西典当业继续发展。至"庚子事变"之前，天津社会总体较为稳定，由于山西票号在天津金融市场的巨大影响，与票号联系紧密的山西典当业发展迅速，在天津典当业内占据主导地位。天津典当业同业公会的会长长期是由山西人担任的，山西典商在天津的著名人物是山西灵石人王子寿，他是山西人在天津依靠勤奋努力和聪明才干而取得成功的典型人物，王子寿从普通学徒成长为当业公会领袖，是山西商人在天津奋斗成功的缩影。王子寿1915年来到天津，在山西人古亨甫在法租界紫竹林开设的公裕当做学徒，1917年公裕当因受牵连倒闭，由民国军阀张勋出资接办，改名为松寿当，王子寿继续当学徒，1921因为找到被变卖到当铺的宝物而受到张勋赏识，1926年被推荐为元亨当经理，不久转作直隶军阀首领曹锟经营的公懋当经理，又兼直隶军阀陈光远经营的德华当监理和曹锟女儿经营的永聚当总经理。先后被选为天津质业公会理事长，当业公会会长，是天津典当业知名人士，"（王子寿）与豪门富户、银行、钱庄都有广泛联系，是山西帮很有声誉的代表人物之一"，③ 王子寿在典当业名望极高，在天津商界也颇有影响，曾长期担任天津商会常务委员，为天津商业发展做出了贡献。

---

① 中国第一历史档案馆编：《鸦片战争档案史料》第3册，天津古籍出版社1992年版，第198页。
② 《钱铺荒闭》，载于《申报》1879年12月22日，第2版。
③ 刘绩亨：《我所了解的在天津的山西商人》，引自李希曾主编：《晋商史料与研究》，山西人民出版社1996年版，第575页。

第二节　晋商在天津的印局

印局是由晋商经营的一种金融组织，主要面向社会贫民和游民贷放"印子钱"。天津的印局主要由晋商经营，被称为"印子房"，在天津底层社会中具有重要作用。

一、中国印局的发展

在对中国古近代产生的各种金融组织的研究中，对印局的研究可能比较薄弱，目前仅有几篇论文有所阐述，没有相关的硕博士论文或专著出现，这一方面说明该领域的研究亟待加强，另一方面也说明对印局的研究存在不少困难。由于印局的服务对象是社会最底层人民，所以印局研究对理解明清时期社会底层人民的生活状况具有重要意义。同时，印局又和高利贷资本有关，所以对理解古近代高利贷资本的发展也有帮助。

印局又称为印铺、印子铺、印子房，借款人按照约定分期偿还借款，每次偿还款项都要在凭折上盖一次印，时间长了凭折上布满印子，由于以铜钱为记值单位，所以印局或印子铺发放的贷款又称为"印子钱"，具有数额小、期限短、利率高的特点。从事贷放印子钱的商人称为"印子商人"。晋商研究专家黄鉴晖先生认为，印局是为适应破产农民流向城市成为游民，以做工、肩挑小贸等谋生，缺钱做本和换衣等困难提供小额消费信贷的金融组织。[①] 黄鉴晖给出了一个比较专业的定义，同时也说明印局的主要服务对象是城市游民和贫民，但新近对晋商账簿的研究表明印局也向城市工商业户放款，[②] 由此来看，印局的功能可能比想象的还要复杂。

印局虽然也被称为印子铺，但在古代二者的意义和功能并不完全一样。早期的印子铺主要是指当铺，元代《朴通事谚解》中就有印子铺的记载，"你今日哪里去，我今日印子铺里当钱去"。[③] 明代官方正史和反映民间市井

---

① 黄鉴晖：《明清山西商人研究》，山西经济出版社 2002 年版，第 362 页。
② 刘秋根、陈添翼：《清末北京印局及其对工商业的放款——以晋商〈宣统三年转本底账〉为中心》，载于《人文杂志》2018 年第 3 期。
③ 徐忠明：《〈老乞大〉与〈朴通事〉——蒙元时期庶民的日常法律生活》，上海三联书店出版社 2012 年版，第 83 页。

生活的小说中都有体现，《明实录》中就有明宪宗成化十六年（1480 年）强盗将偷窃抢夺的衣物拿到印子铺里当钱的记载，"近者京城内外强盗滋多，……横行市肆，强取货物，莫敢谁何，往往聚徒开场赌博，博穷为盗，乃以所获衣物质于印子铺，低取钱镪，苟图自给"，"又印子铺赌场俱宜禁治，自今犯者，其房舍没官，治以重罪"。① 这也说明明代政府对印子铺的否定态度，但在现实中又屡禁不止。反映明代市井生活的小说《金瓶梅》中也有不少印子铺的记载，和当铺性质相同，如"一日也是合当有事，印子铺挤着一屋里人赎讨东西"，"平安儿奴才偷去印子铺人家当的一副金头面，一个镀金钩子"，"月娘见这等合气，把印子铺只是收本钱，赎讨，再不假当出银子去了"。② 这说明在元明时期，印子铺和当铺性质相似，但其是否发放无抵押小额信用贷款则不很明确。到了清代，印局的记载逐渐增多，而且也脱离了之前的当铺经营性质，转为专门为底层人民提供无抵押小额贷款的机构。

印局的资本来源与账局、票号关系密切。在清朝咸丰三年（1853 年）通政使司副使董瀛山的奏折中有所记载，"印局之资本全靠账局，至本年以来，铺户关闭者甚多"，"而城外广裕、日升等号之账局依然关闭。账局不发本，则印局竭其源；印局竭其源，则游民失其业"，③ 这个材料是说在太平天国北伐逼近京城的情况下，北京的账局大多数都关闭了，导致印局没有资金来源而歇业，进而导致游民失业。以上至少说明了三个方面的问题：一是印局与账局关系密切，印局放贷资金来源于账局；二是进一步印证了印局的服务对象是社会游民，即社会最底层的民众；三是北京的印局大多数为晋商开设，黄鉴晖认为账局是晋商创立的，目前的资料也大多能够证实这一论断，根据传统商帮较为封闭的特征，既然印局资金来源于账局，那么印局也就应该是由晋商经营的。票号兴起之后，其与印局的关系也很紧密，有的学者认为票号与账局一样，也是印局的资本来源方，"山西票庄以余资间接经营当铺及印子钱借贷，势力不小，黄河及长江流域，常有它们的足迹。大有

---

① 《大明宪宗纯皇帝实录》卷 209，成化十六年十一月，书同文古籍数据库。
② 兰陵笑笑生著，陶慕宁校注：《金瓶梅词话》，人民文学出版社 2000 年版，第 1185、1295、1301 页。
③ 通政使司副使董瀛山咸丰三年三月四日奏折，转引自黄鉴晖：《明清山西商人研究》，山西经济出版社 2002 年版，第 191 页。

中国的犹太人的意味"。①

二、晋商在天津的印局经营活动

晋商在天津贷放印子钱的历史十分悠久，但具体起源于何时并不太明确，天津从事印子钱经营的机构称为"印子房"。《申报》曾经记载光绪三年（1877年），天津在一日之内发生钱庄倒闭风潮波及印子房的事情，"又有侯家后双和公印子房猝不能支，亦经逃闭"，"现以双和公既已闭歇，北门又有义和公者亦印子房"，"同日有立生长印子房者亦复歇业云"。② 一日之内就有3家印子房倒闭，说明当时印子房的规模已经不小，同时也说明至迟在光绪初年，天津已经产生印子钱经营专业机构，从光绪初年的规模来看，天津印子房的产生应该更早。

从《申报》记载的天津印子房资料来看，当时印子房并不专营印子钱，还吸收存款并发行钱帖，兼具有钱铺的功能。甚至有的印子房由于兑换的铜钱质量较高，发行的钱帖比普通钱铺发行的钱帖更受民众欢迎，"按印子房视钱铺，本钱较多，利钱较厚，实通声气，所出票纸，无往不宜，及兑现钱又不若各铺之有小钱掺入。所以民间视印子房票每加钱铺一等"。③ 这些印子房大多数都由山西人开设，"又有印子房者大都晋人开设，亦出帖子，放印子钱，以权子母。津城典当，其柜伙尽属晋人，印子房与之声气相通，其帖可以赎当，且钱色较为纯净，钱底不致短缺，故印子房帖居人宝之，且有甚于钱铺者"。④ 这说明印子房与晋商垄断的典当业具有密切关系，印子房开出的帖子可以用来去当铺赎当。印子房是由典当直接开设，还是从典当铺借贷资本，这些还需要资料进一步印证。1904年天津官府计划将伏魔庵改成电报学堂，伏魔庵之前曾将房屋出租给印子局，"该庙住持心广供称租与印子局之房业已腾清等语"，⑤ 但并没有记载是由哪帮商人经营。

光绪十年（1884年），张焘在其《津门杂记》中对于晋商在天津贷放印子钱的经营活动有较为详细的记载："印子钱者，晋人放债之名目也。每日登门索逋，还讫盖以印记，以是得名。是虽盘剥小民，然剜肉医疮，亦权

---

① 陈其田：《山西票庄考略》，商务印书馆1937年版，第162页。
②③ 《钱店叠见倒闭》，载于《申报》1877年1月22日，第1版。
④ 《钱铺荒闭》，载于《申报》1879年12月22日，第2版。
⑤ 《中外近事·本埠》，载于《大公报》（天津）1904年10月19日，第2版。

济目前之急，天津民贫地瘠，有无缓急，非此更无法设施。且有贫民日中所入，仅敷糊口，而谋食之外，不暇谋衣。是以春夹秋绵两季衣襟，俱借印子钱制造。如借钱十千或八千，则分一百日清还，每日还钱一百或一百二十文不等。如遇阴雨，翌日补足。春借则秋已还清，秋借则春已扫数。春秋两季，周而复始。无之则民不称便，是虽利钱不菲，然零星归款，子母双清，负贩小民尚觉轻而易举云。"①《津门杂记》是张焘游历天津的纪实见闻，反映出较为真实的社会经济状况，也是天津开埠之后、"庚子事变"之前少见的国人对天津的记录。全书字数不多，这条关于晋商经营印子钱的记载已经非常详细，从整体论述来看，张焘认为印局虽然属于高利贷行业性质，但对于社会底层人民和游民周转资金、便利生活具有重要意义，这也是对于政府救济缺乏状态下印局功能的中肯评价。20 世纪 30 年代初，天津《大公报》也有关于天津印子钱的讨论，"放印子者，债权人多山西人。勤苦耐劳为山西人之特色。彼辈之营斯业也，风雨寒暑，怡然无闻，语言疾厉，浑然不校，艰苦忍耐，总以达到其业务之期冀为目的。其资本有自背者，有以较轻之利率，贷自其本帮钱行者"，"然而呼痛自呼痛，盘剥自盘剥，印子之潜势力却依然继长增高，滋殖于全市。本市贫民之借印子者，敢云十人之中，占有五六"，"印子钱实为便利贫民之一种营业。惟以其利息太重，事近盘剥，故予对此问题，主张整顿而不主张禁止。盖吾人系反对其苛重利息，而非反对其整个营业"。② 作者希望能够引起天津社会局的重视，既要降低印子钱的利率，防止过分盘剥贫民，又不要禁止这种贷放活动，因为在政府救济缺乏的情况下，这也是贫民生计的重要来源。

　　天津印子钱的记载较为零散，但以上资料至少可以说明以下几方面的问题：一是天津的印子钱是由晋商经营。即使到了 20 世纪 30 年代晋商在天津的势力相对衰弱的时期，天津的印子钱经营活动仍主要由晋商掌控，但这并不是说其他商帮不参与该业务。二是印子钱在天津贫民中较为普遍。无论是 19 世纪的 1884 年还是 20 世纪的 1931 年，贫民借贷印子钱的行为都是比较普遍的。印子钱由于高于政府规定的月息 3 分要求而属于高利贷行为，但在政府相关借贷和救济机构不健全的情况下，贫民借贷无门，唯有印子钱可以

---

① 张焘：《津门杂记·打印子》，清光绪十年刻本。
② 《请津市社会局注意"印子钱"问题》，载于《大公报》（天津）1931 年 4 月 30 日，第 11 版。

满足需求。同时，印子钱由于借贷手续简便，没有抵押物品等其他门槛，受到城市贫民欢迎，天津贫民购买衣物或农具全要倚赖印子钱周转。三是印子钱的还贷机制较为合理，具有较强的济贫功能。为了防止这种无抵押贷款成为坏账，晋商设计出了按日偿还的机制，这种分期逐笔偿还的方式要比定期一次性偿还更能保障贷款的可持续性，虽然利率很高，但普通民众借款数额不大，一般都能按时还清。但也由于每日需要偿还，催逼甚急而被社会所诟病。同时还应该注意将商人发放的印子钱与黑社会性质的印子钱区分开来，在民国天津《大公报》中多次出现由于印子钱问题而引发命案的事件，这些大部分都与天津混混和黑社会有关，而与商人经营的印子钱无关。晋商在天津经营印子钱还有一些记载，比如山西盐商王益斋在咸丰年间天津城西永丰屯一带曾经发放印子钱，后开设益德号钱铺，逐渐跻身天津"八大家"之列。①

第三节　晋商在天津的账局

账局是由晋商创造的一种金融组织，主要活跃于中国北方地区，主要面向工商业字号和官吏放款。晋商在天津开设的账局字号有积义公和四补成。

一、中国账局的发展

学界一般认为中国最早的银行是由洋务派代表人物盛宣怀于 1897 年在上海成立的通商银行，如果一定要用"银行"这个名词的话，这个观点无疑是正确的。通商银行是官商合办银行，盛宣怀本人又是晚清重臣，说通商银行是中国最早的官办银行可能更为准确。"银行"是外来语，并非是我国术语，如果从经营银行基本业务存放款来看的话，中国的银行其实很早就已经产生了，由山西商人于 18 世纪初期设立的账局就是中国最早的银行或者说是银行的雏形。

账局，又称账庄、放账铺，是主要面向工商铺户和官吏放款的金融机构。账局这种金融组织的存在最早是由晋商研究专家黄鉴晖先生于 1982 年

①　刘文智：《津城故里寻晋商足迹》，载于《山西档案》2006 年第 4 期。

发现的,他在梳理古籍史料的过程中,发现了一种过去从来没有研究过的金融组织——账局,此后关于账局的研究开始兴起。据黄鉴晖考证,中国历史上最早的账局是乾隆元年(1736 年)由山西汾阳人王庭荣在张家口开设的"祥发永",① 这是他查阅清代度支部档案时发现的,后来补充说这是档案中目前能够找到的,没有发现的可能更早,所以将账局产生的年代又前溯至雍正时期,即账局很可能是在 1723 年至 1736 年就已经产生。② 到目前为止,尚未发现有比乾隆时期更早的账局或账庄的记载,这还有待于史料进一步印证。

账局的主要经营业务是存放款,放款对象主要是工商铺户和官吏,但新近研究也表明账局的放款对象还包括普通民众,③ 这说明账局放贷款项不但具有经营性质,也具有消费性质。账局向官吏放款与晋商和清政府官员的密切关系有关,账局也是晋商加强与官吏或候选官吏结合的重要手段。早在乾隆时期,晋商就去北京开办账局并向候选官吏放贷,山西学政幕僚李燧就曾谈到汾州、平阳两府商人在北京开设账局放官债的事情,"汾(州)平(阳)两郡,多以贸易为生。利之十倍者,无如放官债。富人携览入都,开设账局",④ 而且还论及账局放官债中的"扣头"问题。甚至于有些官吏也投资经营账局,但朝廷对账局放官账的行为持禁绝态度,清朝的官方文件中也有不少记载,如"月选各官,借贷赴任,放债之人,乘间居奇,创立短票名色,七扣八扣,辗转盘剥,请严行禁止","候补候选官员,在京借用重利私债,乃放债之徒勤潜盘剥,本干example。著步军统领、顺天府、五域各衙门严行查禁,如有违例私设账局者,即行拿究。其潜赴外省官员索欠者,该督抚访闻,一并查参究治","已革千总衔梁纲,在京开账局多年,与官吏交结,委非安分。得旨……梁纲著递回山西原籍,交地方官严加管束"。⑤虽然朝廷屡次禁止,但由于低级别官吏俸禄有限,候选官吏更是开销巨大,

---

① 黄鉴晖:《论我国银行业的起源及其发展的阶段性》,载于《山西财经学院学报》1982 年第 4 期。
② 黄鉴晖:《山西票号史》(修订本),山西经济出版社 2002 年版,第 21 页。
③ 具体可参考刘秋根、杨贞:《明清"京债"经营者的社会构成——兼论帐局及放帐铺》,载于《河北大学学报(哲学社会科学版)》2011 年第 2 期;刘秋根、杨帆:《清代前期账局、放账铺研究——以五种账局、放账铺清单的解读为中心》,载于《安徽史学》2015 年第 1 期。
④ 李燧、李宏龄著,黄鉴晖校注:《晋游日记·同舟忠告·山西票商成败记》,山西人民出版社 1989 年版,第 69 页。
⑤ 黄鉴晖:《山西票号史》(修订本),山西经济出版社 2002 年版,第 23 页。

官吏向账局借款是一直存在的。账局向工商铺户放款是其主要经营业务，但有意思的是在咸丰年之前的资料中却不见记载，直到咸丰初年太平天国运动影响到京津地区时，账局的这一主要业务才显露出来。当时由于军事紧急而导致经济混乱，大臣们纷纷上奏，陈述经济混乱的缘由并商讨应对之策。大学士山西人祁寯藻在奏折中称，"臣等查京城之大，商贾云集，其最便于民者有二：曰会兑局，曰印局。内外所以无滞，全赖会局为流通；银钱所以不穷，尤藉印局为接济"。宗室大臣载铨建议仿照民间账局的办法开设官账局，"查京师地方，五方杂处，商费云集，各铺户藉资余利，买卖可以流通；军民偶有匮乏，日用以之接济，是以全赖印局之周转，实为不可缺少之事。近日在京开设印局之人，皆止账不放，以致商贾乏本经营，不能获利，关闭者不少；旗民无处通融，生计攸关，竭蹶者居多。……不若官为设立印局数处，即照私印局铺规试办，如有成效，似与国计民生均有裨益"。① 通政使司副使董瀛山称，"印局之资本全靠账局，至本年以来，铺户关闭者甚多"，"而城外广裕、日升等号之账局依然关闭。账局不发本，则印局竭其源；印局竭其源，则游民失其业"。② 由此可以看出，很多大臣都认为北京商业停滞的主要原因是账局收撤和惜贷，从而导致经济连锁反应。有意思的是，大臣们对于向工商铺户发放贷款的机构——账局的称呼并不统一，有的称为账局，有的称为印局。黄鉴晖认为这是有的大臣没有搞清楚账局和印局的区别而弄错了。如果说一个大臣弄错还有可能，可是不少大臣都称为印局就值得怀疑了，一个可能的解释是一些晋商字号是专营账局，而一些字号是账局和印局兼营，使人弄不清楚它到底是主营什么业务。另一件有意思的事情是在大臣们的奏折中都不见票号的身影，按说在道光初年票号就已经产生，到咸丰初年已经发展了30多年，北京也是票号主要经营的地区，这颇为奇怪。

账局主要活动在中国北方，以北京账局的规模为最大，这与晋商在北京的势力紧密相关。至咸丰三年（1853年），北京的账局已经达到268家，其中晋商开设210家，③ 所占比例接近80%，从业人员达到上万人，太平军北

---

① 祁寯藻著，祁寯藻集编委会、中国第一历史档案馆合编：《祁寯藻集》第3册，三晋出版社2011年版，第228页。
② 黄鉴晖：《明清山西商人研究》，山西经济出版社2002年版，第191页。
③ 黄鉴晖：《明清山西商人研究》，山西经济出版社2002年版，第195页。

伐导致北京账局收撤，御史王茂荫的奏折中提出由于账局收撤导致这上万人失业而引起的社会问题，"即如各行帐局之帮伙，统计不下万人。帐局收，而此万人者已成无业之民。各店铺中帮伙，小者数人，多者数十人。一店歇业，则此数人、数十人者，亦即成无业之民。是帐局一收，而失业之民将不可数计也。此不可数计之无业闲民，既无所事，又不能归，终日游荡于京城之中，又将何以处之！"① 到了宣统二年（1910 年），晋商在北京账局业中所占比例下降，但也占到 65% 以上，即使是其他省份商人开设的账局所聘用的经理人也基本都是山西人。②

账局经营具有一定季节性，这与账局以工商业铺户为主要经营对象有很大关系。工商铺户以农产品经营为大宗，每年农历五六月间各地农产品上市云集京城，商铺资本有限，所以向账局大量借贷，"闻帐局自来借贷，多一年为期。五六月间，各路货物到京，借者尤多。每逢到期，将本利全数措齐，送到局中，谓之本利见面。帐局看后将利收起，令借者更换一券，仍将本银持归，每年如此"。③ 王茂荫的这份奏折中还谈到账局借贷周期和模式问题。就借贷周期而言，大部分为一年，时间算是比较长了，这可能和农产品季节周期有关，和当前中小微企业贷款的期限也比较相似。就借贷模式而言，在每年农产品上市之前，商铺向账局借贷，筹集购买农产品的款项，来年将借贷款项和利息一并交还账局，所谓"本利见面"。之所以要让账局见本，是要证明商铺具有偿还能力，能够维持良好的信誉。但是账局却一般不回收本钱或本银，而只是更换借款凭证即借券，依商家要求继续放贷，这说明账局的贷款周期又不止一年，而是与工商铺户保持长期的借贷关系。

账局由山西商人创办并经营，虽然也有其他商帮参加，但晋商在账局业中一直占据垄断地位。咸丰三年（1853 年），侍读学士宝钧在奏折中说，"都中设立账局者，山西商人最伙，子母相权，旋收旋放，各行铺户皆借此为贸易之资"，"西商之居奇于此者，大都世业相承，历有年所"，④ 这说明在咸丰初年北京的账局大部分为晋商经营，而且是家族式经营，历史悠久。直到民国后，晋商在账局业中的垄断地位都没有改变。辛亥革命中，各地爆

---

① 王茂荫著，曹天生点校：《王茂荫集》，中国档案出版社 2005 年版，第 42~43 页。
② 黄鉴晖：《明清山西商人研究》，山西经济出版社 2002 年版，第 195 页。
③ 王茂荫著，曹天生点校：《王茂荫集》，中国档案出版社 2005 年版，第 42 页。
④ 黄鉴晖：《山西票号史》（修订本），山西经济出版社 2002 年版，第 27 页。

发武装起义，时局混乱，北京经济停滞，出现了和半个世纪前咸丰年代一样的情景，"北京市面上小卖商店皆与票庄银号无直接之交易，所赖以周转活动者专恃账局。账局之生意皆山西人为之"，① 由此可见账局对于普通中小商户的意义。

二、晋商在天津的账局经营活动

晋商经营账局的地域范围主要在中国北方，以北京、张家口为中心，拓展至山西、直隶和蒙古地区，重要城镇有北京、张家口、天津、山西汾州府和太原府、库伦、恰克图。② 天津账局的资料远不及北京丰富，记载晚清民国天津商业金融发展的《天津商会档案》中关于账局或账庄的记载也很少，这为天津账局的研究带来了不少困难。

最早反映天津账局活动的资料也是在咸丰初年太平天国北伐时期出现的，当时长芦盐政文谦在向皇帝的奏折中阐述了由于太平军进军天津导致天津账局歇业，长芦盐商由于灾害和战乱而运盐不畅，因无法向账局借贷而无法交纳税银的情况，"近年银价递增，商力本形疲累，唯藉银钱账局通挪周转。自今春以来，账局多半停歇，商人挪借无门，领引交课益多竭蹶"，"伏查芦商本微力薄，全赖运销，并借利债，以资周转。本年引岸多被水灾，销数已属大滞。又值逆匪窜扰，运道间阻，引皆停领。核计春秋两运之盐，不及往年十分之四。今逆匪尚踞独流静海，道途梗塞，引地有标亦不能至。津郡放账之家多已关闭歇业，商人无可通融，悉皆束手无策"。③ 1886年《申报》记载了天津鼓楼西开设的放账局，"孙六在鼓楼西开设放账局，又曰转子房，贷金以权子母即印子钱之类也"，④ 这里的放账局实际指的是印局，而不是一般讲的账局，这种在资料中将账局和印局混淆在一起的情况不少，不知道是时人记载的问题，还是两种业务合并经营。《天津商会档案》中记载的天津山西帮账帮字号有积义公和四补成（思补成），⑤ 这两个

① 《要闻二北京市面未来之悲观》，载于《申报》1913 年 3 月 10 日，第 6 版。
② 黄鉴晖：《论我国银行业的起源及其发展的阶段性》，载于《山西财经学院学报》1982 年第 4 期。
③ 黄鉴晖等编：《山西票号史料》（增订本），山西经济出版社 2002 年版，第 47～48 页。
④ 《津沽谈薮》，载于《申报》1886 年 7 月 17 日，第 3 版。
⑤ 天津市档案馆、天津社科院历史研究所等编：《天津商会档案汇编（1912～1918）》，天津人民出版社 1992 年版，第 2085 页。

字号应该是天津山西帮账局的主要代表，因为它们出现在清末民初代表山西商人维护自身权益的活动中，至少到1912年时这些字号还存在，之后就不见记录。

晋商账局多在北京设立总号，在其他城市设立分号，但也有把总号设在其他城市而在北京设立分号的。以天津为例，在宣统二年（1910年）度支部账局名录中，共有6家账局在天津设立分号，见表4-1，分别是中兴和、福成德、天德隆、裕源永、聚顺发、同泰裕，其总号设立在张家口的3家、代州1家、多伦1家、保定1家，这充分说明了张家口与天津在经济上的紧密联系。总号设立在天津的只有1家，是成立时间较晚的由山西太谷人孟广誉开设的汇恒同，在北京设立有分号。有意思的是，所有在天津开设分号的账局，其总号没有在北京的。这份名录中共记载有52个账局，总号设立在北京的有35家，占到67%，这些账局都没有在天津设立分号，由于这份统计表时间已经比较晚，不知道是之前设立后来撤掉了，还是就一直没有设立，这有待于史料进一步印证。

表4-1　　　　　　　　　　　宣统二年天津账局名录

名称	开设年份	资本	资本主姓名	籍贯	总号所在地	经理姓名	籍贯	设分号处所
中兴和	1858	20 000	史致庸	榆次县	张家口	刘怀仁	寿阳县	京师、天津
福成德	1870	50 000	许立忠	榆次县	张家口	王芝	榆次县	京师、天津
天德隆	1879	40 000	刘少蔼	代州	代州	刘清栋	代州	京师、天津、多伦
裕源永	1880	50 000	霍梅	万全县	张家口	麻德广	文水县	京师、天津、祁县、归化
聚顺发	1880	40 000	冀师承	介休县	多伦	许步蟾	赤城县	京师、天津、张家口
同泰裕	1891	20 000	王同泰	徐沟县	保定	王长清	徐沟县	京师、天津
汇恒同	1906	20 000	孟广誉	太谷县	天津	张成统	太谷县	京师

　　注：账局顺序按照开设年份排列。

　　资料来源：黄鉴晖：《明清山西商人研究》，山西经济出版社2002年版，第200页。

第四节 晋商在天津的票号

票号是晋商最重要的创造之一，也是晋商留给中国和世界的宝贵金融遗产。很多学者都认为天津是票号的起源地，天津也是山西票号在全国经营的主要地区。票号在天津的发展经历了兴起、繁荣和衰落三个阶段，本节着重探讨票号在天津的兴起和繁荣情况，天津票号的衰落将在第五章中详细论述。

一、票号在天津的起源

票号的产生与平遥县李氏家族在全国经营的颜料业有很大关系，票号业务也是由李家的颜料业拓展而来的，这些在上文晋商在天津的颜料经营活动中已经论及。票号最早起源于何地？这可能是一个比较复杂的问题，因为没有直接的可信资料，学界观点目前也不统一。很多学者都认为天津是山西票号的起源地，这主要以民国时期学者和票号从业者为代表，后世观点大多沿袭于此。

山西商业专门学校教授韩业芳在其民国十年（1921年）出版的《山西票庄皮行商务记》中写道："票庄一业创始于前清乾隆嘉庆间，当时有平遥县城内人雷履泰者，领平遥达蒲村李姓（俗呼李二魔子）之资本，在天津开设日升颜料铺，贩卖各种颜料……雷君时为日升颜料铺执事，因运其灵活之脑筋创一汇兑之法。"[①] 山西商业专门学校校长、民国山西教育家严慎修也持这种看法，"当乾隆嘉庆间，有雷君履泰者，平遥县人，领本县达蒲村李姓之资本，在天津开设日升昌颜料铺，所贩颜料中，有铜绿一种，出四川省，因自往重庆府制造铜绿，运至天津……雷君时为日升昌号执事，慨运款之不便，悯各商之束手，遂创与汇兑一法"。[②] 民国学者高叔康曾于1936年赴平遥与日升昌总号老掌柜谈询数次，据该老掌柜介绍："日升昌原是颜料

---

① 韩业芳：《山西票庄皮行商务记》（1921年），引自山西财经大学主编：《晋商研究早期论集》（一），经济管理出版社2008年版，第1页。
② 严慎修：《晋商盛衰记》（1923年），引自山西财经大学主编：《晋商研究早期论集》（一），经济管理出版社2008年版，第7页。

店，做铜绿生意，最初的商店是在天津估衣街，是在乾隆末嘉庆初年成立的。东家为李姓平遥西乡达蒲村人。雷履泰鉴于数千里外买卖，概需带往现银，途中甚感不便，是以有票号汇兑之筹划。当时不过稍具模型，一切皆简陋，无非籍汇兑以免携带现银。"通过综合前人的观点再加上自己的实地考察，高叔康认为日升昌是票号的创始者，其原始业务是颜料店，日升昌最初经营的颜料店是在华北中心城市天津。① 蔚泰厚票号北京分庄经理王之淦在1937年写成的《票号实事论》中说，"票庄建设二百余年，昔时为货庄，后改为票庄者数家，如日升昌原系在天津贩卖铜绿颜料，在外设庄兼作零星汇兑，很有利益"。② 比较有说服力的是开创票号专门研究的燕京大学教授陈其田先生在其名著《山西票庄考略》中的论述，"天津与北京比较，以天津为票庄发源地，较合经济的背景。因北京是政治的中心，天津是商业的中心，票庄经营商款在先，代收官款在后。……天津、汉口执其两端，为山西票庄发源地，颇近情理"。③ 可见陈其田也较为倾向认为天津是票号发源地。还有不少学者或票号从业者也都认为票号起源于天津，这里不再一一列举。在票号起源的各种说法中，高叔康提出的票号起源阶段论是值得关注的，他认为票号不是一蹴而就达到完备的金融组织形式，日升昌创始经历了三个阶段，即颜料店时期、非正式经营票号时期、正式改组为票号时期，④这种观点与票号起源的真实状态应该比较拟合。

然而，有些学者并不认同票号起源于天津的说法，这以黄鉴晖为代表，他认为票号应当起源于北京或山西，而不是天津。首先，道光初年天津尚未开埠，还不是商业中心。他以《津门杂记》中关于天津开埠前的记载为例来说明天津当时的经济发展水平不具备产生票号的基础。其次，平遥颜料商的主要活动区域并不是天津，而是北京和通州。他认为嘉庆二十四年（1819年）北京颜料行会馆内的《重修仙翁庙碑记》中虽然记载有天津捐银的字号，但却并没有叫"日升"或"日升昌"的字号，只有"永盛、永信、如升、如松"字号。最后，日升昌的前身颜料庄虽然从重庆贩运颜料，但这并不是天津和重庆间产生汇兑的理由。由此，黄鉴晖认为天津不是票号

①④　高叔康：《山西票号的起源及其成立的年代》，载于《食货》1937年第6卷第1期。
②　王之淦：《票庄实事论》（1937年），引自山西财经大学主编：《晋商研究早期论集》（一），经济管理出版社2008年版，第36页。
③　陈其田：《山西票庄考略》，商务印书馆1937年版，第27~28页。

的起源地，"那种以为票号发祥地是天津的意见，怕是一种推测"。①

　　笔者认为，黄鉴晖先生的观点值得商榷。首先，天津在开埠之前已经是华北最大的商业中心和贸易中心，这以许檀的研究成果为代表。她认为天津城市的兴起以漕运为基础，清代沿海贸易的发展推动了天津城市经济的发展，使其作为商业城市迅速崛起，到清代中叶天津已成为华北最大的商业中心和港口城市了，天津作为商业城市的基础实际上是在清代前期奠定的。②其次，天津不是平遥颜料商活动主要区域的观点与大部分学者和票号中人的论述差异较大，很多学者大都认为平遥李家的颜料庄生意规模是比较大的，在全国设立有分号，比如华北的北京、天津，东北的沈阳，西南的重庆等。而且如同前文论及，山西颜料商在天津的势力非常大。再次，嘉庆二十四年（1819年）北京颜料行会馆内的《重修仙翁庙碑记》中的天津捐银字号中出现了"如升号"，笔者以为这个"如升号"很有可能就是平遥李家在天津开设的颜料庄字号名称，因为在清代光绪末年的《天津商会档案》中记载了天津颜料行的主要字号，有"东如升"和"如升大"字号，其中"东如升"是平遥李家三多堂所设。③而如升大颜料庄据说是由李占殿的长子李文质在天津开设，平遥达蒲村李氏家族第一代创始人李占殿去世后将家产一分为二，长子李文质分到家产后在天津开设如升大颜料庄，地址在天津东门外宫南大街。④这些字号都有"如升"的名称，相信这应该不是一种偶然。同时，还有一种观点认为票号产生于汉口，这是陈其田对山西票号调查时发现的，他说当时的北京日升昌票号经理坚持认为雷履泰试办汇兑是从汉口开始的，因为日升昌最初使用的平砝标准是汉口秤，后来才改成北京秤。⑤这种说法在平遥当地的文史资料中也得到了验证："开始在西裕成汉口分号，后又到北京分号任经理的雷履泰，一直仔细观察和研究联号间银钱调拨、往来现象，先后在汉口、北京两个经营颜料的分号同时着手办理汇兑，每年次数不多，但收效都很大。汇兑既加速了资本周转，又避免了镖运路途风险。

---

① 黄鉴晖：《山西票号史》（修订本），山西经济出版社2002年版，第91页。
② 许檀：《清代前期的沿海贸易与天津城市的崛起》，载于《城市史研究》1997年第Z1期。
③ 天津市档案馆、天津社科院历史研究所等编：《天津商会档案汇编（1912～1918）》，天津人民出版社1992年版，第1537页。
④ 山西省政协《晋商史料全览》编辑委员会编：《晋商史料全览·家族人物卷》，山西人民出版社2007年版，第475页。
⑤ 陈其田：《山西票庄考略》，商务印书馆1937年版，第27页。

于是，雷履泰借鉴古代飞钱、交子经验，综合账局、钱庄、印局等金融机构经营货币资本利弊，逐步形成一套较完整的票号经营模式。"① 可见平遥本地资料也认为汇兑最初是从汉口和北京开始的。此外，卫聚贤在对山西票号调查时还发现了一种说法，即最早的票号产生于乾隆年间的太谷县，② 有可能是太谷出现最早的志成信票号。

由此，各位学者基于自己掌握的资料提出了关于票号起源的不同观点，这些说法大多基于传闻和推测，没有确实的原始资料支撑。对票号起源的探讨虽然经历了很长时期，但似乎还是一个比较新颖的话题。同时，票号起源于天津的说法虽然被很多人接受，但是却没有直接的史料支撑，尚待资料进一步证实。

二、晋商在天津的票号经营活动

晋商在天津的各种金融活动中，规模最大、影响最深的就是票号业。由于天津在华北的重要经济地位，山西票号一般都会在天津设立分号。20 世纪初日本间谍机构东亚同文会曾对票号进行过调查，天津票号数量位居全国第二，达到 25 家，仅次于北京的 31 家。③ 其中除源丰润为南帮票号之外，其余 24 家均为山西票号，可见山西票号在天津的地位。晋商在天津的票号经营活动与山西票号行业整体发展态势基本一致，大致可以划分为三个阶段：第一阶段是从票号产生到天津开埠前的近 40 年，这是票号在天津的兴起时期；第二阶段是从天津开埠到"庚子事变"前的 40 年，这是票号在天津的繁荣发展和在金融领域居于垄断地位的时期；第三阶段是"庚子事变"之后的 30 余年，是票号在天津逐渐衰落的时期。这里着重论述前两个阶段，第三个阶段将在后文晋商在天津的衰落中详细展开。

（一）票号在天津的兴起（1824～1859 年）

天津开埠前的三四十年是票号在天津初创和兴起的时期，同时也是在中国各地特别是北方地区扩张的时期，不少票号虽然在天津都设立了分号，但

---

① 《综述》，平遥县政协文史资料研究委员会编：《平遥文史资料》第 1 辑，1998 年版，第 3 页。

② 卫聚贤：《山西票号史》，中央银行经济研究处 1944 年版，序第 3 页。

③ 東亞同文會编：『"支那"经济全書』第 3 辑，東亞同文會，1908 年，567～568 頁。

票号在天津的发展较为有限，且受到太平天国运动的影响。

　　票号自道光初年产生之后，很快就从日升昌一家发展为平遥、祁县、太谷三帮票号的格局，到 19 世纪 60 年代之前，票号已覆盖到全国众多工商重镇。然而在最初的 30 多年里，票号在天津的发展并不迅速，在道光咸丰年间正式设立分号的可能只有日升昌一家。① 继日升昌之后兴起的蔚泰厚至迟在 1844 年已经在天津开展汇兑业务，在道光二十四年（1844 年）三月二十三日蔚泰厚苏州分号致北京分号的信中出现了"在津无利交咱头白宝银"的记载，② 这句信稿内容在卫聚贤和滨下武志的书中有差异，卫聚贤的《山西票庄考略》中为"在京"，滨下武志的《山西票号资料书简篇（一）》中为"在津"，虽有一字之差但意思完全不同。哪位学者的记载是正确的呢？其实原文已经说得很清楚了。天津的白银货币在开埠之前主要使用的是白宝银，"头白宝银"也就是"头白锭"，是一种成色很高的重量约为 50 两的银锭，北京地区并不使用这种银锭。因此，滨下武志的《山西票号资料书简篇（一）》中的相关信稿内容是正确的。但是北京和苏州之间往来信稿中涉及天津收会和交会的情况并不多，所以黄鉴晖认为当时天津可能只是北京的派出机构，派有一二人常驻天津，所做的业务和签发的汇票，都是以京号名义进行的。③ 到了 1858 年，蔚泰厚才正式在天津设立分号。④ 天津山西会馆的碑刻资料也可以说明这一问题。在道光九年（1829 年）的锅店街山西会馆《建修春秋大楼捐过布施号名银数碑记》中没有出现日升昌等票号字号，倒是出现了"日升当"和"钱账行"捐银的信息，同时还有"蔚泰号"捐银 24 两的记录，⑤ 这个"蔚泰号"不知道和蔚泰厚票号是什么关系。在 1840 年的《续修山西义地碑记》174 个号名中也没有找到票号字号。⑥

　　这一时期对天津票号最大的冲击是政治动荡和战乱。咸丰三年（1853年），太平军北伐逼近天津，咸丰八年（1858 年），英法联军北上天津，炮

---

　　① 宋美云：《近代天津山西商人活动略述》，引自张正明、孙丽萍等主编：《中国晋商研究》，人民出版社 2006 年版，第 517 页。

　　② 黄鉴晖等编：《山西票号史料》（增订本），山西经济出版社 2002 年版，第 1111 页。

　　③ 黄鉴晖等编：《山西票号史料》（增订本）（下），山西经济出版社 2002 年版，编者说明第 5 页。

　　④ 黄鉴晖等编：《山西票号史料》（增订本），山西经济出版社 2002 年版，第 216 页。

　　⑤ 许檀：《清代河南、山东等省商人会馆碑刻资料选辑》，天津古籍出版社 2013 年版，第 400～401 页。

　　⑥ 张利民：《从旅津晋商碑刻看清代天津集散中心地位的形成》，载于《史林》2017 年第 4 期。

轰大沽炮台。天津陷入混乱之中，包括账局在内的山西金融业被迫收缩业务，收撤资本，这在当时各部大臣写给皇帝的奏折中都有所体现，但是却唯独不见票号的记载，在后来发现的票号信稿中证实了这些内容。在日升昌票号与各分号的往来信中，在咸丰十年（1860 年）十二月屡次催促京师、张家口、开封、沙市、长沙各分号撤庄，十二月之后信稿中不再提及天津，很可能当时天津已经撤庄。①

（二）票号在天津的发展（1860～1899 年）

天津开埠到"庚子事变"前的 40 年是山西票号在天津的繁荣发展期，也是在全国的兴盛期，对天津票号在这段时期的研究可以折射出票号的发展盛况。

在道光咸丰年间，虽然平、祁、太三帮票号的格局已经形成，但天津的票号却较为有限。天津开埠之后，随着商品贸易规模的扩大，天津的票号数量不断增加。同治年间天津的山西票号数量已经增长到 16 家。② 1871 年重修粮店街山西会馆时共有 19 家票号参与捐款，其中 9 家票号共捐钱 124 千，10 家票号共捐钱 130 千。③ 这说明自天津开埠之后的十年间票号在天津发展极为迅速，平、祁、太三帮票号都已经在天津设立分号。1880 年再次重修时仍有 19 家票号参与捐款，各捐钱 200 千，④ 共计 3 800 千，占到此次捐款总额的近 70%，这说明自 1871 年以来的十年间天津票号的经济实力有了很大提升，⑤ 这与票号在光绪初期鼎盛发展的趋势是一致的。

1898 年出版的《津门纪略》展现出"庚子事变"之前山西票号在天津的鼎盛发展景象，也是记录"庚子事变"之前天津经济社会发展的珍贵资料。这一时期票号数量最多，共有票号 25 家，见表 4－2，主要集中在城北的估衣街、针市街和山西会馆一带。除了源丰润一家为南帮票号之外，其余均为山西票号。山西帮的 24 家票号以平遥帮和祁县帮为主，各为 11 家，共 22 家，占票号的绝大多数，单从数量上来看两帮不相上下，而太谷帮只有 2 家，势力

---

① 黄鉴晖：《山西票号史》（修订本），山西经济出版社 2002 年版，第 175 页。
② 宋美云：《近代天津山西商人活动略述》，引自张正明、孙丽萍等主编：《中国晋商研究》，人民出版社 2006 年版，第 517 页。
③⑤ 张利民：《从旅津晋商碑刻看清代天津集散中心地位的形成》，载于《史林》2017 年第 4 期。
④ 许檀：《清代河南、山东等省商人会馆碑刻资料选辑》，天津古籍出版社 2013 年版，第 397 页。

要弱小很多。另外，从票号位置来看，有 11 家票号是寄居在由晋商建立的集义栈、晋义栈和易馨栈等货栈内，这很能说明票号服务商品流通和贸易的特征。据估计，"庚子事变"之前天津市场上共投放资金约 6 000 万两白银，其中山西票号投放约 2 000 万两，占到市面资金的 1/3。① 天津的钱铺银号通常以票号为倚靠，通过票号的资金供给，再从事一般工商业的放款活动，可以说票号间接把控着天津的商业市场。20 世纪初天津遭遇多次金融风潮冲击，山西票号在天津的经营转为保守，追收欠款，紧缩银根，并将资金移往他处，以致钱庄纷纷破产，"市面为之奇窘"，只有"山西票号又肯出头贸易，市面谅可渐见起色"。② 可见，如果没有票号，整个天津的商业活动要受到很大影响，晋商在天津能够执金融界之牛耳，主要是通过票号实现的。

表 4 – 2　　　　　　　　　　　1898 年"庚子事变"前天津票号统计

序号	名称	位置	类别	序号	名称	位置	类别
1	日升昌	山西会馆胡同	平遥帮	14	大盛川	肉市口东	祁县帮
2	蔚泰厚	估衣街	平遥帮	15	大德恒	山西会馆对过	祁县帮
3	蔚长厚	肉市口西	平遥帮	16	大德通	估衣街集义栈	祁县帮
4	蔚丰厚	山西会馆对过	平遥帮	17	大德玉	估衣街集义栈	祁县帮
5	蔚盛长	针市街晋义栈	平遥帮	18	大美玉	估衣街集义栈	祁县帮
6	新泰厚	估衣街	平遥帮	19	三晋源	估衣街集义栈	祁县帮
7	百川通	估衣街	平遥帮	20	福成德	估衣街集义栈	祁县帮
8	协同庆	针市街	平遥帮	21	长慎涌	估衣街集义栈	祁县帮
9	协同信	针市街	平遥帮	22	存文公	估衣街	祁县帮
10	乾盛亨	估衣街集义栈	平遥帮	23	协成乾	针市街易馨栈	太谷帮
11	永泰庆	估衣街集义栈	平遥帮	24	志诚信	估衣街	太谷帮
12	中兴和	针市街易馨栈	祁县帮	25	源丰润	针市街恒远里	南方帮
13	合盛元	嘉兴里	祁县帮				

　　注：原文中的"存文公"票号应为"存义公"票号，"志诚信"票号应为"志成信"票号，应是原书作者笔误。

　　资料来源：根据以下资料整理：羊城旧客撰，张守谦点校：《津门纪略》（光绪二十四年），引自来新夏主编：《天津风土丛书》，天津古籍出版社 1988 年版，第 76～77 页。

----

　　① 天津海关译编委员会：《津海关史要览》，中国海关出版社 2004 年版，第 36 页。

　　② 吴弘明编译：《津海关贸易年报（1865～1946）》，天津社会科学院出版社 2006 年版，第 226 页。

　　这段时期票号在天津迅速发展的原因主要有以下三个方面：首先是较为稳定的社会环境。经济发展需要以社会稳定为基本前提，第二次鸦片战争时期，英法联军试图从天津进入北京，炮轰大沽炮台，逼近天津城郊，但是由于清政府议和而并没有攻入天津城，天津免于战火破坏。同治初年以来社会总体较为稳定，至甲午中日战争前的 30 年没有发生大规模的战乱和动荡，经济得以恢复和发展。其次是天津进出口贸易的繁荣。自天津开辟为通商口岸以来，中外贸易日益繁盛，天津从华北货物集散中心转变为国内外商品的交换贸易中心，规模不断扩大的商品流通为票号发展提供了广阔市场，"一方国内汇兑之需要日增，而一方本地金融调节之需要亦日迫，于是票号之营业日盛"。① 大德通、大德玉等票号前身就是经营茶叶贸易的商号，这使得票号与贸易产生天然的联系。天津开埠之后，大量外国洋行涌入，洋行与山西商号存在明显的竞争关系，但早期也存在合作，"晋省遣其商人与银行家往全国各地，晋人在商业上之寸辖制轮，尤为汉口及天津之外侨社会所稔知"。② 山西票号除了经营国内汇兑业务之外，还与外国洋行合作开展皮毛业务。天津开埠之后，大量洋行涌入，有些洋行最初从中国商人那里购买毛皮，后来则直接进入皮毛产地收购，但由于不了解中国实际情况而并不顺利，一直到 19 世纪 80 年代之后，洋行买办在取得了山西票号的信用支持后，西北皮货采购业务才真正活跃起来。③ 最后是票号与清政府的关系更为密切。山西票号起初主要为工商业主提供资金融通服务，但由于咸丰年间太平天国和捻军起义，现银运送存在很大风险。山西票号通过为清政府汇兑军饷税收、替官吏垫支款项及捐输捐借等，进一步取得了清政府及官员的信任，票号业务重心也逐渐转移到各级政府的公款汇解上，这成为票号利润的重要来源之一，因为不但可以收取汇兑费用，还可以通过"得空期"取得利益。两地之间的公款汇解是需要时间的，这段时间就是"得空期"，票号可以将这部分官款放贷出去而获取利息，"同治以后，基础愈固，规模愈宏，即边陲之协款，内地之赈抚，皆资票行以为挹

---

　　① 杨荫溥：《中国金融论》，黎明书局 1931 年版，第 275 页。
　　② 吴弘明编译：《津海关贸易年报（1865～1946）》，天津社会科学院出版社 2006 年版，第 13 页。
　　③ 张国辉：《晚清钱庄和票号研究》，中华书局 1989 年版，第 111 页。

注"。① 同时，天津在洋务运动和北洋海防中扮演着十分重要的角色，各省都需运解洋务经费至津。1875 年，江西省从厘金项目下划拨 5 万两，作为北洋海防经费，交南昌谦吉升、三晋源两票号汇付天津直隶总督府。1878 年又抽出 1 万两交由三晋源汇付天津。② 1891 年修建关东铁路，票号也参与其中，所需建设经费除由户部筹拨 120 万两之外，其余经费由地方 16 省筹集 80 万两由票号直接汇解至津。③ 此外，华北地区两次灾荒，两广总督张之洞两次通过票号汇解赈款至天津。④ 光绪年间郑州黄河决口，天津票号也通过汇解息借商款 200 万两，参与到堵筑工程中。⑤ 由此看出，山西票号广泛地参与到天津经济、政治和社会发展中。

第五节　晋商在天津的银号

晋商在天津投资经营的金融机构主要是典当、票号和印局，在钱铺银号等钱业领域的影响力相对较小，天津钱业长时期是由本地帮和直隶帮控制，山西帮则居于从属地位。著名山西票号大德通和大德恒在 20 世纪 40 年代初改组为银号，得以继续存在并在天津钱业市场中占据一定位置。晋商在天津投资经营的新式银行非常少，主要由官僚资本控制，多为分行性质，本节合并探讨。

一、天津的银号业

天津早期经营货币兑换的是个人设立的"兑钱摊"，也称"钱商"，随着交易规模的扩大而逐渐发展成为专门从事货币兑换的小型商号，并开始从事存放款业务，名称也变为"钱铺""钱局"或"钱号"。⑥ 天津最

---

① 严慎修：《晋商盛衰记》（1923 年），引自山西财经大学主编：《晋商研究早期论集》（一），经济管理出版社 2008 年版，第 8 页。

② 黄鉴晖等编：《山西票号史料》（增订本），山西经济出版社 2002 年版，第 83 页。

③ 黄鉴晖等编：《山西票号史料》（增订本），山西经济出版社 2002 年版，第 84 页。

④ 黄鉴晖等编：《山西票号史料》（增订本），山西经济出版社 2002 年版，第 98 页。

⑤ 黄鉴晖等编：《山西票号史料》（增订本），山西经济出版社 2002 年版，第 115 页。

⑥ 杨固之、谈在唐、张章翔：《天津钱业史略》，引自天津市政协文史资料研究委员会编：《天津文史资料选辑》第 20 辑，第 91 页。

早的钱局可能开设于乾隆四十年（1775 年），在今估衣街、宫南、宫北大街一带，[①] 嘉庆时期在天后宫财神殿后院设立有钱业同业组织"钱号公所"，表明当时钱业已经具有相当规模。开埠之后，随着天津商业和进出口贸易的繁荣，钱业数量继续增加，规模和业务范围也日益扩大。据记载，"庚子事变"前天津各类钱局银号已发展至 300 多家，[②] 这一数字可能有些夸大，但也反映出当时钱业的兴盛景象。根据业务的差异，有西街钱局和东街钱局的区分，西街钱局设立在城北的估衣街、针市街、竹竿巷等处，多以存放款为主要业务；东街钱局设立在城东的宫北大街、宫南大街等处，多以银钱兑换为主要业务。1898 年出版的《津门纪略》对当时的钱业进行了较为详细的记载，是了解"庚子事变"之前天津金融业发展的珍贵资料。从表 4-3 中可以看出当时天津钱业发展的繁荣景象，钱业共 75 家，大部分集中在针市街和宫北大街一带，这里也是"庚子事变"之前天津的金融中心。在"庚子事变"和之后金融风潮的连续冲击下，天津钱业遭受沉重打击，出现了破产倒闭风潮，势力衰微。民国之后，钱业才又发展起来。至 1934 年底，天津银号共 269 家，其中近一半位于法租界。[③]

　　钱局和银号等称谓在近代天津的历史上都曾经出现过，它们之间的差异较为模糊。大体而言，"庚子事变"之前，从事存放款和货币兑换等业务的机构多称为"钱铺""钱局""钱号"，[④] 成书于"庚子事变"之前的《津门纪略》中记载的银号仅有两家，分别是通惠官银号和庆善银号。[⑤] 由此可以看出，"银号"这一称谓在 1900 年前的天津并不盛行。有的学者指出，"庚子事变"前的天津银号资本比钱局大，带有官方色彩，在业务上主要是收存官款或者协助政府经收税款，[⑥] 这一说法很有道理。

---

　　① 沈大年主编：《天津金融简史》，南开大学出版社 1988 年版，第 2 页。
　　② 沈大年主编：《天津金融简史》，南开大学出版社 1988 年版，第 3 页。
　　③ 吴石城：《天津之银号》，载于《银行周报》1935 年第 19 卷第 16 期。
　　④ 陈宗彝：《解放前天津金融市场的变迁》，引自天津市政协文史资料研究委员会编：《天津文史资料选辑》第 5 辑，天津人民出版社 1979 年版，第 178 页。
　　⑤ 羊城旧客撰，张守谦点校：《津门纪略》（光绪二十四年），引自来新夏主编：《天津风土丛书》，天津古籍出版社 1988 年版，第 77 页。
　　⑥ 左海军：《近代天津银号研究（1900～1937）》，华中师范大学 2014 年博士学位论文，第 1 页。

表 4-3　　　　　　1898 年"庚子事变"前天津钱业及分布

序号	名称	位置	序号	名称	位置	序号	名称	位置
1	振泰承	针市街	26	瑞隆泰	针市街	51	义成乾	针市街
2	天祥茂	针市街	27	盛兴源	针市街	52	瑞茂	针市街
3	德义厚	针市街	28	美善成	针市街	53	元庆	针市街
4	同泰	针市街	29	仁兴茂	针市街	54	义庆昌	针市街
5	和盛益	针市街	30	德丰恒	针市街	55	永顺成	针市街
6	聚通恒	针市街	31	义盛	针市街	56	元昌	针市街
7	德盛恒	针市街	32	义生和	针市街	57	德昌和	针市街
8	恒隆	竹竿巷	33	恒永	中新街	58	德信厚	估衣街
9	义生厚	估衣街	34	荣兴	河北大街	59	荣聚	估衣街
10	永庆恒	锅店街	35	天昌和	锅店街	60	益生永	锅店街
11	恒钰	锅店街	36	恒吉	锅店街	61	同昌仁	宫北大街
12	义承	宫北大街	37	义顺恒	宫北大街	62	中新恒	宫北大街
13	义承泰	宫北大街	38	聚兴厚	宫北大街	63	敦瑞合	宫北大街
14	元达	宫北大街	39	庆元	宫北大街	64	恒庆	宫北大街
15	裕德	宫北大街	40	华昌	宫南大街	65	义丰德	宫南大街
16	永昌和	宫南大街	41	仁昌	东新街	66	仁德	东新街
17	仁和义	东新街	42	永和生	东新街	67	益兴德	东新街
18	同益	袜子胡同	43	义德成	袜子胡同	68	汇源成	袜子胡同
19	日兴昌	鼓楼东	44	日升恒	鼓楼东	69	同盛	鼓楼东
20	裕成	鼓楼东	45	裕源	鼓楼东	70	成泰	鼓楼北
21	义丰和	鼓楼北	46	星盛聚	户部街	71	信源成	户部街
22	庆丰	锅店街	47	纯泰	锅店街	72	聚兴合	锅店街
23	天源茂	针市街	48	恒德厚	针市街	73	庆言厚	针市街
24	荣泰恒	针市街	49	启盛	河北大街	74	庆兴	河北大街
25	魁升	河北大街	50	德昌厚	河北大街	75	天兴恒	河北大街

　　资料来源：根据以下资料整理：羊城旧客撰，张守谦点校：《津门纪略》（光绪二十四年），引自来新夏主编：《天津风土丛书》，天津古籍出版社 1988 年版，第 77~79 页。

　　"庚子事变"之后，"银号"这一称谓逐渐在天津钱业盛行，"光绪二十七年（1901 年），新成立的钱庄名称一般不用钱铺或钱号，改称'银号'"，① 民国之后基本上都已经改为银号。② 需要指出的是，"钱庄"这一称谓似乎在天津并不盛行，《津门纪略》中将当时的钱业称为钱庄，但是这种称呼很有可能是一种对钱业的统称。"钱庄"这一称谓盛行于我国华东、华中地区，如在上海、汉口等地一般都称为钱庄，但是在天津、北京等华北地区一般多称为银号，从功能上讲，"钱庄"与"银号"总体是一致的，只是因地域不同而称谓不同。天津钱业明确称为"钱庄"已经到了抗战胜利后的 1946 年，当时财政部要求全国各地钱业组织一律改称为钱庄。③

　　天津钱业公会是天津各行业同业组织中成立最早者之一，为推动近代天津金融业发展发挥了重要作用。近代天津钱业同业组织历史悠久，经历了漫长的发展历程，其名称并不统一，随着时代的发展而几经变化，最初是成立于清嘉庆年间的"钱号公所"，由钱商贾兆麟等人筹资设立，位于天后宫财神殿后院，④ 此后近一个世纪一直沿用这一名称。1900 年由于业务繁多、公所地址狭小而搬迁至北马路办公并更名为"钱业公所"。⑤ 在"庚子事变"中天津钱业损失巨大，在随后发生的"贴水风潮"中更是出现大规模倒闭破产，钱业公所因而暂时停止活动并依附于天津商会，这一时期天津的钱业同业组织实际处于解散的状态。1905 年初，宝丰源、公裕厚等 19 家钱商提出恢复钱业活动并成立"钱业公会"，获得批准，⑥ 钱业同业组织经过短暂的停顿之后又恢复活动，只是名称又发生了变化。1909 年钱业公会改组为"钱商公会"，⑦ 1930 年按照国民政府工商同业法律的相关要求改组为"钱

　　① 杨固之、谈在唐、张章翔：《天津钱业史略》，引自天津市政协文史资料研究委员会编：《天津文史资料选辑》第 20 辑，第 99 页。
　　② 天津市地方志编修委员会：《天津通志·金融志》，天津市社会科学院出版社 1995 年版，第 287 页。
　　③ 杨固之、谈在唐、张章翔：《天津钱业史略》，引自天津市政协文史资料研究委员会编：《天津文史资料选辑》第 20 辑，第 92 页。
　　④ 天津市档案馆、天津社科院历史研究所等编：《天津商会档案汇编（1928～1937）》（上），天津人民出版社 1996 年版，第 273 页；王子建、赵履谦：《天津之银号》，河北省立法商学院研究室 1936 年版，附录三章则第 31 页。
　　⑤ 王子建、赵履谦：《天津之银号》，河北省立法商学院研究室 1936 年版，附录三章则第 31 页。
　　⑥ 天津市档案馆、天津社科院历史研究所等编：《天津商会档案汇编（1903～1911）》（上），天津人民出版社 1989 年版，第 363～364 页。
　　⑦ 天津市档案馆、天津社科院历史研究所等编：《天津商会档案汇编（1903～1911）》（上），天津人民出版社 1989 年版，第 367 页。

业同业公会"，并实行委员制。① 中华人民共和国成立后，1951 年天津钱业同业公会与银行业同业公会合并组建天津金融业同业公会，② 存在近一个半世纪的天津钱业同业组织退出历史舞台。

二、晋商在天津的银号经营活动

晋商在天津投资经营的金融机构主要是典当、票号和印局，在钱铺银号等钱业领域的影响力相对较小，天津钱业长时期是由本地帮和直隶帮控制。早期天津的钱铺和首饰店主要是由天津本地和直隶商人投资经营，"前此虽有换钱铺与首饰店之存在，金融枢纽迄在本地富户之手"。③ 天津山西会馆保存的清代乾隆、嘉庆年间的碑刻中无法找到直接的山西帮钱业的资料，比如最早的乾隆二十六年（1761 年）《创建晋都会馆记》碑刻中，出现了"公义局"的捐银字号，④ 但无法推测其经营性质，是钱局、印局或账局，还是别的机构，还需要其他资料佐证判断。《津门纪略》中虽然保存了"庚子事变"前的天津钱业字号名录和地址，但却并没有帮派的记载，晋商在其中的经营情况也无从判断。

"庚子事变"中，天津钱业和山西票号、典当均遭到重大损失，晋商在天津陆续收撤资本，票号撤庄，典当则转让，一直由天津本地帮控制的钱业势力凭借资本小、运转灵活等特点，开始超越山西票号而在天津金融市场上占据主导地位。民国之后，外地商人在天津开办的银号增加，打破了天津钱业由本地帮垄断的局面，部分在天津的山西票号和汇兑庄也逐步转变为银号。当时天津钱业市场逐渐形成了一些帮派组织，主要有天津帮、北京帮、山西帮，以及河北的南宫帮、深县帮和冀县帮等，这些帮派商人主要来自天津周边省份，帮派属性主要是按银号股东或经理人的籍贯来划分。天津晋帮银号主要由商人投资经营，但也有官僚资本投入，比如民国时期的大官僚孔祥熙和山西军阀阎锡山。同时，晋帮银号有些是在天津设立总号，有些是在

① 英夫、朱继珊：《天津钱业与钱业同业公会》，引自民建天津市委员会、天津市工商业联合会文史资料委员会编：《天津工商史料丛刊》第 7 辑，1987 年印行，第 9 页。
② 天津市地方志编修委员会：《天津通志·金融志》，天津市社会科学院出版社 1995 年版，第 250 页。
③ 吴石城：《天津之银号》，载于《银行周报》1935 年第 19 卷第 16 期。
④ 许檀：《清代河南、山东等省商人会馆碑刻资料选辑》，天津古籍出版社 2013 年版，第 384 页。

山西省内设立总号，在天津设立分号。与津冀帮相比，晋帮银号数量不多，但也具有一定影响力，这里按照银号成立先后顺序分述如下。

金源合钱庄由山西闻喜县商人于清末宣统元年（1909 年）创立，初为钱行兼贩卖业，继办汇兑业务，在天津设立有分庄，地址在针市街集昌栈内。鸿记银号于民国五年（1916 年）创立于天津，历史比较悠久，东家为陕西人张氏，经理由山西灵石人曹子厚担任，在保定设有分号。鸿记银号大部分职工为山西灵石人，经理曹子厚因经营该银号成为巨富。[1] 山西军阀阎锡山在山西省官钱局基础上于 1918 年成立山西省银行，聘请祁县大德恒票号经理著名晋商阎维藩任总经理，随着阎锡山军阀势力的扩张，陆续在天津、上海、汉口、北京、石家庄、保定、绥远等地设立分支机构。豫慎茂银号于民国九年（1920 年）创立于山西太原，因业务上之需要，同年在天津设立分号。[2] 兴华银号于 1925 年创立于山西文水县，同年在天津、太原设立分号。和丰裕银号于 1927 年创立于天津。1928 年北伐军收复天津之后，国民政府官僚资本家孔祥熙经营的裕华银行在天津设立分行，山西帮银号相继开业，晋帮银号较之前更加活跃。[3] 亨记银号于 1930 年成立，由山西省五台县益记号独资经营，实际为阎锡山控制的私营银号，地址在天津法租界 32 号路泰丰里。"七七事变"后，放出的贷款无法收回，又加法币贬值，损失很大，一度停业，抗战胜利后复业。仁发公钱庄于 1933 年成立，资本为 10 万元，设总号于太原，在北平、天津、包头等处设分号。在 1937 年"七七事变"之前，天津银号共有 100 多家，其中天津本地帮银号是主体，约占 60%，京帮和冀帮银号约占 30%，山西帮银号约占 10%，山西帮银号比例较小，主要有大德通、大德恒、鸿记、源记、万德、宏利、永盛、广源、汇源永、蚨亨、本立源、义生、豫慎茂等。[4] 其中，汇源永和本立源银号的东家均为河北祁州商人，但经理都为山西灵石人，银号内人员大部分都是灵石人，所以也归入晋帮银号。山西乔家大德通、大德恒票号于抗战爆发后收

① 山西省政协《晋商史料全览》编辑委员会编：《晋商史料全览·金融卷》，山西人民出版社 2007 年版，第 226、392 页。
② 天津市档案馆编：《近代以来天津城市化进程实录》，天津人民出版社 2005 年版，第 463 页。
③ 刘绶亨：《我所了解的在天津的山西商人》，引自李希曾主编：《晋商史料与研究》，山西人民出版社 1996 年版，第 574 页。
④ 刘嘉琛：《解放前天津钱业析述》，引自天津市政协文史资料委员会编：《天津文史资料选辑》第 20 辑，天津人民出版社 1982 年版，第 162 页。

缩业务规模，总号设于北平，在天津、济南设立分号，1940 年改组为银号。
20 世纪 30 年代初期，大德通少东家是乔智千，天津南开大学毕业之后留学
美国学习经济，回国后曾经担任中央银行天津分行副经理，对山西帮银号有
所关照。1945 年抗日战争胜利之后，大德通经理许敬敷和大德恒经理王子
光在钱业公会中分别担任常务监事和候补理事，说明两家银号在天津钱业市
场中尚占有一定地位。银号各帮派都有比较固定的营业范围和对象，山西帮
银号与皮毛商有较多的汇兑往来，业务上仍然以汇兑为主，经营思想较为保
守，在资助工商业方面无法和本地帮、京帮银号相比。

　　山西帮银号虽然在势力上无法与津冀帮银号相比，但在支持山西商人开
展商业和贸易活动中发挥了十分重要的作用。比如，祁县乔家"在中堂"
乔星斋于 1917 年出资 6 万元开设宏晋银号，由于盈利微薄而停业，后由大
德恒总经理阎维藩出面组织继续经营，阎维藩任董事长。宏晋银号总号设于
祁县，在太原、绥远、天津、东北的安东以及山西洪洞县等地都设有分号。
天津分号专营汇兑业务，主要是为在津经商的山西商人解决资金和结算上的
困难，比如晋商在天津采购鱿鱼、海参等海产品无需携带现金，可以从宏晋
银号天津分号汇款，汇兑手续费为 1%。[①] 这里仅是以晋帮宏晋银号为例说
明金融对于商贸活动的重要作用，在天津经营的山西帮银号大多有其较为稳
定的服务商人群体，极大方便了山西商人在津商贸活动的开展。

---

　　① 曹恩荣、段镇、李春茂：《祁县"宏晋银号"始末兴衰》，引自祁县政协文史资料委员会
编：《祁县文史资料》第 4 辑，1987 年版，第 35 ~ 36 页。

第五章　晋商在天津的衰落

天津开埠之后，外国洋行和银行开始涌入天津，晋商除了需要面对天津其他商帮的竞争之外，还不得不面对外国商人的冲击。在商贸活动方面，晋商在天津从事的烟草、茶叶、皮毛等运销活动在激烈的市场竞争中逐渐衰落。在金融活动方面，晋商在天津的优势行业——票号业和典当业也陷入困境，但二者又呈现出不同的衰落特征。就天津晋商而言，战乱冲击、外商压迫和市场竞争是其衰落的主要原因。

第一节　晋商在天津商贸活动的衰落

1860 年天津开埠之后，外国洋行开始陆续进入天津。晋商在面对中国其他商帮竞争的同时，不得不面对外商的竞争。本节试图以晋商在天津从事的烟业、茶叶和皮毛业为主，探讨晋商在天津商贸活动的衰落过程。

一、晋商在天津烟草运销的衰落

天津最早的烟铺是在明朝末年由山西晋南商人开设的"中和烟铺"，发展历史十分悠久。晋商在天津最早的会馆是在乾隆二十六年（1761 年）主要由山西烟商发起建立的"晋都会馆"，清代前中期晋商是天津烟丝产销市场主体之一。这些都说明，山西烟草商人在天津曾经兴盛一时。但是受到资料的限制，晋商在天津烟草经销以及曲沃烟丝在天津经销的具体情况并不清楚，有待于进一步的研究。

近代以来，特别是天津开埠以来，晋商在天津的烟草经营活动就很少见了。天津山西烟商的数量目前已难以考证，考虑到京津在经济上的紧密联系，北京山西烟商的变化或许可以提供一些思路。据黄鉴晖《明清山西商人研究》记载，乾隆中期的 1770 年左右，北京山西烟商数量达到 532 家，此后不断减少，至嘉庆末年的 1817 年还有 263 家，但数量已经减少了约一半。这说明在清朝中期，山西烟商在北京的势力经历了一个衰落的过程，这也很有可能是山西烟商在天津的情况。曲沃烟虽然在华北和西北地区具有广泛的市场，但是也面临较为激烈的市场竞争。中国烟草种植区域广泛，天津周边的直隶、山东、河南等省都是烟草种植大省，天津本地的蓟县等地也种植烟草。直隶很多县区的晒烟在清朝中期至民国前期很有名气，京津一带广为流传"北昌平、西易州、关东烟"的说法，将易州（今河北易县）、昌平（今北京昌平）的晒烟与关东烟齐名。尤其是易州出产的大叶烟，清代曾作为皇贡。此外，阜平县的"阜平大叶"、安国县的"沙滩烟"、三河县的"灵山大叶烟"以及邢台县、沙河县、冀东地区的大叶和板柳等烟在天津、直隶、山东、河南等省内均享有盛名。[①]

　　国内烟草市场的竞争是导致山西烟商在京津衰落的重要原因。同时，19 世纪末由外国洋行输入的纸烟开始逐步替代传统旱烟，天津吸烟习惯发生了变化。1884 年成书的《津门杂记》中对天津城南紫竹林租界内广东人吸食纸烟有所记载，"紫竹林通商埠头，粤人处此者颇多。原广东通商最早，得洋气在先，类多效泰西所为。尝以纸卷烟叶，衔于口吸食之。又如衣襟下每作布兜，装置零物，取其便也。近则津人习染，衣襟无不作兜，……更有洋人之侍僮马夫辈，率多短衫窄袴，头戴小草帽，口衔烟卷"。[②] 中国传统手工制作的旱烟难以与机器制作的纸烟相竞争，纸烟便于携带和吸食，逐渐取代旱烟的市场地位，对纸烟的市场需求逐渐扩大，天津也由此开启了近代烟草工业时期。1891 年老晋隆洋行在天津投资建设了中国第一家机制卷烟厂，"笠年（1891 年）运入机器，就华创制。中国之有纸烟机器，盖导源于此"，[③] 由此拉开了中国工业化机器制烟的序幕。1903 年袁世凯和农务局总办广东人黄璟创办的北洋烟草公司，成为天津最早的民族烟草企业，北洋烟草公司购置日本先进的卷烟机，生产的卷烟不仅行销天津，还畅销烟

---

　　① 王彤、刘传旻：《河北烟草史话》，引自河北省政协文史资料委员会编：《河北文史资料》第 28 辑，河北人民出版社 1989 年版，第 129 页。
　　② 张焘：《津门杂记》，清光绪十年刻本。
　　③ 孙毓堂：《中国近代工业史资料》第 1 辑上册，科学出版社 1957 年版，第 149 页。

台、营口、锦州等地。此后，天津国内外烟草公司不断增加，其中以英美烟草公司势力最大，民族烟草企业也主要以南方商人为主，清代前中期活跃的晋商却难觅身影，这或许也是晋商较少参与近代天津工业化进程的写照。

二、晋商在天津茶叶运销的衰落

中国的茶叶贸易自鸦片战争之后开始受到外国势力的控制和冲击，这些冲击来自政治和经济两个方面，从地理上看来自北方的俄国和西方的英美等国。在政治上，经过两次鸦片战争，欧洲列强获得了更多贸易特权，其中尤以俄国受益最大。在经济上，英国自19世纪50年代开始在其殖民地印度和锡兰（今斯里兰卡）试种茶叶，开始一直不太成功，但经过一段时间培育后在70年代实现规模化种植，对于华茶产生了巨大的冲击。1850年左右中国向英国出口茶叶将近1亿磅，但到了19世纪八九十年代，英国市场上的印度茶叶已经达到1.5亿磅，华茶降至7 000万磅。① 日本茶叶自19世纪50年代开始兴起，之后取代华茶成为美国主要的茶叶输入国。

由此可以看出，欧洲列强对中国茶叶和茶商的冲击是从两个方面展开的，一方面是英国开拓新的茶叶种植地来取代中国茶叶产区，另一方面俄国则凭借贸易特权直接深入中国腹地采购加工茶叶，在这样的商业环境下，中国茶商的权益又怎能保证呢？由于晋商主要经营北路茶叶贸易，俄商主要侵占的是晋商的茶叶市场，山西茶商是在与俄商的激烈竞争中失败和衰落的。1860年之后，晋商就与俄商围绕茶叶贸易展开了长期竞争，他们竞争的地域虽然不只限于天津，但由于俄商在天津享有贸易特权且运输茶叶主要在天津等地转口，晋商也曾经通过天津将茶叶转运至张家口和归化，所以天津成为考察晋商与俄商茶叶贸易竞争以及山西茶商衰落的较好区域。

晋商与俄商很早就有接触，他们的商贸关系以恰克图贸易为纽带，经历了从合作到竞争的转变。恰克图贸易始于中俄签订《恰克图条约》的雍正五年（1727年），在此后长达130年的漫长时期中，恰克图贸易一直由晋商主导，俄商势力尚未进入中国内地。晋商收购南方茶叶，通过水路、陆路运至恰克图与俄商交易，俄商再将茶叶贩运至俄国各地，当然有一部分晋商也

---

① 汪敬虞：《中国近代茶叶的对外贸易和茶业的现代化问题》，载于《近代史研究》1987年第6期。

直接进入俄国境内贩运茶叶，这以榆次常家茶庄为代表。在这一百多年中，晋商和俄商具有较为清晰的势力范围，经营各自的茶叶路线，相互合作，完成茶叶由中国南方进入俄国各地的过程。

然而，1862年中俄签订《陆路通商章程》之后，俄国终于打开了对中国贸易的大门，俄商开始在中国享有诸多贸易特权。由于天津是距离俄国最近的贸易大港之一，天津被俄商看作华南地区与西伯利亚之间转运茶叶和呢绒最便利的港口，因此被俄国视为攫取贸易权益的主要基地。俄商可以把在中国各地攫取的货物通过天津转口，并且在天津港享受比各国低1/3的税率优惠，"俄商运俄货至天津应纳进口正税按照各国税则三分减一在津交纳"，① 此后俄商势力很快侵入天津，大批俄国洋行在天津设立，19世纪80年代共有阜通、阜昌、益利、顺丰（萨宝实）、恒顺、贵平、裕顺和7家洋行，② 这些洋行大多经营茶叶贸易，其中尤以顺丰洋行势力为大，很早就进入两湖地区采购茶叶，并在汉口进行加工后通过海陆运至天津转口，天津由此成为俄商茶叶贸易的主要转运口岸，俄商也由此主导了天津的茶叶转口贸易。从1862年开始，俄商正式通过天津进行茶叶转口贸易，通向蒙俄的茶叶之路也逐渐分化成为两条：一条是由晋商主导的由南向北的路线，这在前文已经论述；另一条则由俄商主导，从汉口出发沿长江运到上海，再通过海运至天津，在天津从陆路运至张家口，再至恰克图和西伯利亚地区，这就是由俄商开辟的通过天津转运的茶叶之路，这条茶叶之路从1862年开始一直持续到西伯利亚铁路开通的1904年，历时40余年。

在俄商主导下，天津转运的茶叶数量不断增加，据津海关资料统计，1866年经天津转运恰克图的砖茶只有18 000担，1873年达到100 314担，1879年高达269 937担，这些数据都说明在俄商主导下，天津茶叶贸易的繁盛程度。俄商可以通过轮船直接将茶叶从汉口运至天津，大大节省了运输时间和成本，"以茶叶及绒布贸易而言，天津现为中国南方与西伯利亚之间最为便利之转运港；但西伯利亚若有土产欲运国外，或可遵阿穆尔河（黑龙江）以放洋。由天津运货往晋省之首府太原，计有15日之路程，往毗邻蒙古南界之卡尔干（Kalgan）或曰张家口，亦需15日；而往临近西伯利亚南

---

① 《同治元年中俄陆路通商章程》，《清朝续文献通考》卷356，转引自张正明主编：《明清晋商商业资料选编》，山西经济出版社2016年版，第225页。
② 张焘：《津门杂记·洋行》，清光绪十年刻本。

疆之恰克图，则需 50 日"。① 由此可见，由汉口航运至天津，再由天津至张家口和恰克图的时间比晋商茶叶之路大为缩短。更重要的是，运输费用也大为减少，"自蠲免复进口半税以来，借轮船将茶叶遵长江缘海岸运往天津，自比取故道节省费用。据本埠商人告知：茶叶大多销于西伯利亚，今时仅一小半运抵下诺夫戈罗德。天津至恰克图之运费，每普特（36.08 磅）约银一两，而恰克图至下诺夫戈罗德约 6 卢布，合银 2.5 两"。② 在利益的驱使下，俄商不但深入中国内地采购茶叶，还直接在福建、湖南、湖北茶叶产区建立加工厂，侵占之前晋商和其他华商的经营范围，"俄商现于产茶区独自设立数家公司，就地监督配制所购茶叶"。③ 在俄商的贸易优势下，施加在山西茶商身上的税收负担却没有明显减轻，茶商运茶成本高昂，利益受到严重损害，时任两广总督刘坤一就察觉到这种危险局面，"自江汉关通商以后，俄商在汉口开设洋行，将红茶、砖茶装入轮船，自汉运津，由津运俄，运费省俭，所运日多，遂将山西商人生意占去三分之二。而山西商人运茶至西口者，仍走陆路；赴东口者，于同治十二年禀请援照俄商之例，免天津复进口半税，将向由陆路运俄之茶，改由招商局船自汉（汉口）运津，经李鸿章批准照办。惟须仍完内地税厘（厘金），不得再照俄商于完正、半两税外概不重征，仍难获利，是以只分二成由汉运津，其余仍为陆路。以较俄商所运之茶成本贵而得利微。深恐日后，俄商运茶更多，而山西商人必致歇业"。④ 在俄商的冲击下，恰克图贸易一落千丈，大部分茶庄歇业或从恰克图撤庄，清末恰克图山西茶庄数量由兴盛时的 140 余家锐减至 20 余家。⑤

晋商为维持生存与俄商展开了长期竞争，主要表现在以下三个方面：首先是积极争取减免茶叶出口税收和费用。俄商凭借不平等条约享有减免复子口半税的优惠，而包括晋商在内的中国商人则面临多重税收压迫。晋商贩运两湖茶叶至张家口，一路要经过数十处厘卡，而俄商通过轮船可以将茶叶从汉口直接航运至天津，晋商的税额高出俄商数倍。晋商向清政府呈请核减厘

① 吴弘明编译：《津海关贸易年报（1865~1946）》，天津社会科学院出版社 2006 年版，第 13~14 页。

②③ 吴弘明编译：《津海关贸易年报（1865~1946）》，天津社会科学院出版社 2006 年版，第 22 页。

④ 《刘坤一遗集·议复华商运茶赴俄、华船运货出洋片》，转引自山西省史志研究院编：《山西通史》第 6 卷，山西人民出版社 2001 年版，第 177~178 页。

⑤ 黄鉴晖：《明清山西商人研究》，山西经济出版社 2002 年版，第 145 页。

税，1873 年同治皇帝批准了相关请求，"直督李鸿章授权华商将进口之茶迳运张家口，得免复进口半税，以及沿途各税"，[①] 在晋商的积极争取下，华商的税收负担有所减轻。其次是改变茶叶产区，减少运输成本。在很长时期内，晋商一直主要是从福建武夷山地区采茶，但由于太平天国运动而改从两湖地区采购，北运湘茶比闽茶缩短路程约 400 华里，湘北鄂南辟为茶区后，北上茶叶运程更加缩短。同时，俄国人对于两湖茶叶的喜好更甚于福建茶。最后是改进加工压制方法，提升砖茶质量。晋商长时期是通过木制器具以手工方式压制茶砖，这样制成的茶砖容易破碎，影响品质。而俄商是通过机器压制茶砖，不但坚固，生产效率还高。后来，晋商学习俄商的压制方法，将杠杆压榨器改用螺旋式压榨机，制成的茶砖外表光洁、形状美观，深受蒙古和俄国民众的喜爱。

山西茶商在天津经营活动资料有限，在 1906 年和 1912 年天津商会档案中有关山西商人反抗会馆公产被霸占的资料中依然能够看到山西著名茶商字号大德玉的记载，[②] 但是之后就没有了。这可能说明民国之后，山西茶商在天津的经营活动已经很微弱了。

综上所述，晋商与俄商的茶叶竞争是"不对称竞争"，山西茶商虽然在某些方面能够挽回一些利益，但终究难以改变整体衰落的趋势。一方面，当时中国的机器工业极为落后，二者的茶叶之争是手工业与机器大工业的竞争，传统手工制茶在机器制茶的压迫下毫无优势；另一方面，凭借政治上的压迫，俄商享受了很多贸易便利和优惠，这是晋商无法比拟的。总之，俄商凭借其工业能力和贸易特权逐渐侵蚀晋商的茶叶贸易，导致了山西茶商的衰败。

三、晋商在天津皮毛运销的衰落

如同俄商对晋商在茶叶贸易中的挤压一般，随着外国势力在天津的深入，洋行逐渐在天津皮毛业中占据了优势，凭借贸易特权与晋商开展不平等竞争，掠夺中国皮毛资源，对晋商皮毛业产生严重冲击。不同的是，在茶叶

---

① 吴弘明编译：《津海关贸易年报（1865～1946）》，天津社会科学院出版社 2006 年版，第 86 页。

② 天津市档案馆、天津社科院历史研究所等编：《天津商会档案汇编（1903～1911）》（上），天津人民出版社 1989 年版，第 916 页；天津市档案馆、天津社科院历史研究所等编：《天津商会档案汇编（1912～1918）》，天津人民出版社 1992 年版，第 2085 页。

贸易中晋商主要面对的是俄商，但在皮毛贸易中晋商面对的是欧洲各国商人。

随着外商势力的扩张，晋商原有的毛皮采购和销售市场逐渐被洋行占据。天津洋行能够深入中国内地大量收购皮毛等土货产品主要得益于不平等条约的保护。《天津条约》规定，外商在华购买土特产，只需交纳2.5%的子口税。同治九年（1870年），海关规定内地子口税实行三联单制度，即洋行可向海关申请到内地收购土特产，海关签发"买土货之报单"。报单一式三份，即三联单，洋行人员持单到内地购货，然后将所购土货名称、数量注明，交纳2.5%子口税后，加盖当地税务专章与核办的厘卡印鉴，报呈海关查验放行，沿途畅行无阻。三联单制度的推行大大便利了洋行深入中国腹地收购货物，贸易量由此大增。但这样的优惠措施主要是针对外国商人的，包括晋商在内的中国商人无法享受。

洋行在中国收购的土特产品中，动物毛皮是最重要、数量最大的种类之一。毛皮包括羊毛、驼绒、猪鬃、牛皮、羊皮等，中国西北、华北、东北地区畜牧业发达，各种毛皮产量大、品质好，深受国际市场欢迎。大量天津洋行将收购毛皮作为主营业务，如礼和洋行、禅臣洋行、世昌洋行、元亨洋行、克罗斯洋行、瑞记洋行、普尔洋行、新泰兴洋行、仁记洋行、高林洋行、怡和洋行、三井洋行、大仓洋行等。其中英国高林洋行以羊毛出口和包装业务起家，迅速成为天津最大的洋行之一。外国洋行对中国皮毛的掠夺式收购严重挤压了山西皮毛商的生存空间，致使包括晋商在内的中国商人面临来源匮乏、销售无门的状况，"外国在华皆设有购买机关，晚近以来生皮出口多受外人挟制，操纵垄断无所不用其极。我方商人多属仲卖机关，无团结精神，且乏健全组织，对于外人之宰割无法应付，物质之损失何胜计数"。① "然生皮出口，绝非我国之福。外人以钜金买生皮出口，致需要突增，国人（石斤）购仅其唾余，致厂家有'皮荒'之叹"。② 这里以山西和宁夏为例来说明外国洋行对晋商皮毛业经营的冲击。山西是晋商大本营，也是晋商贸易物资的主要来源，但在外国势力的冲击下，山西的皮毛等物资被洋行掠夺式采购。1905年前后，共有35家洋行参与掠夺山西毛皮，品种主要有生熟

① 陈真：《中国近代工业史资料》第4辑，生活·读书·新知三联书店1961年版，第603页。
② 陈真：《中国近代工业史资料》第4辑，生活·读书·新知三联书店1961年版，第625页。

皮张、皮袍、皮褂、皮褥、羊绒毛、驼毛、猪毛等。表 5－1 展示了 1902 年（光绪二十八年）、1903 年（光绪二十九年）洋行掠夺山西皮毛情况。洋行通过设在各地的分庄，将搜刮来的毛皮通过水陆汇集到天津或直接向海外输出，或运到上海再输出海外。

表 5 –1　　　　　　　　　外国洋行收购山西皮毛情况

天津海关发给三联单时间	货物到达第一子口时间	洋行	赴何地购买	所购买皮毛种类与数量
光绪二十八年二月一日	光绪二十九年闰五月十九日	瑞记	太原府	羊绒毛、驼毛、生熟皮张、滩皮袍褂、盖皮褂 28 包，共皮 7 280 张
二月二十五日	闰五月二十五日	瑞记	太原府	羊绒毛、驼毛、生熟皮张、滩皮袍褂、盖皮褂、滩皮 26 包，共皮 6 760 张；袍褂 6 包，共 135 件
二月二十五日	闰五月二十五日	良济	交城县	羊皮袍褂、生熟皮张、羊皮 38 包，共皮 9 880 张；羊腿马褂 44 件，羊皮袍 71 件，羊皮大褂 30 件
五月四日	闰月五月十七日	隆茂	交城县	滩羊皮、盖皮、盖皮马褂、盖皮袍褂、生绵羊皮、生牛皮、生山羊皮 27 包，共皮 7 020 张
八月九日	闰月五月十日	顺发	潞安府	盖皮马褂、猾皮马褂、生熟皮张、滩皮褂、羊皮褥、熟羊皮、羊绒毛、猪毛 26 包，共皮 6 760 张
十一月三日	闰月五月十三日	仁记	交城县	羊绒毛、生羊皮、羊皮褥、绵羊皮、盖皮、羊皮袍、生熟皮张 24 包，共皮 5 200 张另 44 件
十一月二十八日	闰月五月十八日	良济	交城县	羊绒毛、驼绒毛、生熟绵羊皮、皮袍褂、滩皮、牛皮、山羊皮褥 28 包，共皮 7 200 张，另 100 件
光绪二十九年一月十九日	闰月五月二十五日	礼和	交城县	羊绒毛、驼绒毛、生熟皮张、山羊褥、羊袍褂、生牛皮、二毛羊皮 11 包，共皮 2 700 张；黑山羊皮褥 10 件
三月四日	闰月五月二十九日	新泰兴	交城县	羊绒毛、生熟皮张、山羊皮褥、滩皮袍褂、滩皮马褂、滩皮、羊皮 38 包，共皮 9 100 张；羊皮袍 134 件、羊皮大褂 48 件

续表

天津海关发给三联单时间	货物到达第一子口时间	洋行	赴何地购买	所购买皮毛种类与数量
三月四日	闰月五月十三日	新泰兴	交城县	羊绒毛、生熟皮张、山羊皮褥、滩皮马褂、滩皮袍褂、滩皮、羊皮26包，共6 000张；羊皮袍110件、羊皮大褂30件
四月二十三日	闰月五月三日	瑞记	太原府	羔皮、羔皮袍褂、滩皮袍褂、滩皮、生熟皮张、羊绒毛16包，共4 160张
同上	同上	瑞记	太原府	羔皮、羔皮马褂、滩皮袍褂、滩皮、生熟皮张、二毛白熟羊皮、羊绒毛16包，共皮4 160张
五月一日	闰月五月十九日	高林	交城县	生熟皮张、滩皮袍褂、滩皮马褂、滩皮、羔皮21包，共皮3 380张，另206件

资料来源：武静清等：《19世纪末20世纪初山西财政与经济》，中国财政经济出版社1994年版，第23～28页。

宁夏原本是晋商采购羊皮和土货的重要基地，同时也是晋商活动非常活跃的地区。但外国洋行从开始采购晋商的皮货到后来直接到宁夏采购，对晋商在宁夏的经营活动产生了严重冲击。从1886年开始，高林、仁记、新泰兴等10多家天津洋行在宁夏设立分庄长达40年，遍收陕、甘、宁、青、蒙牧区毛皮，并垄断了这一行业，"各洋行专门收购甘、宁、青各地皮毛，并在石嘴山加工打包，由河运、驼运至天津出口。……昔贸易盛时，年可收皮百万张，羊毛约三千万斤"。① 10多家洋行大约每年收购皮张100万张，毛1 000万公斤，40年累积掠夺羊毛约4亿公斤，皮张4 000万张。

外国洋行作为资本主义列强经济侵略中国的急先锋，对中国经济造成的伤害是难以估量的，也是造成晋商衰落的主要原因之一。首先，外国洋行依靠强大的资本优势，凭借不平等条约的保护，依靠中国内河内陆的运输使用权以及三联单制度，垄断中国的毛皮贸易，操纵皮毛市场，掠夺了大量中国资源和物产，损害了中国经济利益。其次，外国洋行压制我国民族皮革业和

---

① 宁夏石嘴山政协文史资料编审组：《石嘴山文史资料》第二辑，1983年版，第96页。

毛纺织业的发展。大量中国毛皮原料被洋行低价收购输往国外，经加工制作成绒毯、皮衣、皮件后再高价销往世界各地，甚至转回中国销售。最后，外国洋行及其买办深入中国腹地搜购毛皮原料，往往采用欺诈、逃税、贿赂、操控价格等手段，如仁记洋行的外庄在西宁专收羊毛，在包头专收驼绒，在海拉尔专收皮张，形成规模后先是抬高收购价，待同行顾虑成本纷纷离弃后，再压低货价，逼迫当地卖家低价出售货物，以此控制市场。

第二节　晋商在天津金融活动的衰落

晋商在天津的金融活动以票号和典当为主要经营项目，长时期占据垄断地位。天津开埠之后，外国银行陆续进入，对票号业务产生了冲击。"庚子事变"之后，山西金融商人在天津开始衰落，但票号业和典当业呈现出不同的衰落过程。

一、晋商在天津票号业的衰落

天津是山西票号经营的主要区域之一，天津的票号数量仅次于北京，晋商在天津票号业的衰落与其在全国的衰落态势基本一致，但又由于临近北京，先后遭遇庚子、壬子兵乱而遭受重大损失。山西票号在天津的衰落大致可以划分为三个阶段：第一阶段是从"庚子事变"至辛亥革命之前的冲击和危机时期；第二阶段是从辛亥革命至1921年的大规模倒闭时期；第三阶段是从1922年至1949年的艰难维持和转型时期。

（一）冲击和危机时期（1900～1911年）

这一阶段，票号全行业处于鼎盛时期，但盛世局面下却潜藏着巨大的危机。自甲午中日战争和"庚子事变"之后，票号参与清政府官款汇兑规模更大，尤其是在"庚子事变"之中，京津金融业遭受重创，尤其是炉房、银号业几乎毁灭，京津票号虽然也损失严重，但从行业来看根基尚未动摇，这主要是由于在京津地区形成的"北存南放"的格局，[①] 即吸收京津地区的

---

① 黄鉴晖：《山西票号史》（修订本），山西经济出版社2002年版，第336页。

存款之后再贷放到南方地区，因此京津地区的放款规模有限，从而避免了战乱时期大规模坏账的发生。加之票号资本雄厚、分号众多便于资金调度等因素，在乱局之中仍然能够按约兑付。在光绪帝和慈禧太后西逃过程中票号也给予了有力支持，得到朝廷信赖，与其他金融机构相比，从全行业来看反而信誉大增，"独我西号自二十七年（1901年）回京后，声价大增，不独京中各行推重，即如官场大员无不敬服，甚至深宫之中亦知西号之诚信相符，不欺不昧，此诚商务之大局，最为同乡极得手之时也"。① 然而，盛局之下却暗藏巨大危机，此后大部分票号不知收敛，依然大规模放贷，存款准备稀少，甚至将处于"得空期"的汇兑款项也贷放出去，"（山西票号）不仅把存款全部用于放款，还把收交汇兑的间隙款项用于放款，这就是它经营的最大危险的根源"，② 终于酿成无法挽救的恶局。

1900年发生的"庚子事变"对近代中国产生了深远影响，也是天津近代史上的重大事件。由于八国联军首先从天津破城而入，天津受到近代以来最大规模的外敌入侵和外部冲击，开埠40年来积累的金融财富损失殆尽，金融秩序陷入空前混乱，直接导致此后长时期金融市场银根紧迫的状况，天津晋商也遭遇到前所未有的冲击。天津自19世纪50年代以来先后经历太平天国北伐、第二次鸦片战争英法联军炮轰大沽和1870年天津教案外国军舰武力恫吓的威胁，虽然每次都会引发金融市场动荡，但城市并未遭到直接破坏。1894年的甲午中日战争对东北的山西票号产生了重大影响，但对天津票号未产生直接冲击。

"庚子事变"是近代以来天津遭受的最大规模的战争侵害之一，包括票号在内的各种金融组织被八国联军大肆抢劫，损失尤其巨大，天津陷入空前的混乱之中。1900年7月14日下午，八国联军攻陷天津，此后开始了大规模的烧杀抢掠，这场浩劫使天津几乎成为空城，"这座百万人口的城市因成千上万的居民外逃，而空了大半个城"。③ 战争期间，天津的城市设施遭到严重破坏，联军犯下了严重的战争罪行，大量的无辜平民被杀害。在天津被攻破之时，城内居民纷纷向城外逃避，联军在鼓楼上架设机枪、大炮，对逃

---

① 李燧、李宏龄著，黄鉴晖校注：《晋游日记·同舟忠告·山西票商成败记》，山西人民出版社1989年版，第112页。
② 黄鉴晖：《山西票号史》（修订本），山西经济出版社2002年版，第527页。
③ 德米特里·扬契维茨基著，许崇信等译：《八国联军目击记》，福建人民出版社1983年版，第241～242页。

难的人群射击，造成大量伤亡。与城市的破坏和烧杀相伴随的是大规模的抢劫，八国联军抢劫的银两总数难以精确统计，据当时的津海关年报记载，光由国库及商民所开钱庄抢来的宝银就达到数千万两之巨，① 天津自开埠以来积累的巨额财富化为乌有。由于在八国联军破城之前，直隶总督和各级官吏都已经逃跑，天津成为无人管理的城市，"城里开始了野蛮无阻、贪得无厌的抢劫"。② 各官署衙门银库和商业中心街区均遭到八国联军的大肆抢劫，仅在盐运使署衙门一处就先后被日军和美军抢夺挖走了几百万两白银，"一座三十英尺高、三十英尺宽的银山，还有四座高高的银山，一色纯银，而这仅仅是一个上午从废墟里挖掘的收获"。③ 沙俄侵略军在乘机占领天津造币厂后，把几百吨纯银一抢而光。天津道衙门（在东门里）的银库存银及其他各官署如天津府衙门（在北门里）、天津县衙门（在鼓楼北）均被洗劫一空。当时的商业中心地带，如城北的估衣街、锅店街、竹竿巷、肉市口也同样遭劫难，"当时铸造局被烧毁，在废墟中发现了大量的纯银，其价值总共有 376 300 美金，全部为美国侵略军掠走"（见图 5 - 1）。④ "一个特别聪明的国家直接抢夺了一个银库，夺得了 40 万两（或 400 万两），用一辆骡车和许多辆人力车拉走了"。⑤ 这种抢劫的行为不但发生在联军的身上，甚至旅居天津的外国人也公然参与抢劫，"他们一时间忘了自己的绅士身份，推着手推车闯进中国人的住宅，……然后小车满载银子而归"。⑥ 对八国联军所犯下的暴行，就连亲历战争的俄国《新边疆》报记者德米特里·扬契维茨基也困惑地写道："那些文明的外国人，他们敲破银行、商店和衙门的门窗，抢劫银子，冲进住家，把财物洗劫一空，糟蹋妇女，遇到中国人反抗，便用手枪、步枪行凶。究竟何人称为野蛮人更合适呢？"⑦

---

①　吴弘明编译：《津海关贸易年报（1865～1946）》，天津社会科学院出版社 2006 年版，第 203～204 页。
②⑥　德米特里·扬契维茨基著，许崇信等译：《八国联军目击记》，福建人民出版社 1983 年版，第 245 页。
③　天津社科院历史研究所编：《义和团资料丛编·八国联军在天津》，齐鲁书社 1980 年版，第 209～210 页。
④　来新夏主编：《天津近代史》，南开大学出版社 1987 年版，第 178～179 页。
⑤　雷穆森著，许逸凡、赵地译：《天津租界史·天津插图本史纲》，天津人民出版社 2008 年版，第 179 页。
⑦　德米特里·扬契维茨基著，许崇信等译：《八国联军目击记》，福建人民出版社 1983 年版，第 247 页。

图 5 - 1 "庚子事变"中美国军队在天津抢劫的银锭

资料来源：天津市政协文史资料研究委员会等编：《近代天津图志》，天津古籍出版社 1992 年版，第 34 页。

　　"庚子事变"中，山西票号损失惨重，从天津大规模撤庄。在北京、天津、直隶、山东等地的汇兑业务被迫中断，票号在慌乱中收撤，但依然有大量的存银和账簿来不及带走，票号处所被焚烧抢掠，存银、账簿等被洗劫一空。"北京天津一带的信用机关在光绪二十六年（1900 年）八国联军侵入北京的时候，遭到一次重大的打击。抢掠之后，继以焚烧；库银房屋和契据都荡然无存"。[①] "迨庚子时事变，迁京津东省一带（指蔚泰厚、蔚丰厚、天成亨、新泰厚、蔚盛长票号），失款之状，更令人毛发森竖"。[②] 为躲避战乱，京津票号经理伙友纷纷逃难撤回山西平、祁、太总号，但在逃难路上多被抢劫，蔚盛长北京分号经理雷士炜在自述中说："二十六年（1900 年）……伙友相伴逃难回平遥，后京庄经理亦带账回平老号，路经保定逢遇土匪，将银两账薄完全抢去。"[③] 大德通票号京津分号在总经理高钰的筹划下紧急收撤，伙友平安返回祁县总号，"所有敝号驻京津伙友，蒙上苍默佑俱获平安回祁，合并奉闻"。[④]

[①]　彭信威：《中国货币史》，上海人民出版社 1965 年版，第 956 页。

[②]　黄鉴晖等编：《山西票号史料》（增订本），山西经济出版社 2002 年版，第 227 ~ 228 页。

[③④]　黄鉴晖等编：《山西票号史料》（增订本），山西经济出版社 2002 年版，第 227 页。

"庚子事变"后，山西票号返回天津较为缓慢，放款也非常谨慎。变乱之前，票号在天津市场上的资金投放约为 2 000 万两，占全部资金的 1/3。[①]变乱之后，天津市场欠各类债权主体的金额约为 500 万两，其中欠山西票号约为 200 万两，占到 40%，由此也可见山西票号在天津金融市场的重要作用。票号陆续收回天津外欠款项，投放到其他城市，同时也加剧了天津金融市场银根紧迫的状况，"谨慎之西帮票号，为本埠商务极大关键者，陡将外欠各款收回，以备暂移他处再为设肆，以此市面愈觉空虚矣"。[②] 1903 年，袁世凯就任直隶总督，为了挽救市面组建天津官银号，邀请山西票号入股，但票号没有同意。[③] 等到 1904 年时局较为稳定之后，票号才陆续重新返回天津设庄，但经营转为谨慎，"西帮票号陆续全行回津，仍理旧业，惟资本甚为谨慎"。[④] 在 1905 年至 1906 年天津各行业加入商会的统计名单中，票号商共有 24 家，名单详见表 5 - 2，总数量和庚子事变前的 25 家大致相当，但行业内部却也发生了一些变化。票号总体保持稳定，有 6 家票号协同信、乾盛亨、永泰庆、三晋源、长慎涌、源丰润直到 1906 年尚未恢复津庄，新增了 5 家票号，分别是恒义隆、裕源永、义成谦、锦生润、万泉长。从帮派属性来看，平遥帮势力有所削弱，而祁县帮则成为津埠第一大帮，共有票号11 家，在数量上占到将近一半的比例，新增了太原帮票号义成谦，还有一个票号叫万泉长，但是帮派属性不太清楚。南帮票号源丰润从天津撤庄，如果这个万泉长票号也属山西帮的话，那么庚子事变后南帮票号是从天津彻底退出了。1908 年至 1911 年间，晋益升、源丰润和义善源三家南帮票号先后倒闭。1910 年天津商会曾对票号进行过调查，由此保留下辛亥革命爆发前夕的天津票号情况，共有票号 21 家，比 1906 年时减少 3 家，分别是中兴和、恒义隆和万泉长。此时的山西票号已经处于暴风骤雨的前夜。

---

①　天津海关译编委员会编译：《津海关史要览》，中国海关出版社 2004 年版，第 36 页。
②　吴弘明编译：《津海关贸易年报（1865～1946）》，天津社会科学院出版社 2006 年版，第226 页。
③　黄鉴晖：《山西票号史》（修订本），山西经济出版社 2002 年版，第 444 页。
④　吴弘明编译：《津海关贸易年报（1865～1946）》，天津社会科学院出版社 2006 年版，第232 页。

表 5 - 2   1906 年天津票号名录

序号	名称	铺掌	帮派	序号	名称	铺掌	帮派
1	日升昌	武济文	平遥帮	13	合盛元	李晋诚	祁县帮
2	蔚泰厚	孔兆鉴	平遥帮	14	大德玉	段运昌	祁县帮
3	蔚长厚	阎振林	平遥帮	15	大美玉	任俊明	祁县帮
4	蔚丰厚	侯允执	平遥帮	16	福成德	张炳南	祁县帮
5	蔚盛长	尹执瑞	平遥帮	17	存义公	阎炽堂	祁县帮
6	新泰厚	裴筱亭	平遥帮	18	**恒义隆**	**马质堂**	**祁县帮**
7	百川通	冀敦常	平遥帮	19	**裕源永**	**程钲**	**祁县帮**
8	协同庆	冀昌云	平遥帮	20	协成乾	戴立斋	太谷帮
9	中兴和	吕庚中	祁县帮	21	志成信	吴霄汉	太谷帮
10	大盛川	陈瑞	祁县帮	22	**锦生润**	**戴毓**	**太谷帮**
11	大德恒	王起业	祁县帮	23	**义成谦**	**白翰周**	**太原帮**
12	大德通	符大经	祁县帮	24	**万泉长**	**燕鼎**	**不清**

资料来源：根据以下资料整理：天津市档案馆、天津社科院历史研究所等编：《天津商会档案汇编（1903～1911）》（上），天津人民出版社 1989 年版，第 64 页。

说明：表格中黑体字为庚子事变后天津新增票号。

天津的山西票号已经在战乱中遭受重大损失，还不得不面对来自外国银行的激烈竞争和市场侵蚀。从 19 世纪 80 年代开始，天津的外国银行数量不断增多，由于外国银行资金雄厚，同时又有华人买办拓展业务，山西票号在天津遭遇到外国银行的较大冲击。山西票号曾经在天津的国内汇兑业务中占据主要地位，但是自从 1881 年汇丰银行天津分行建立之后，票号在汇兑业中的地位遭遇严重挑战，汇丰银行由于经营灵活，通过买办积极开拓与华北各商业城市的汇兑业务，票号的市场逐步被外商银行侵蚀，近一半的市场被抢夺，如天津对上海的棉纱汇兑每年都在 1 000 万两左右，其中由外商银行进行汇兑就达到半数以上。① 俄商势力在天津非常强大，20 世纪初，华俄道胜银行天津分行势力不断扩张，通过买办在营口、北京、汉口等重要商埠开设银号和汇兑庄，专营汇兑业务。天津的国内汇兑市场（即内汇市场）逐

---

① 根岸佶：《天津票庄》，《清国商业总览》第 4 卷，第 412 页，转引自张国辉：《中国金融通史》第 2 卷，中国金融出版社 2003 年版，第 262 页。

渐被外国银行侵蚀，中国的汇兑市场也开始殖民地化了，"中国商人对外国银行特别是汇丰银行的信任日增，……把'中国商人对外国银行的信任'读作'中国内汇市场的殖民地化'，这才是符合事实的结论"。①

这一时期值得关注的是票号虽然处于巨大的危机和外国金融势力的冲击之下，但有些票号却"逆势前行"，积极向海外扩张业务，开创了山西票号的国际汇兑网络，在山西票号发展史上留下了辉煌的篇章。1907 年，天津《大公报》刊登了合盛元票号天津分号的启事，主要是合盛元票号在日本东京、横滨、神户、大阪开设分号的内容，"启者，近来环球大通，商务争盛，而国家特设专部，鼓励讲求，惟我商人，亦须及时起发，以图扩充，乃观各国银行，来吾邦开设者甚多，其晋之汇业一途，亦与银行所司无异，然独不能出洋半步，良可慨也！（本号）有鉴于此，用特选派妥人提出重款，先渡东洋各处，创设支庄。奈彼之政令不准外人在其东京私立此业，必报政府许可，方准开办，於是自去秋东渡，迄今半载，案牍冗繁，信札频寄，各署报告，其费固不待言，尚蒙我国领事及诸友谊从中维持，而日政府始允我号在东京、横滨、神户、大阪等处开设，凡我同胞此后东游日本及从彼回宗国者，如兑银洋各项兼托办事件，皆可竭力关照，额外克己，如蒙光顾小号，在中华各口岸俱有分庄，随地皆可接待，特缘远渡重洋，初创此业，恐未周知，故而登报声明，此启。山西太原府祁县合盛元寓天津针市街嘉兴里内谨白"。② 合盛元票号虽然在民国之后倒闭歇业，但其积极向海外拓展业务的壮举是晋商开放精神的集中体现，至今对我们仍然有着重要的启示。

（二）重创和倒闭时期（1911～1921 年）

20 世纪的最初几年，山西票号先后遭遇辛亥和壬子兵乱，这两次兵乱与"庚子事变"不同。"庚子事变"主要影响的是京津地区，而辛亥年间的战争则范围更大，全国很多重要商埠都爆发了战争。壬子兵乱非常突然，主要影响的地区也是北京和天津，京津票号毫无准备，损失巨大。如果说"庚子事变"对票号造成的是局部侵扰的话，辛亥和壬子年间的战乱则造成

① 汪敬虞：《十九世纪外国在华银行势力的扩张及其对中国通商口岸金融市场的控制》，载于《历史研究》1963 年第 5 期，第 62 页。
② 天津《大公报》1907 年 2 月 9 日、10 日，转引自张正明主编：《明清晋商商业资料选编》，山西经济出版社 2016 年版，第 433～434 页。

了票号全行业的迅速衰败，"它倒闭所以如此之迅速，辛亥、壬子两年的经济损失则可以说是强心针，一针死去"，[①] 放出的款项无法收回，外欠的款项无法偿还，山西票号的根基动摇，由此一蹶不振。

辛亥革命爆发后，全国众多省份宣布脱离清政府独立，清政府为了扑灭起义与起义军展开激战，各地战乱四起，许多商业重镇被焚烧抢掠，包括票号在内的各业商铺损失惨重。战乱导致市场恐慌，引发连锁债务风潮，票号贷出的款项由于商户破产而成为疲账，票号存户出于安全考虑则纷纷提取现银。票号实行总分号制，各票号之间也相互拆借扶持，多年来能够度过数次危机的优势就在于此，一号遭遇挤兑则众号予以支援，数次化险为夷。然而，这样的方式应对局部的危机尚可，面对全国性的倒账和挤兑就无能为力了。天津虽然在辛亥革命时期没有遭受战乱破坏，但众多票号因为欠账和挤兑而纷纷倒闭，票号津庄数量锐减。据辛亥革命后出版的《天津指南》记载，1911 年 11 月天津票号仅存 9 家，分别为志成信、大德通、蔚丰厚、蔚盛长、功成玉、蔚长厚、元吉、同泰裕、日升昌，[②] 比辛亥革命前锐减 15 家，缩减规模达到 62%，减少的票号或是从天津撤庄，或是倒闭歇业。票号放账无法收回而蒙受的损失是巨大的，如 1911 年天津富商王益孙开设的益兴号、益兴恒、益源恒钱铺倒闭，共计亏欠票号白银 55 万两，其中仅亏欠蔚泰厚就达到 7 万两，蔚长厚、百川通各 6 万两，协成乾 5 万两。王家没有现银偿还，只得变卖商铺房产抵偿债款，但彼时经济萧条，不动产一时无法出售，债款回收艰难，"惟商等系营业性质，借现银为流动机关，岂肯置买大宗不动产，稽（积）压巨款，致周转之不灵"，[③] 王家钱铺亏欠票号巨款仅是票号放款无法收回的一个缩影。

如果说辛亥年的战乱使票号元气大伤，那么壬子年的兵乱则如同釜底抽薪，加速了票号的衰亡。1912 年 2 月底，袁世凯为拒绝赴南方就任中华民国临时大总统而阴谋唆使北京天津士兵哗变，史称"壬子兵变"。兵乱正值农历正月节日期间，北京各商家毫无准备，士兵大肆抢劫焚烧。兵乱很快波及天津，1912 年 3 月 2 日即正月十四日夜间，乱军进入天津市内，针市街

---

① 黄鉴晖：《山西票号史》（修订本），山西经济出版社 2002 年版，第 527 页。
② 石小川编辑：《天津指南》卷六《实业》，1911 年版。
③ 天津市档案馆、天津社科院历史研究所等编：《天津商会档案汇编（1903～1911）》（上），天津人民出版社 1989 年版，第 603～604 页。

等繁华街市遭抢掠焚烧。据天津商会事后统计，被抢劫的天津商户多达2 385户、居民639户、当铺15家，总计损失达到了1 200余万两白银，"兵匪抢掠，纵火焚烧，繁盛街区，倏成瓦砾，各行商业约有数千户财产荡然，各号同人约有数万家流离失所。此次津埠被灾，有较庚子失城加倍，困苦者诚为从古未有之浩劫也"。[①] 天津大德川票号寄存在汇恒同银号内装有图章、票据、账目的账匣和屋内衣服褥被等共计约3万两财物被兵匪抢劫一空。[②] 天津锦生润票号内银钱衣物等共计约9 100两被兵匪抢掠，"窃於旧历正月十四日夜十点钟时，商号被官兵带领土匪多人，手持快枪，砸门进院，入室行劫，将号内银钱衣物、家具等件搜抢一空，共计值银九千一百余两"。[③] 据统计，在辛壬兵乱中，天成亨、日升昌、蔚泰厚、蔚丰厚、蔚盛长、宝丰隆、百川通、新泰厚、蔚长厚、协同庆、存义公、锦生润12家票号在北京、天津、成都、西安、汉口、太原、宁夏等地共计损失现银约133万两。[④] 至1913年，志成信、合盛元、大德玉、其昌德、义成谦5家票号已经关闭歇业。民国金融学者曲殿元说："天津既为山西票庄之发祥地，早年天津之金融，据于山西人之手，自不待言。经光复之后，南方之山西票庄，倒闭净尽，而天津之票庄，尚存留十余家。然营业范围，均已缩小。又有本地钱庄与新式银行竞争，故已成强弩之末。"[⑤] 1914年日升昌北京分号经理侯垣由于替合盛元票号担保而受牵连，惊恐之下竟然和伙友一同潜逃回山西，酿成日升昌恐慌的大祸，平遥总号和李财东家被查封，财东李五典、李五峰被关押，总号经理郭树柄逃跑无踪，并引发轰动一时的倒闭债务纠纷案件，《天津商会档案》均有记载。危急时刻，已辞号回乡的原总号二掌柜梁怀文出山，凭借其在北京担任日升昌分号经理的影响力，力挽狂澜，以债权入股的方式使日升昌免于破产，但规模已大为缩小，除北京和天津仍保留分庄外，全国其余分庄均收撤。[⑥] 日升昌票号遭此劫难，主要是因为用人不当，郭树柄善于讨好财东，才从汉口分庄经理提拔为总号大掌柜，而原总号二掌柜梁怀文由于严格按照号规办事，限制财东随意支银而不受重用，如果

---

① ② 黄鉴晖等编：《山西票号史料》（增订本），山西经济出版社2002年版，第486页。
③ 黄鉴晖等编：《山西票号史料》（增订本），山西经济出版社2002年版，第487页。
④ 黄鉴晖等编：《山西票号史料》（增订本），山西经济出版社2002年版，第488页。
⑤ 黄鉴晖等编：《山西票号史料》（增订本），山西经济出版社2002年版，第539页。
⑥ 《人物分述》，平遥县政协文史资料研究委员会编：《平遥文史资料》第1辑，1998年版，第36~37页。

梁怀文能够担任总号大掌柜，票号始祖日升昌不应当以这样的方式落幕。1915 年天津大德通票号为减少开支从英租界迁回北门针市街，规模较前已经缩小，为维持经营向捐务处申请按照二等完纳铺捐，"查大德通票庄，原系头等铺捐，现由英租界迁回局格情形，较前略为缩小，故准从宽暂减二等以示体恤，而维商务"。① 此时，在山西票号业中值得瞩目的是蔚丰厚票号在北京分号经理郝登五的主持下于 1916 年成功改组为蔚丰商业银行，总行设于北京，原设立在天津、上海、汉口、长沙、平遥、成都、重庆、西安、三原、兰州、宁夏、迪化、缓远等的票号分号改为分行。招募新股 100 万元，其中北京 30 万元，天津 30 万元，甘肃 20 万元，新疆 20 万元，② 这说明天津分行在蔚丰商业银行的全国分行体系中占据重要地位。蔚丰厚票号改组为蔚丰商业银行是山西票号向新式银行转型唯一成功的案例，虽然由于经营不善和外部竞争于 1920 年倒闭，仅存在 4 年，但在山西票号转型发展史上具有十分重要的地位。

（三）残存和转型时期（1922～1949 年）

至 1922 年，大部分票号都已经歇业倒闭，仅有大德通、大德恒、三晋源、大盛川 4 家票号幸存，这 4 家票号均为祁县帮，而煊赫一时的平遥帮和太谷帮票号均倒闭净尽。日升昌虽于 1922 年经批准复业，但实际一直处于破产清算和债转股经营的状态，1932 年改名钱庄继续经营，总号由北平迁回平遥，仅在北京设立分号，业务没有发生变化，但经营的地域范围已经大为缩小，1946 年最终关门歇业。

1929 年大盛川票号倒闭，1931 年东北奉天的利率高涨，幸存的几家票号把大量款项投入奉天取利，"九一八事变"发生后，日军侵占东北，票号利益再受打击。至 1933 年，仅存大德通、大德恒、三晋源 3 家，在天津均设有分号，其中以大德通分号最多，达到 10 处。③ 三晋源票号于 1934 年倒闭歇业，在"七七事变"发生之前，仅存祁县乔家大德通和大德恒票号 2 家。1937 年日军侵占京津地区，票号业务大受影响，1940 年大德通和大德恒票号改名银号继续经营，总号设在北京，在天津设立分号。名称虽然改

---

① 黄鉴晖等编：《山西票号史料》（增订本），山西经济出版社 2002 年版，第 538 页。
② 黄鉴晖：《山西票号史》（修订本），山西经济出版社 2002 年版，第 501 页。
③ 黄鉴晖：《山西票号史》（修订本），山西经济出版社 2002 年版，第 516 页。

变，但业务没有变化，只是经营的区域已经大为缩小，分号只有 1 处。大德通票号是由乔家大德兴茶庄于 1884 年改组建立，创办年代与其他几家著名票号相比算是较晚了，但却是关闭时间最晚的票号，经历数次战乱动荡而不倒，这与其晚清民初以来的杰出总号经理高钰和王宗禹的才能有很大关系。在辛亥革命之前各票号大规模放款取利的时候，高钰就能敏锐地察觉到时局的变化，未雨绸缪，要求各地分号谨慎放款，"对各分号业务实行收缩，以备应付不测之变"。当时有的票号经理还讥讽高钰不善把握盈利机会，谁知时局剧变，唯独大德通等票号能独善其身，"当时同业多讥子庚（高钰字子庚），与求利之道背谬，殊不知卓见独到，纯为避害。基收敛之计划，甫办理就绪，而辛亥之变即于彼时实现耶。其他各号犹如做梦，毫无准备，故多纷纷失败，相继倒闭，惟大德通则处之泰然"。① 大德通直到中华人民共和国成立后的 1951 年才最终歇业，在中国票号业历史上留下了浓墨重彩的一笔。

这一时期对天津的山西票号产生较大冲击的是日本人平野秀三诈骗案。平野秀三在天津开设平野洋行，经营棉花皮毛等业务，但实际是贩卖金丹鸦片的罪犯。平野利用商人贪利的心理，在票号银号大量存款从而取得信用，"票号更坠其术中，争与交往"，② 之后再从票号银号大量贷款。1921 年平野突然返回日本消失不见，票号银号共损失 80 多万元。③ 此后，受骗华商还委托天津商会向日本商业会议所提请追回骗款，但最终没有结果。在政治混乱、战乱频仍的年代，华商的利益何谈能够得到保护呢？

二、晋商在天津典当业的衰落

晋商在天津典当业的衰落大致可以划分为两个时期：第一阶段是从 1900 年至 1912 年，这一时期山西典当遭遇频繁的战乱侵扰，倒闭频仍，晋商开始从典当业收撤资本，晋商在天津典当业中所有权的垄断地位被打破；第二阶段是从 1913 年至 1949 年，这一时期晋商整体处于衰落时期，从天津典当业大规模收撤资本，而河北和京津富商、军阀和官僚则成为天津典当业

---

① 黄鉴晖：《山西票号史》（修订本），山西经济出版社 2002 年版，第 521 页。
② 刘信之、曹雅斋：《天津钱业琐记》，引自天津市政协文史资料委员会编：《天津文史资料选辑》第 106 辑，天津人民出版社 2005 年版，第 58 页。
③ 黄鉴晖等编：《山西票号史料》（增订本），山西经济出版社 2002 年版，第 539 页。

的主要股东。晋商虽然从典当资本领域撤出，但是却保留了大量的典当人才，从而在经理人层面依然控制着天津典当业。

（一）战乱冲击时期（1900～1912 年）

晋商在天津典当业的衰落与票号一样都是首先遭到了战乱的冲击，自1900 年以来，天津典当业频繁遭遇战乱破坏，每次兵乱时当铺都成为兵匪抢劫的主要对象。典当与票号是两个差异很大的金融行业，典当经营资本远不及票号，大多是设立在一城一地，当遭遇到外部环境的冲击时顷刻倒闭。1900 年八国联军侵入天津，外国军队大肆抢掠，当铺是乱兵抢劫的重要对象，20 多家当铺在动乱中被抢劫焚烧，被抢当铺占当时天津当铺的半数以上，损失共计 500 余万两白银。有关山西当铺在"庚子事变"中被抢劫的资料已经很多，这里以介休著名晋商家族冀家为例再补充说明。山西介休冀氏家族历史悠久，明代就已经开始经商，至清代逐步兴盛，成为远近闻名的财主。冀家商号除在山西省介休、平遥、祁县、太原等地开设外，主要分布在北京、天津、上海、河南、山东及湖北樊城、襄阳、汉口等地，经营典当业、绸缎布匹、茶叶等行业。冀家早期经营乾盛亨布庄，后来改组为票号，就是著名的乾盛亨票号，总号设在平遥，在北京、天津、汉口、上海、四川、云南、湖南、西安、河南、山东等地设立分庄。冀家在京津地区经营的商业和金融字号在庚子兵乱中大多被抢劫和焚毁，天津大沽地区冀氏开设的四大当铺广盛当、文盛当、益盛当、星盛当被焚抢，北京、济南、临清等地的当铺、商号、票号也被抢掠，由于外地商号被抢，波及乾盛亨平遥总号，一时存户纷纷提现，辉煌了几个世纪的冀氏家族无奈陷入破产清算之中，就此落幕。[①]"庚子事变"后天津当铺可勉强经营者只余 22 家，直到 1909 年才增加至 24 家。1912 年的"壬子兵变"中当铺再次成为乱兵抢劫的对象，"典当业之蓄贵藏珍，素为宵小垂涎，在此一夜之中，本业之遭灾者达 17处。事后满途遗物落珍，不计其数，诚浩劫也！"[②] 17 家当铺遭到抢劫，占到全部当铺的 70%，可以说几乎是全行业的灾难。

---

① 傅钟源：《北辛武冀氏商业世家的兴衰》，引自中国人民政治协商会议山西省介休市委员会文史资料委员会：《介休文史资料》第四辑，1993 年版，第 51 页。
② 张中篑：《天津的典当业》，万里书店 1935 年版，第 4 页。

（二）资本退出时期（1913～1949 年）

民国之后，晋商在天津的势力整体衰弱，由于山西典当业的资本大多来自同乡票号，票号的衰败也造成山西典商资本的大规模收撤。清末民初山西典当商人出现了由出资人向经理人的转变，这种转型发展也是晋商在天津势力衰弱的具体表现，同时也是山西典商在全国转型发展的缩影。

晋商之所以会大规模从天津典当业中收撤资本，不但是由于典当业本身的经营问题，还与晋商在京津地区经营的票号、钱业和商业遭受重大损失有很大关系，因为这些都是山西典当业经营资本的来源。"庚子事变"至民国初年是山西典当商人衰落的时期，也是晋商在全国范围内的衰落时期，晋商从天津典当业撤出资本，那么必然会有其他商帮占据这些空间。民国初年，虽然当铺多为山西人经营，但其股东已经发生较大变化，天津本地富商及军阀大量注入资本，"民国初年亦复如是，如天津全市之当业，无一非山西人所经营，即资本非山西人所有，而经营之人，则山西人十居八九，今虽稍衰，惟任经理者尚百分之八十为晋人"。[1] 1921 年天津市内当铺共 19 家，由山西人出资或经营的当铺有 17 家，北京人经营的当铺有 2 家，租界内当铺也多为山西帮经营，[2] 虽然仍称为山西帮当铺，但股东很多都已经不是山西人了。山西商人善于经营典当，当时投资典当业的本地富商和军阀官僚也大多愿意使用山西人经营当铺，"天津历史上经营典当最出名的是山西帮，当时那些投资典当业者，总是想方设法，聘请山西人当掌柜，或山西当铺出身的人当掌柜"。[3]

到了 20 世纪 30 年代，这种趋势更为明显，据 1934 年 10 月调查，天津典当业发展到 73 家，总分号共计 88 家，但典当业的资本方主要已不是山西人，"其实在目下十九皆为此间巨商富室之资本。说到山西人，不过代理经营，籍得区微劳动之报酬而已。但在过去，庚子之前，则晋商出资经营者确在十处之上。……至今则所谓之晋帮，多为'依人作嫁'根本投资而经营

---

① 陆国香：《山西之当质业》，载于《民族》1936 年第 4 卷第 6 期。
② 俞耀川：《漫话天津的典当业》，引自常梦渠、钱椿涛主编：《近代中国典当业》，中国文史出版社 1996 年版，第 115 页。
③ 刘绩亨：《我所了解的在天津的山西商人》，引自李希曾主编：《晋商史料与研究》，山西人民出版社 1996 年版，第 575 页。

者，则寥若晨星"。① 抗日战争胜利后，据典当业公会调查统计，当铺财东大多数为天津本地人，只有一家股东是山西人，而经理绝大多数都是山西人，以介休和灵石人为主，表5-3非常明显地呈现出这一特点，有些当铺"上自经理下至学徒几乎全为山西人"。② 晋商之所以仍然能在典当业经理人中占据垄断地位，主要是由于山西商人很早就进入天津典当业，由此造成经营管理以及人才培养的路径依赖，经理人为山西人则其伙计学徒也皆为山西人，"至晋人服务此业人数如斯多之远因，当为若干年来之传统提掖制度所造成，一铺之中自经理至学徒，恒鲜有他籍人参混其间者"。③

表5-3　　　　　1946年天津典当业商号财东及经理人姓名籍贯一览

商号	财东	籍贯	经理人	籍贯	资本额（万元）	使用人数（人）
和顺当	刘若尧	北京	俞耀川	北京	8	28
天聚当	蔡述谈	河北文安	杨晓圃	山西介休	5.4	22
太和当	张太和	天津	郝赞荣	汾阳	8	31
裕和当	费裕	天津	王舒丞	介休	10	28
福源当	张志义	天津	封静庵	介休	4	27
同福当	翟瑞符	天津	梁子寿	介休	5	34
源祥当	王仕英	河北武清	杨润斋	北京	20	20
中昌当	杨中昌	天津	张子润	介休	3	38
中祥当	杨中祥	天津	古忠甫	介休	5	36
麟昌当	曹凤鸣	山西	冯宜之	山西	4	22
同和当新记	张志青 张云清	天津	李子良	山西	4	26
天兴当	葛延鸿	天津	郑根祥	山西灵石	6	18
辑华当	韩达卿 赵辑辅	静海 武清	程子宽	汾阳	4	38
福顺当	仝迓东	天津	袁仙洲	河北沧县	4	16

---

① 张中篇：《天津的典当业》，万里书店1935年版，第6页。
② 许树华：《解放前天津的典当业》，引自天津市政协文史资料委员会编：《天津文史资料选辑》第77辑，天津人民出版社1998年版，第96页。
③ 张中篇：《天津的典当业》，万里书店1935年版，第45页。

续表

商号	财东	籍贯	经理人	籍贯	资本额（万元）	使用人数（人）
协合当	杨协合	天津	杨绍圃	介休	6	37
德华当	韩华棠	静海	耿松玲	灵石	4	26
同聚当	曹同聚	天津	文质庵	介休	6	36
德昌当	韩延寿 张梦络	天津 江西奉新	韩荷廷	天津	2	20
万成当共记	刘楚臣	天津	乔厚庵	介休	4	18
万成当北号	刘楚臣	天津	乔厚庵	介休	2	23
和祥当	郑凤鸣	天津	陈子安	灵石	2	22
颐贞当	胡莘辰	天津	胡瑞三 李钟春	灵石	2	20
颐贞当分号	胡莘辰	天津	胡瑞三 李钟春	灵石	2	15
裕生当	卞裕生	天津	王瑞宸	灵石	5	22

资料来源：冯剑：《天津近代典当业资本的变迁》，引自《近代史学刊》2016 年第 2 期，社会科学文献出版社 2016 年版。

民国之后，受到政局不稳和战乱等因素影响，天津商业和金融机构很多都转移至租界内，典当业亦不例外。由于租界的繁荣，租界内的当铺也不断增加，至 1934 年 10 月，天津典当共 87 家，其中华界 27 家，租界 60 家，[1]租界典当占到了近 70%，"天津典当行业，最后几十年，实以租界为活动中心"。[2] 天津典当业的经理人大多为山西介休人和灵石人，两帮典商有各自的同业组织，华界内为以介休人为主的典业公会，租界内为以灵石人为主的质业公会，随着租界典当业的发展，质业公会的势力不断提升。1945 年天津典业与质业公会合并成立当业公会，典业公会当时的会长是北京人俞耀川，质业公会的会长是山西人王子寿，有学者通过挖掘天津商会档案资料表明两业围绕当业公会会长人选曾经产生过矛盾，俞耀川在会长选举中得到介

---

① 张中籇：《天津的典当业》，万里书店 1935 年版，第 93 页。
② 王子寿：《天津典当业四十年的回忆》，引自全国政协文史资料研究委员会编：《文史资料选辑》第 53 辑，文史资料出版社 1964 年版，第 46 页。

休帮的支持。① 最终，质业公会会长王子寿当选为新设立的当业同业公会主席。② 这说明即使在同一商帮控制的行业内，也可能由于籍贯、行业利益等原因而产生冲突。

第三节　晋商在天津衰落的原因探析

学者们对晋商的衰落已经进行了很多研究，衰落原因大致包括战乱冲击、清政府灭亡、外国势力压迫、思想保守、行业竞争等观点，这些说法都有一定道理。具体到天津而言，其中几个因素体现得尤为明显，比如战乱和外国势力的冲击。天津毗邻北京，号称"畿辅门户"，也是从海上进入北京的最佳通道，近代很多重大政治事件都在天津发生，由此天津也频繁遭受战乱毁坏。天津是北方较早开埠的港口，外国经济和政治势力相当强大，租界面积全国最大，号称"九国租界"，半殖民地化的程度非常高。包括晋商在内的天津商人们不但要抵御可能的战乱抢劫，还需要面对以工业化为基础的外国商人的竞争。本节以天津为例，从战乱冲击、外商压迫和市场竞争三个方面探讨晋商在天津衰落的原因。

一、战争兵乱的冲击

天津是中国近代史上战乱频繁的城市之一，由于在政治、军事以及经济上所处的重要战略地位，自鸦片战争以来就成为西方列强侵略的重要目标，这种威胁从 1840 年开始到 19 世纪末达到顶峰。在两次鸦片战争期间，英法侵略者就曾经多次兵临天津大沽口，在第二次鸦片战争中甚至打到天津近郊，由于清政府外交上的妥协使天津逃过一劫。自 1860 年开埠之后，经过近 40 年的发展，天津已经成为中国北方的贸易和金融中心，然而在外敌入侵的劫掠之下，天津社会经济和城市建设遭受空前破坏，繁荣与富庶的天津几近于毁灭。

---

① 冯剑、徐雁芬：《代际的延续与断裂：近代天津典当业里的山西人》，载于《中国社会历史评论》2019 年第 22 卷。
② 天津市档案馆、天津社科院历史研究所等编：《天津商会档案汇编（1937 - 1945）》，天津人民出版社 1997 年版，第 497 页。

1900 年发生的"庚子事变"对近代中国产生了深远影响，也是天津近代史上的重大历史事件。由于八国联军首先从天津破城而入，天津遭受了近代以来最大规模的外敌入侵和外部冲击，自开埠以来积累的财富损失殆尽，经济社会秩序陷入空前混乱。经历庚子之乱的英国驻天津记者辛普森（B. L. Simpson）的形容尤为贴切，"（联军）自海口以至北京，沿路抢掠一空，其在天津尤甚。今日之天津，如一块肥肉，肉均刮尽，只余干枯之骨矣"。[①] 更加严重的是，战争摧毁了天津的商业金融秩序，直接导致此后长时期金融市场银根紧迫的状况，政局动荡造成的恐慌情绪加剧了商人的悲观预期，银钱业为了避险，一遇政局不稳便纷纷运银出津，加剧了天津白银外流。到 1905 年，白银外流的状况日益严重，天津银两几近枯竭。"查近来银号迭次荒闭，银根奇紧。现据探访队汇报：日来票庄由大车运银出境者，每日不下二三十万。似此情形，则津市益难周全，商务全局堪虞"。[②] 在 1912 年的"壬子兵变"中，天津繁华商业街区再次遭到乱兵抢劫，商人损失惨重。在北洋政府时期的军阀混战中，天津商业中心经常成为溃兵抢劫的对象。

天津晋商在战争兵乱中遭受的损失在前文山西票号商和典当商的衰落中已经有较为详细的论述，这里不再赘述。实际上，商人们在战争兵乱中的直接损失是一个方面，由政治混乱而造成的经济萧条才是更大的次生危害。鉴古而知今，市场经济的繁荣和民族文明的缔造必须以政治的稳定和强大的军事力量为基础。

二、外国势力的扩张

"庚子事变"之后，清政府与各国签订不平等条约，条约规定允许各国继续扩大在天津的租界面积，由此租界面积急剧扩张，形成了"九国租界"，成为近代中国租界面积最大、建立租界国家最多的城市。外国洋行和银行借机继续扩张在天津的势力，天津的商业和金融主导权逐渐被外国洋行和银行掌控。

---

① 普特南·威尔著，陈冷汰、陈诒先译：《庚子使馆被围记》，中华书局 1916 年版，第 197 页。
② 天津市档案馆、天津社科院历史研究所等编：《天津商会档案汇编（1903～1911）》（上），天津人民出版社 1989 年版，第 347～348 页。

(一) 租界面积的扩大

第二次鸦片战争之后，天津成为继上海之后中国第二个设立租界的城市，此后西方列强每对中国发动一次战争，租界就扩大一次，天津成为中国半殖民地不断加深的缩影。天津外国租界出现于 1860 年开埠之后，英、法、美三国先后强行划定租界。英国和法国在海河右岸修筑了新式停船码头，把持海关和进出口航运业务，逐渐形成了新的交通和商业区域，促成了租界的发展，天津的经济中心也开始转移。1895 年甲午中日战争之后，德国和日本先后在天津强划租界，英国乘机扩张租界面积。"庚子事变"之后，俄国、意大利、奥地利、比利时先后划定租界，英国和法国则再次乘机强行扩张租界面积，从而出现了"九国租界"并立的局面，"面积达 2 万多亩，相当于天津旧城的 9 倍"，[①] 天津租界成为西方列强对中国进行军事威胁、政治控制、经济掠夺和文化渗透的基地。

至 20 世纪初，在英、法租界设立的外国银行已有汇丰银行（英国）、麦加利银行（英国）、德华银行（德国）、华俄道胜银行（俄国）、横滨正金银行（日）、朝鲜银行（日）、华比银行（比利时）、花旗（美国）、运通（美国）、美丰（美国）、东方汇理银行（法国）、华义银行（意大利）、仪品放款银行（法比合办）、中法实业银行（中法合办）等十几家银行。如第一章表 1-6 所示，民国之后，由于第一次世界大战爆发，欧洲各国无暇东顾，日本和美国趁机扩张在中国的金融势力，这一时期在天津设立的外国银行分行也主要以日本和美国银行居多，比如日本的正隆银行、朝鲜银行和大东银行，美国的运通和大通银行等。

这些外国银行控制了天津的关税和盐税，经手清政府的赔款和借款，还享有发行纸币的特权，日本横滨正金银行和俄国华俄道胜银行大量发行银元票和银两票，以至于天津银号发行的银两票反而不能通行。"利权外溢，侵我币制，（天津）各钱庄将何以为抵御耶！"[②] 民国初年，天津汇丰、麦加利、花旗、正金、东方汇理等 12 家外商银行组成天津银行汇兑公会，进一

---

① 中国人民银行总行金融研究所编：《近代中国的金融市场》，金融出版社 1989 年版，第52 页。
② 天津市档案馆、天津社科院历史研究所等编：《天津商会档案汇编（1903～1911）》（上），天津人民出版社 1989 年版，第 703 页。

步垄断天津外汇市场。由此，天津的金融市场被外国银行操控。

（二）商业中心的转移

"庚子事变"之前，天津的金融中心已经形成，钱庄、银号、票号、炉房等金融机构大多集中于老城北门外和东北角两个区域，前者主要集中在锅店街、估衣街、竹竿巷和针市街沿线，后者主要是以天后宫为中心的宫北大街一带，见图5-2中标出的方格区域，这些地区在庚子战乱中成为八国联军抢劫的重灾区。"庚子事变"之后，天津金融业机构为了躲避战乱而开始向租界迁移。1902年，万国桥（现解放桥）建成后，将租界和老龙头火车站（现天津站）联结起来，与万国桥南端相连的法租界大法国路和英租界维多利亚路成为英法租界的主干线（中国人称为中街，现在的解放路），也是外国银行集中的地区。从火车站到英法租界及海河两岸便形成了一个新的金融和商业集中区域，原北门外三岔河口一带的金融中心地位相对下降。

图5-2　天津老城外的旧金融中心

资料来源：《最新天津全图（1936年）》，学苑出版社2005年版。

　　民国之后，各路军阀混战，天津华资工商业和金融机构饱受战争侵扰，只有租界内由于受到外国法律保护而相对安全。此后新式银行大多设立在英法租界内，连官办的中央、中国、交通等银行也在租界选址开办。为了躲避战乱，原开设在老城区的银行、银号、金店等金融机构陆续向租界内迁移。1931 年"九一八事变"爆发后，天津金融业陷入恐慌，金融机构大规模转移到租界内。在 1937 年日本全面侵华之前，天津几乎所有的银行和银号已经都迁移到英法租界内。天津市内 80% 以上的银行都集中在中街两侧，因此中街也被称为"银行街"和"东方华尔街"。① 银号、金店也集中在附近几条街上。在法国租界内现在的解放路、和平路、滨江道、哈尔滨道四条大街组成的区域内，聚焦了银行、银号、票据交换所、证券交易所、证券行、保险公司、银行仓库和银行业公会等金融机构，如图 5-3 圆框所示，由此形成了天津租界内的新金融中心，而原北门外和宫北大街一带则日渐萧条。

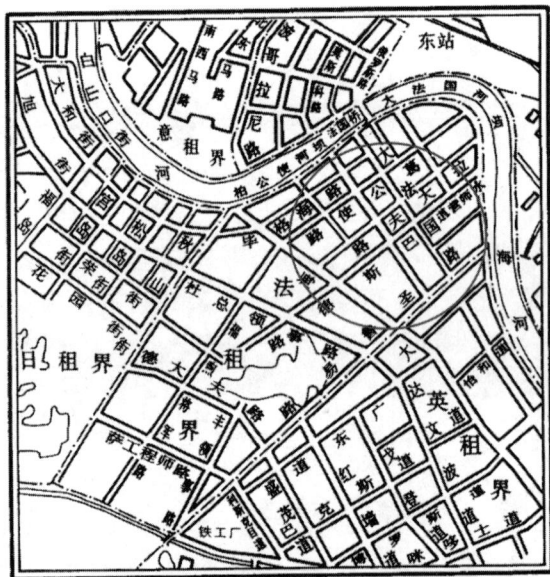

图 5-3　天津法租界内的新金融中心

资料来源：罗澍伟主编：《天津通志·附志·租界》，天津社会科学院出版社 1996 年版，第 44 页。

---

　　① 中国人民银行总行金融研究所编：《近代中国的金融市场》，金融出版社 1989 年版，第 56 页；刘续亨、宣益洄：《历史上的天津"华尔街"》，引自天津市政协文史资料研究委员会编：《天津文史资料选辑》第 75 辑，天津人民出版社 1997 年版，第 85 页。

三、市场行业的竞争

市场经济以自由竞争为准则，各行各业都不得不面临激烈的市场竞争。天津是国际市场，晋商不但要面临国内各大商帮的竞争，还得抵御外国商人的冲击。这里以晋商在天津经营的最有优势的行业——票号业为例来说明晋商在激烈的市场竞争中不断丧失生存空间。山西票号在天津金融市场曾经长期占据主导地位，但面对外国银行以及逐步兴起的华资银行，票号在汇兑市场和借贷市场中的优势逐步丧失，原有市场也不断被蚕食。

自 1880 年英国汇丰银行在天津设立分行以来，天津票号就开始遭遇激烈的市场竞争，"虽以繁埠口如上海、天津皆有江河日下之势，全国金融遂尽操于外国人之手"。① 就具体业务情况来看，天津向上海每年的棉纱汇兑款约为 1 000 万两，外国银行即占 50%，钱庄、银号占 30%，而票庄仅占 20%。② 1897 年通商银行成立后，华资银行和官银号凭借各自所掌握的权力，在汇兑上因利乘便。1911 年左右，各处海关关税都陆续改由大清银行分行汇兑管理，③ 票号在关税领域占据的优越地位进一步被削弱。至 1911 年，天津共有中外银行 14 家，这些银行不仅包揽政府公款汇兑，在工商业汇兑中的业务规模也逐渐扩大。凭借雄厚的资本，银行逐步具备了左右借贷市场的能力，甚至可以操控市场利率，票号渐渐失去对金融市场的控制权。

当然，晋商在天津衰落的原因不止以上三个方面，清末民初晋商经营思想趋于保守，惮于转型革新和投资实业，这些在天津也有非常明显的表现。1902 年天津金融风潮时，袁世凯曾招揽山西票商出资合办天津官银号，晋商没有参与，袁认为"钱号之不足见信于人，也可概见"，④ 便自行从地方筹资，委派周学熙督办官银号。1908 年时任北洋大臣杨士骧又一次想请山西票号出资在津兴办银行，也遭到了票号的拒绝，山西票号由此错失改革良机。在对近代新式工业的扶持中，山西票号也很少参与，而南帮票

① 黄鉴晖：《山西票号史料》（增订本），山西经济出版社 2002 年版，第 373 页。
② 根岸佶编纂：『清國商業綜覽』，東京丸善株式會社，1906 年，412～413 页。
③ 黄鉴晖：《山西票号史料》（增订本），山西经济出版社 2002 年版，第 388 页。
④ 黄鉴晖：《山西票号史料》（增订本），山西经济出版社 2002 年版，第 296 页。

号源丰润、晋益升则分别投资天津万益机器造毡呢有限公司及天津和利地产实业有限公司。在1908年津浦铁路股份的认购中，当行出资1万两，钱行出资2万两，而天津票号业"自称家数甚少，一万亦不易"。[①] 山西票商保守的经营策略虽然可能规避一些风险，但也终结了未来可能的发展路径，难免最终被淘汰的命运。

---

① 黄鉴晖：《山西票号史料》（增订本），山西经济出版社2002年版，第348页。

第六章　晋商与天津其他商帮的比较

在天津由漕运重镇和"畿辅门户"发展到北方商业和贸易中心的过程中，全国各地商人云集天津，天津成为一个很好的考察商帮竞合及其势力消长的地区。除了本书主要探讨的晋商之外，还活跃着直隶、福建、广东、浙江、山东以及天津本地商人，这些区域的商人在天津形成了一定的商业规模，具有各自的经营范围和特点，有的商帮还建立起会馆组织，这些来自全国不同地域的商人既竞争又合作，既具有共性又具有各自鲜明的特性，为推动天津经济社会发展做出了巨大贡献。随着社会变迁，以晋商为代表的传统商帮面临近代化转型的困境，而以天津本地帮、直隶帮和宁波帮为代表的商人群体势力则日益扩大。本章通过对晋商与天津其他商帮进行横向比较，有助于在更加宏大的视野下考察晋商的发展历程，进一步厘清晋商在天津的经营特点和发展脉络。

第一节　晋商与闽粤商的比较

天津的闽粤商人主要来自广东的广州、潮州、汕头以及福建的厦门等地，由于粤东的潮汕地区与福建语言、文化相近，所以早期广东、福建商人大多结伴北行。天津最早的会馆就是由闽粤商人集资于乾隆四年（1739 年）在针市街建立的"闽粤会馆"，这比由山西烟草商人建立的"晋都会馆"还要早 20 多年，会馆的建立往往代表商人群体势力的扩大，这也说明天津闽粤商帮势力的壮大要早于晋商。

清代以前，由于天津的商业贸易规模有限，从闽粤地区至天津走陆路费时费力，走海路则容易遭受海盗的抢劫，闽粤商人赴天津的贸易活动十分有限。清代康熙年间，沿海海盗势力基本被消灭，清政府为了发展南北贸易，鼓励南方商人沿海路北上天津贩运货物，同时给予较大的税收优惠政策。汕头、潮州、福州、厦门等地的商人组成商船队，满载南方各种特产和手工制品在春初乘北风北上，沿福建、浙江、江苏、山东转渤海入海河抵达天津三岔河口一带。待到秋季农历九月以后，商船队又乘季风满载北方的农土特产返回，每年往返一次，赢利颇丰。乾隆年间，商船队数量逐渐增加，闽粤帮在天津的大商号已有 10 余家，小商号也有 30 多家。随着天津商业贸易规模的扩大，闽粤帮中的一部分商人渐渐地由行商变成了坐贾，在天津开设的进出口商贸行、中西药店、五金店、照相馆、洋酒罐头店、南味店等商号达到200 多家，经营范围也扩展至药业、皮革业、制造业、煤矿业等。光绪年间，随着广东买办阶级势力的壮大，由唐绍仪、梁浩如等发起募集广东同乡会，在鼓楼南大街建成广东会馆。

晋商与闽粤商的运输方式存在很大差异，晋商主要依靠畜力进行陆路运输，而闽粤商多以海路运输为主，这主要是由于两地商人所处的不同的地理环境造成的。与陆路运输费时费力相比较，海路运输具有多种优势，运输时间大为缩短。当时由福建厦门满载商货的海船，只需 10 余日即可抵达天津。从广东潮州出发的海船，"春夏之交，南风盛发，扬帆北上，经闽省，出烽火、流江、翱翔乎宁波、上海，然后，穷尽山、花岛，过黑水大洋，游登、莱、关、东，天津间，不过旬有五日耳"。[①] 闽粤商人以船舶为工具，活动范围非常广泛，不但北上天津等地，还往返台湾，更远至东南亚的吕宋岛等地，"以贩海为利薮，视汪洋巨浸如衽席。北至宁波、上海、天津、锦州；南至粤东，对渡台湾，一岁往来数次；外至吕宋、苏禄、实力、噶喇巴"。[②]每至春秋间，南北运河的天津三岔口附近船舶林立，热闹非凡。京汉铁路和津浦铁路相继通车之后，闽粤帮的海商船队逐渐停驶，改乘轮船和火车到天津做生意。[③]

晋商贩运的商品种类与闽粤商有很大不同，晋商多以茶叶、棉布、丝绸、烟草、农产品为大宗，而闽粤商多以南方特产和手工制品为主，这与南

---

① 蓝鼎元：《鹿洲全集·漕粮兼资海运疏》，转引自郭蕴静主编：《天津古代城市发展史》，天津古籍出版社 1989 年版，第 330 页。
② 福建师范大学历史系编：《郑成功史料选编》，福州教育出版社 1982 年版，第 6 页。
③ 王绣舜、张高峰：《天津早期商业中心的掠影》，引自天津市政协文史资料委员会编：《天津文史资料选辑》第 16 辑，天津人民出版社 1981 年版，第 65 页。

方较为发达的手工业有关。两大商帮贩运的货物具有很大的互补性，在市场上相互采购对方货物，贩运回家乡售卖。闽粤海船每年运津的货物种类繁多，以红糖、白糖为大宗，还有缝衣针、铜纽扣、烟筒用具、金箔、银箔、锡制热碗、酒壶、阳江漆贡皮件、象牙雕刻品、玉器、藤织品、瓷器、隔潮大方砖、栲绸云纱、翎羽、鹅毛扇、葵扇、草席、红木及各种木材、茴香及各种香料、橙柑及香蕉等生果以及各种药酒及独门特效药品，如在北京大受欢迎的陈李济苏合丸等。[1] 闽粤商积极采购北方各种农土特产品，待秋后返航时运回南方销售，采购物品以北方的核桃、红枣、黑枣、瓜子、杏仁、豆麦、药材等为主，其中以红枣、乌枣为大宗。这些货物大多来自天津本地及其周边的山西省、河北省、河南省及西北地区的广大农村，大豆、花生产于平原，核桃等来自太行山区，药材则来自河南、东北、甘肃、新疆等地。天津成为南北货物交流的重要枢纽，甚至出现了北方货物依靠南方商帮收购的局面，"南方货物不至，北方之枣豆难消，物情殊多未便"。[2] 由于闽粤沿海与外商接触较多，嘉庆、道光年间，南来的闽粤海船还载有外国产品运抵天津销售。天津北门外和东门外的洋货街就是专门贩卖这些洋货的市场。同治年间闽粤商人开设的洋货栈商号已达43家。[3]

天津早期的买办绝大多数是广东人，闽粤商也积极地参与到近代天津工业化的浪潮中，而晋商在这些方面与闽粤商存在鲜明的差异。买办是依附于外国商行的贸易中介人，也是洋行在中国的代理人。天津早期买办由地处遥远的广东人来充当，与清代对外贸易政策以及买办的起源有很大关系。乾隆二十二年（1757年），乾隆皇帝下令关闭江海关、浙海关和闽海关，只保留粤海关，广州成为中国当时南方唯一通商口岸，中国也由此从"四口通商"进入"一口通商"时代，这样的贸易状况一直持续到鸦片战争之后，历时80余年。外国行商到广州全凭具有掮客性质的"十三行"商人代为介绍买卖，随后外国商人由行商改为洋行，便雇用"十三行"商人充当买办，各地洋行也都是先由广东人充当买办。可见，广东人凭借粤海关一口通商的优

---

① 杨仲绰：《天津"广帮"略记》，引自天津市政协文史资料委员会编：《天津文史资料选辑》第27辑，天津人民出版社1984年版，第45～46页。

② 《陶文毅公全集》卷八《筹议海运折子》，转引自姚洪卓主编：《近代天津对外贸易（1861－1948）》，天津社会科学院出版社1993年版，第5页。

③ 宋美云：《试析清代闽粤潮商人与天津商业贸易的发展》，引自杜经国主编：《潮学研究》第10辑，花城出版社2002年版，第77页。

势而能在早期买办中占据主体地位，这是由清代中期国家的贸易政策决定的。洋行为了便于在中国开展业务还培养买办人才，早在鸦片战争英国占据香港之后就设立了皇仁书院，培养通英语、谙洋务的人才，不少洋行买办就产生于此。天津开埠之后外国洋行大量进入，1863 年洋轮直达天津，英国怡和洋行、太古洋行最先利用买办在天津推广业务，买办势力由此在天津崛起。在各帮买办中，广帮买办实力最强，其代表人物为怡和洋行买办梁炎卿和太古洋行买办郑翼之。在 1912 年修建广东会馆时，梁炎卿个人就捐银6 000 两，[①] 可见其财力之大。清末民初是天津近代工业迅速兴起的时期，天津闽粤商人特别是广东商人积极投资开发实业，在煤矿业、铁器制造业、纺织业、农垦业、露酒业等行业均有所涉及。煤矿业中，粤商对煤矿业的参与在历史上影响最大的是开平矿务局，开平煤炭主要供应轮船招商局和天津机器局，同时也大量销售到国内市场，获利甚丰，到 19 世纪末时总资产已近 600 万两。铁器制造业中，旅津粤商经营德泰、建安等商号。纺织业中，张公执在法租界创办华北绫租公司。农垦业中，由郑翼之、曹家祥于 1908年创办福星垦务公司，总号在天津河北新马路，并在静海县设分号，资本达到 77 万元。露酒业中，粤商在津创办的露酒业商号有广兴居、广茂居、永利盛。

第二节　晋商与甬商的比较

宁波商人也称为甬商，泛指清代浙江省宁波府下辖鄞县、镇海、慈溪、奉化、象山、定海六县在外地的商人群体。宁波商帮大约开始形成于明朝末年，崇祯年间北京就已经建立了鄞县会馆。五口通商以后，宁波商帮开始崛起，在第一次世界大战期间及以后趋于鼎盛。宁波商人足迹遍及全国各地，上海、天津、汉口是他们最为活跃的地方。宁波商帮是近代我国新式商人的主要代表，也是新兴民族资产阶级的主体之一，在我国近代经济社会发展中发挥了十分重要的作用。德国著名地质学家李希霍芬曾经评论道："宁波人

---

① 许檀：《清代河南、山东等省商人会馆碑刻资料选辑》，天津古籍出版社 2013 年版，第402 页。

在上海的影响是很惊人的，……上海的宁波人共计约有 40 000 人，几乎都生活在这座欧式的城市里。上海人似乎根本就比不上宁波人。"①

宁波在唐宋时期称为明州，当时的宁波商人就已经活跃在沿海地区。明代嘉靖年间，宁波曾经被指定为外国进贡的唯一口岸，宁波人从事航海经商在明朝就已经蔚然成风。漕运的兴起为宁波商人北上提供了机遇，漕运允许夹带私货又带动了宁波人在运河沿线的贸易活动，浙江地区的药材、木材、丝绸等土特产品也随着漕运大量运往天津，由天津再转运至京城。

由于地理位置的原因，宁波商与闽粤商比较类似，都属于"海商"，依赖的运输工具主要是帆船，这与晋商所长期依赖的骆驼、马骡存在很大差异。宁波商人早期从事的主要是沿河或沿海南北货物贸易，每艘船的载重量大约为七八十吨，这些船被称为"北头船"，经营北头船的商号被称为"北号"，北头船一般以 6 艘为一小队、10 艘为一大队，抵达天津时停泊在紫竹林码头。宁波帮与闽粤帮一样，春来冬返，由海路运河往来于宁波、上海和天津之间，每年春季装载茶叶、毛竹、锡箔、长屏纸、绍兴酒、温州明矾、福建杉木、江西瓷器等南方特产从宁波启航北行，这些货物一部分来自宁波本地，另一部分来自由宁波转口的货物。船队到达上海后，再装上粮食及日用工业品，然后直抵天津。冬季南返时，也和闽粤商一样，从天津带回药材、核桃、红枣、瓜子、五加皮酒等北方货物。沿途经过山东、奉天（今辽宁）各口岸时，再装上当地一些货物，如高粱酒、粉丝、豆油、豆饼、花生等。返回经过上海时，先卖出一部分北货，再装上上海当地日用品返回宁波。

宁波商人在天津经营的商业种类繁多，也在诸多领域投资实业，甚至超过闽粤商人，这是晋商无法比拟的。宁波商人在天津不仅经营钱庄、银号、票号等金融业，还广泛经营药材、成衣、海味、木器家具、绸缎呢绒、钟表眼镜、金银首饰等商业。

在晋商垄断的天津票号业领域中，唯一的一家非山西籍票号就是由宁波大商人严信厚开办的源丰润票号，总号设于上海，在天津和江南各省均设有分号。由于严信厚善于经营，在清末官场人脉又较广，源丰润票号盛极一

---

① 费迪南德·冯·李希霍芬著，E. 蒂森选编，李岩、王彦会译：《李希霍芬中国旅行日记》，商务印书馆 2016 年版，第 445 页。

时，是南帮票号的主要代表。宁波商人在天津还积极投资经营新式银行业和保险业，这都是晋商鲜有涉足的领域。宁波商人童今吾于1919年、1920年、1926年分别发起成立了东陆银行、明华银行和中国垦业银行，上海钱业公会会长宁波人秦润卿还曾经担任过中国垦业银行的董事长兼总经理。天津华商保险公司最早是由宁波商人开办的华兴、华安保险公司。宁波商人在天津投资的实业主要有航运业、木材业、机器打包业、棉花运销业和颜料业等。航运业是宁波商人的优势行业，宁波巨商虞洽卿经营的三北轮船公司在天津设立有分公司，船王董浩云所在的天津航运公司轮船曾远航世界各国，天津宁波籍买办刘显哉曾以股东身份介入虞洽卿、严信厚、朱葆三创办的宁绍轮船公司和朱葆三主办的舟山轮船公司。

天津宁波帮买办继广东帮之后兴起，在天津占有较大势力，号称近代天津"四大买办"之一的就是宁波鄞县人王铭槐，宁波帮与闽粤帮的一个较大差异是其在上海的势力庞大，这是其他商帮无法比拟的。清代中期之前的"四口通商"时代，浙海关就位于宁波，因此宁波人与外商接触素有传统。民国《定海县志》记载，定海县旅外之侨商"充任洋行之买办所谓康白度者，当以邑人为首屈一指"。[1] 除了前文中谈到的南帮源丰润票号创始人严信厚，还有很多宁波人在天津充当洋行买办。宁波镇海人叶澄衷在上海创办老顺记五金号，于1878年在天津设立分号，王铭槐曾经担任老顺记分号副理，此后有多名宁波商人从天津老顺记离开自行接办洋行买办，老顺记天津分号成为孕育洋行买办的基地。[2] 宁波镇海人严蕉铭于1882年来天津，历任顺金隆、禅臣、绵华、立兴等洋行买办。王铭槐先后任德商泰来洋行、华俄道胜银行、德商礼和洋行买办，在天津势力极大，王家子孙相继接任买办，有"三代买办"之称。庚子事变后，随着天津半殖民地化的程度不断加深，天津宁波帮买办的势力更加壮大，宁波人徐企生、陈协中在离开老顺记之后，徐企生接任荷商恒丰洋行买办，陈协中接任德商逸信洋行买办。此外，德商美最时洋行买办杜宪章、华顺洋行买办吴荫庭、怡和洋行买办陈吟漱、永丰洋行买办王品南、禅臣洋行买办周宝琰、法商永兴洋行买办严逸

---

① 舟山市政协文史和学习委等编：《舟山文史资料》第7辑，文津出版社2001年版，第145页。

② 张章翔：《在天津的"宁波帮"》，引自天津市政协文史资料委员会编：《天津文史资料选辑》第27辑，天津人民出版社1984年版，第72页。

文、德商天利洋行买办李炳志等都是宁波人。①

官商结合是天津宁波商帮的重要特点，这与晋商非常相似。清代浙江人在天津的官员很多，宁波商人借助浙江籍官员特别是宁波籍官员的力量在商场左右逢源。天津很多宁波籍买办都与朝廷大臣联系紧密，特别是与李鸿章的引荐有关，天津著名商人王铭槐就是在李鸿章的推荐下接任华俄道胜银行买办的。

第三节　晋商与津冀商的比较

在天津各大商帮中，由于地理位置的原因，天津本地商人和天津周边的直隶（今河北）商人占有很大优势，这与近代上海的商业金融市场中宁波帮占有很大势力是一致的，都是由于地理位置比较接近的缘故。这种"地利"上的优势是其他商帮无法比拟的，受战乱、灾害等外力冲击影响，客帮可能很快就会从天津市场撤回本乡，津冀商人则由于本土优势而能很快恢复和发展。"庚子事变"后，山西票号从天津短暂撤庄，天津本地帮银号迅速崛起就说明了这点。

天津本地商人由于地利优势长期在天津商业领域具有一定影响力，咸丰年间开始流传的"天津八大家"中有四家就是世居天津的商人家族，比如天成号韩家、土城刘家、振德黄家、益照临张家，韩家主营海船运输业，刘家依靠粮食业起家，黄家和张家都是著名盐商，其他几个商人家族也都是早在明代就迁居天津。② 在天津本地商人中，天津西部的杨柳青商人非常具有代表性。杨柳青商人的兴起与光绪初年左宗棠西征有紧密联系，当时杨柳青人随军做买卖，俗称"赶大营"。他们从小商小贩发展到行商坐贾，经营范围从日用百货扩大到金融汇兑、农业牧业、仓储运输、远程贸易和餐饮服务等各个方面，在新疆各地最多时达到四五万人，成为新疆最具经济实力和社

---

① 张章翔：《在天津的"宁波帮"》，引自天津市政协文史资料委员会编：《天津文史资料选辑》第27辑，天津人民出版社1984年版，第77页。
② 辛成章：《天津"八大家"》，引自天津市政协文史资料研究委员会编：《天津文史资料选辑》第20辑，天津人民出版社1982年版，第44~51页。

会地位的商帮。① 清代《新疆图志》评价天津商人，"津人植基最先，故根本深固，分枝遍南北疆"。② 津商在天津的字号同盛和、永裕德、公聚成、复泉涌、聚兴永、德恒泰、新盛和、升聚永等商号资金雄厚、商品齐全，被誉为"津商八大家"，在新疆各主要城镇均设立分号，在天津、北京、上海等地设外庄。津商促进了内陆与新疆的商贸往来，成为新疆经济社会发展的一支重要力量，对沿线地区也有一定的辐射作用。20 世纪 30 年代末，津商因新疆政局混乱而逐渐衰落。需要注意的是，晋商和津商在新疆地区的商业活动合作多于竞争，对此在新疆非常活跃的俄国商人早有考察，中国商人善于合伙、合股的经营方式能够与欧美的托拉斯企业相媲美，"汉族人则特别喜欢联合行事，特别喜欢各种形式的合股。……在贸易方面也是如此，从很久远时起就出现了大批的商行，有些商行掌握了整省整省的贸易，甚至是整个大区的贸易，其办法就是把某一地区的所有商人都招来入股，因此，在中国早已有了现代美国托拉斯式企业的成熟样板。当前在中国西部地区活动的主要是山西和天津的商行，他们之间毫无疑问是相互协商行事的，因为竞争现象并不显眼。此外，即便是一些单个的企业也大都合伙经营"。③

晋商与津商最具可比性的领域之一就是金融业，从天津钱业的发展变迁中也可以看出商帮势力的消长与帮派利益的固化。金融业是两个商帮都长期经营的行业，津商在金融业中一直占据一定势力，"庚子事变"之前晋帮票号在天津金融市场中占据统治地位，但由于在"庚子事变"中山西票号暂时撤庄而势力受损，天津本地帮银号乘势兴起。"庚子事变"之前的国内埠际贸易资金结算虽然被山西票号控制，天津埠内的资金结算则被天津本地帮大银号掌控。"庚子事变"之前，津帮银号在天津金融市场的地位远不如山西票号，票号控制着天津近 30% 的现银供给，很多银号需要借助票号周转资金，但由于票号属于客帮而无法加入钱业公会。山西票号在庚子变乱中损失惨重，经营转为保守，大规模收撤资金，其优势地位逐渐被外国银行和津帮银号取代。

---

① 张利民：《1875 至 1930 年代天津杨柳青人在新疆经商述评》，载于《经济社会史评论》2018 年第 4 期。

② 王树枏纂修，朱玉麒整理：《新疆图志（上）》卷 29《实业二》，上海古籍出版社 2015 年版，第 579 页。

③ 尼·维·鲍戈雅夫连斯基《长城外的中西部地区》第 26 章，转引自张正明主编：《明清晋商商业资料选编》，山西经济出版社 2016 年版，第 425 页。

　　清末民初时期，山西票号在天津逐渐衰落，而天津钱庄业则进入鼎盛发展时期。天津钱业内部帮派林立，主要由津帮、京冀帮、山西帮三派组成，"帮派的结合以股东或经理人的籍贯或出身为准，其作用是业务上互相的联系和支援。钱庄经理掌握业务大权，所以经理接近哪个帮，这家钱庄就归属哪个帮"。[①] 津帮银号历史悠久，家数众多，存放款数额大，在钱业中占据主导地位，在资助工商企业发展方面也发挥了重要作用。如津帮晋丰银号经常向庆生棉纱庄贷款，数额达到40万~80万元，该棉纱庄长期购进北洋纱厂、裕元纱厂生产的棉纱，晋丰银号给予大额贷款支持了民族工业的发展。北京以及河北南宫、深县、冀县人经营的银号，统称京帮或京冀帮，也占有一定的地位。山东、河南、东北帮银号以汇兑业务为主，在天津钱业中势力较小。日军占领天津之前，天津银号有140多家，其中津帮约占60%，京冀帮约占30%，山西帮仅占10%。[②] 津帮银号因占据地缘优势，长期控制钱业公会的领导权，但其经营思想较为保守，与客帮银号联系较少，甚至排斥客帮银号加入公会。民国时期钱业公会常委范雅林就曾坚决拒绝外帮银号入会，"公会是我们天津老字号组成的，绝不能叫外帮加入"。[③] 钱业公会会员具有明显的排他特征，入会条件非常苛刻，只有津帮大银号才有资格入会，津帮小银号也没有资格。直到1933年，在客帮银号与津帮银号的斗争下，钱业公会才允许客帮银号加入。[④] 1935年，钱业公会会员银号共47家，仅占全部银号的30%。其中，津帮占绝大多数，共37家，京帮有9家，而山西帮仅有1家。[⑤]

　　近代天津的洋行买办除了广东人和宁波人之外，就是天津本地人。天津开埠通商以后，随着洋行大量进入天津，外国商人也就地培植了许多买办。开埠初期，天津本地旧式商人对买办非常歧视，不屑于从事这一行业，洋行也只能在内部挑选。津帮买办与粤帮和甬帮不同，他们大多没有显赫的背

　　① 杨固之、谈在唐、张章翔：《天津钱业史略》，引自天津市政协文史资料研究委员会编：《天津文史资料选辑》第20辑，天津人民出版社1982年版，第112页。
　　② 刘嘉琛：《解放前天津钱业析述》，引自天津市政协文史资料委员会编：《天津文史资料选辑》第20辑，天津人民出版社1982年版，第164页。
　　③ 刘信之、曹雅斋：《天津钱业琐记》，引自天津市政协文史资料委员会编：《天津文史资料选辑》第106辑，天津人民出版社2005年版，第67页。
　　④ 杨固之、谈在唐、张章翔：《天津钱业史略》，引自天津市政协文史资料研究委员会编：《天津文史资料选辑》第20辑，天津人民出版社1982年版，第153页。
　　⑤ 王子建、赵履谦：《天津之银号》，河北省立法商学院研究室1936年版，第58~59页。

景，与朝廷官僚也没有多少关系，而是依靠地缘优势和自身努力起家，不少买办都是从洋行底层员工开始。比如津帮代表人物李辅臣是天津号称"四大洋行"之一的英商仁记洋行大买办，早期在仁记洋行做杂活，后来做会计，一步一步升迁而成为帮办，被仁记倚重，号称"仁记李"。① 美最时洋行买办王桂山早年是该行德国经理的厨师。随着买办收入的增多，越来越多的天津本地绅商和知识分子，尤其是新式学校的毕业生纷纷加入买办行列，如德商兴隆洋行的高少州、荷商恒丰洋行的总买办徐楚泉、德商礼和洋行的高渤海等。②

冀商与津商一样，从地理位置而言是最接近天津的，也是占有很大的地理优势，津商从大的地理范围来看本身也属于冀商。虽然冀商无法与晋商、徽商、甬商等大型商帮媲美，但也是曾经活跃在历史舞台的一大商帮。河北境内以县域为单位还形成了不同的商人团体，比如"老呔帮""冀州帮""张库帮""武安帮""高阳帮"等商帮就曾活跃在清末民初的商业经济舞台上。

冀商兴起于清朝，活跃在京津地区和东北一带，清代康乾盛世的出现为商品经济的发展创造了良好的环境，天津地处南北交通要道，也成为经济发展聚集地，吸引全国各地的商户入津经商，冀州商人也纷纷入津发展。河北辛集的皮毛和棉花商人盛极一时，这些货物主要在天津转口，设立在天津的源记棉站、全聚棉站、大同棉站的东家均为辛集人。河北祁州（今安国）的药材经销十分发达，清代是长江以北最大的药材集散市场。抗战爆发后，祁州药材商号大部分迁往天津，推动了天津药材市场的发展。当时天津的针市街、估衣街、西关弯子、河北关上、北门里等一带的药材店铺多为祁州人经营，被称为"祁州药市街"。天津不少驰名中外的老字号品牌都是由冀商开创经营的，比如素有天津食品"三绝"的"狗不理包子""耳朵眼炸糕""十八街麻花"的创始人高贵友、刘万春、范桂林都是河北人。天津"同升和"鞋帽店经理是河北衡水人李溪涛。著名品牌"金鸡鞋油"的创立者是冀州人傅秀山。由于地理位置接近，历史上大量河北人迁居天津，比如天津的东北角、聂公祠、侯家后、三条石

---

① 万新平主编：《天津近代历史人物传略》（三），天津人民出版社 2017 年版，第 107 页。
② 庞玉洁：《天津开埠初期的洋行与买办》，载于《天津师范大学学报（社会科学版）》1998年第 2 期。

等地就居住着许多河北人，大量的河北人逐渐影响了天津的风俗习惯和饮食文化。20 世纪二三十年代，由军阀混战而导致社会动荡，河北是军阀混战的主战场，给包括冀商在内的各商帮都带来重大损失。1931 年"九一八"事变发生后，日军侵占东北三省，又阻断了冀商向东北的销售通道，此后冀商逐渐衰落。

第四节 晋商与鲁商的比较

在天津的山东商人也是占有很大的地理优势，从地理位置上看，除天津周边的河北各县市之外，山东是距离天津最近的省份。京杭大运河贯穿山东、河北和天津，成为一条天然的沟通津鲁两地的商业贸易通道。凭借地理上的便利和天津商业的发展，山东人在天津的移民不断增多，活动范围和经营领域日益扩展，商人阶层经济实力逐渐增强，成为清末民国时期天津非常活跃的商帮。鲁商在天津经营的商业领域主要有粮栈业、绸缎布业、日用杂货业等，还积极投身天津的近代工业。

山东北部与天津通过运河和海路连接，交通极为便捷。清代光绪年间，山东德州商人就已经非常活跃，往来于津鲁之间，从事商品交换，"洋线由天津水运至州境行销，岁计 1 200 件，内转山东内地者 900 件。洋油由天津水运至州境行销，岁计 16 万箱，内转山东内地者 15 万箱。洋布自天津水运至州境行销，岁计 900 匹，内转邻近各地者 500 匹。洋纸自天津水运至州境行销，岁计值银 500 两。杂色洋货自天津水运至州境行销，岁计值银 5 800 两"。① 山东物产丰富，各地种植的瓜果花木尤为著名。肥城县的水蜜桃属于桃中珍品，乐陵县的金丝小枣、无核小枣，聊城县、博平县的胶枣，益都县的核桃，青州府的银瓜，莱阳县的鸭梨以及其他各县的苹果等瓜果都行销全国，誉满中外。沂蒙山区的柞树和柞蚕也作为特产而大面积种植和放养。山东商河、掖县、平度、昌邑、寿阳、阳信等县的草帽辫，由商贩或辫庄在当地收集后，用船运送到潍县，再由潍县运往天津或青岛销售。山东西部的

---

① 《德州乡土志·商务》，光绪年间抄本，转引自王静：《近代旅津山东商人研究》，天津社会科学院出版社 2012 年版，第 38 页。

草帽辫则先集运到济南，再由济南转运天津等地。到 20 世纪 30 年代，山东成为天津羊毛市场的主要来源地区。1933 年周村年收羊毛量为 40 万斤，全部经由津浦线由济南输入天津。博山、临清、东平、泰安、蒙阴和沂州年收羊毛量共为 260 万斤，除 30 万斤经青岛出口外，其余 230 万斤全部由天津港转运。这些农牧土特产品基本上都集种（养）植、收购、运销于一体，山东之外的商帮很少能够介入，基本上都为鲁商经营，这是鲁商能够在天津开展商品贸易的基础。

绸缎布业是鲁商经营的代表性行业，这个行业晋商早期经营的规模很大，比如著名的山西票号"蔚字五联号"在转型成票号之前大多从事绸缎布业，在票号业兴盛之后，之前经营的这些绸缎布匹行业规模却萎缩了。而与此相反，鲁商经营的绸缎布业稳步发展，势力逐步扩大。山东孟氏家族开设的"祥"字号绸缎布店规模很大，如瑞林祥、瑞生祥、瑞增祥、庆祥、谦祥益、益和祥、隆祥、瑞蚨祥等，统称为"八大祥"。近代鲁商著名代表人物孟洛川经营的瑞蚨祥于 1871 年在天津设立分号，称为"瑞蚨祥鸿记"，前柜主营绸缎、布匹销售，后柜兼营棉布、棉纱批发和存放款业务，此后经营规模不断扩大，1908 年在锅店街开设鸿记门市部，1921 年又在估衣街东口开设西号，1932 年在估衣街西口开设瑞蚨祥庆记，总资产达到百万两以上，从业人数约 200 余人。[①] 登州、莱州、青州商人则多经营饭馆，如北大关、北马路则有四全楼、东坊楼、同聚楼等。山东商人经营的商店还有泉祥鸿茶叶店、大丰皮货庄、天胜酱肉店等。

鲁商还积极参与近代天津民族工业发展，其中比较具有代表性的有毛纺织业和制帽业。天津开埠之后，外国毛纺织品大量涌入，长期垄断市场。直到 20 世纪 30 年代，天津民族毛纺织工业才开始建立，鲁商便参与其中。山东益都人宋棐卿于 1932 年创立了天津东亚毛呢纺织公司，与外国毛纺公司展开激烈的市场竞争，生产的"抵羊"牌毛纺产品深受全国人民喜爱，销售网络遍及全国。东亚公司在天津毛纺织业中占据龙头地位，1936～1940 年，东亚公司毛线年产量最高时约达 154 万磅，而 1939 年全天津四家毛纺厂的编织毛线总生产量为 200 万磅。[②] 1911 年，山东掖县人刘锡三在天津创

① 王静：《近代旅津山东商人研究》，天津社会科学院出版社 2012 年版，第 59～60 页。
② 李洛之、聂汤谷编著：《天津的经济地位》，经济部冀热察绥区特派员办公处结束办事处驻津办事分处 1948 年版，第 167 页。

办的盛锡福帽店是我国近代制帽工业开办最早的厂家。刘锡三家境贫寒，早年在天津洋行当练习生，学习草帽辫业务，后来自己创业，开设草帽辫厂。刘锡三善于经营，锐意改革，从外国进口全套电力制帽设备，自设漂白车间，成为当时全国第一家机械制帽厂。到 20 世纪 30 年代，盛锡福已经形成了从国内到国外、遍及欧亚的营销网络，成为北方帽业巨擘。天津《大公报》长期刊登盛锡福帽店的广告。

　　与晋商相比，鲁商进入天津的时间比较晚，大约在清末同治光绪年间，前期实力较弱，经营的业务领域较多，较少涉及金融业，但两个商帮在天津的发展趋势却呈现出较大差异。"庚子事变"和辛亥革命之后，晋商在天津的势力不断衰落，而鲁商的势力却不断壮大。20 世纪二三十年代是鲁商在天津商业活动范围不断扩大的时期，1933 年山东商人在原登莱旅津同乡会的基础上成立了山东旅津同乡会，这说明鲁商已经具有相当的势力。天津的山东商人经过长期经营，到了 20 世纪三四十年代逐渐在天津商业市场中占据优势，影响力甚至超越晋商，"近十余年来，山东帮力图发展，业务益臻繁荣。并以交通较为便捷，其在市场上之地位，竟驾山西帮而上之"。①

第五节　晋商与天津的各地商帮

　　通过上文对晋商与天津各地商帮的比较分析可以看出，明清以来我国主要商帮在天津的经济发展历史中都较为活跃，但在不同的历史时期，各商帮势力存在明显的消长关系。本节以晋商为中心，从宏观角度对天津各地商帮进行横向对比和纵向梳理，以期揭示晋商在天津不同历史时期的经营特点和兴衰沉浮。

　　天津的各地商帮如果按照地缘来划分可以分为"本地帮"和"外地帮"，"本地帮"就是天津本地商帮，由于天津地处河北，冀商具有很大的地缘优势，也可以将冀商列入本地帮的范围。"外地帮"就是津冀之外的其

---

　　①　天津市地方志编修委员会办公室、天津图书馆编：《〈益世报〉天津资料点校汇编》（三），天津社会科学院出版社 1999 年版，第 553 页。

他省份进入天津的商帮，主要包括晋商、闽粤商、甬商、鲁商等。大致而言，天津各地商帮的发展整体上呈现出"先客后主"的特征，即早期以晋商为代表的外地帮势力占据主导地位，民国之后以津冀帮为代表的本地帮势力逐渐居于优势地位。

开埠之前，天津就凭借其显著的地理优势和较为完善的水运交通环境而成为华北地区重要的货物集散中心。以转运贸易为主要特征的天津传统商业吸引了四方众多的外地商帮云集天津，其中以闽粤帮、浙江帮和山西帮势力最大。闽粤帮和浙江帮以水运方式经营南北商货贸易，而山西商人则以陆运方式参与天津的商业贸易。山西商人以经营长芦盐业在天津兴起，后来又经营烟草、颜料、杂货等行业。清代中后期，晋商经营重心逐渐转向金融行业，在天津开设印局、账局、典当等金融机构，并在道光初年之后开设票号，控制了天津的金融市场，天津是晋商在华北地区票号业务的最重要的中心城市之一。民国之后，尤其是进入 20 世纪 30 年代，曾经在天津占有较大势力的晋商、闽粤商、甬商等商帮影响力逐渐缩小，而依赖地缘优势的津商、冀商、鲁商乘势兴起，在天津商业金融领域影响力不断扩张。

1936 年 12 月天津商会曾经对各同业公会会员做过一次较为详细的调查，包括当时各商号经理人的籍贯等情况，为审视各商帮在天津的经营内容、势力范围和兴衰更替提供了很好的资料支撑（见表 6-1）。资本家与经理人不一定来自同一商帮，但一般都会有比较密切的关系，有的商号资本家本身就是经理人。资本家虽然是商号的出资人和股东，但商号日常经营管理都是由经理人一手掌控，"中国商人几乎大多数是由掌柜的（支配人）进行买卖，而东家（资本家）自身不进行营业"。[①] 商号伙计都由经理人招用和提拔，伙计与经理人也大多都是同乡人。如果以经理人来衡量各商号的商帮属性，可以看出在天津的各行业中存在较为明显的同籍商人积聚现象，即某一行业一般都是由某一商帮主导。

---

① 中国驻屯军司令部编，侯振彤译：《二十世纪初的天津概况》，天津人民出版社 1986 年版，第 252 页。

表 6 – 1　　　　　**1936 年天津各同业公会会员经理人籍贯统计**

同业公会名称	经理人籍贯
银行业	以浙江、江苏、河北人为主
钱业	津商占据垄断地位
保险业	以南方帮为主
典业	晋商占垄断地位，多为介休、灵石人
金银首饰业	津商占据垄断地位，冀商次之
电料业	以津商、冀商为主
五金业	以津商、冀商为主
三津磨房业	津商占据垄断地位
米业	津商占据垄断地位，冀鲁商次之
自行车	以津商、冀商为主，多为河北任邱人
线类业（棉织品）	以津商、冀商为主
木业	津商占据垄断地位
门市布业	津商占据垄断地位
皮革业	以津商为主，冀鲁商次之
皮货业	以津商、鲁商为主
货栈业	以鲁商、冀商为主。山西人 1 家，忻县人李良师经营"荣裕栈"
肠业	以津商、冀商为主
轮船业	以津商、浙商、鲁商为主
汽车业	津商占据垄断地位
绸布棉纱呢绒业	津商占据垄断地位
棉业	冀商、津商占据垄断地位。山西人 2 家，灵石人杨寿山经营"同利栈"；平阳人郭磐庵任中国实业公司副理
西药业	以甬商为主，冀商次之
海货业	津商占据垄断地位
转运业	以冀商、津商为主，河北滦县人居多
茶叶	以津商、冀商为主
烧酒	津商占据垄断地位
报馆业	津商占据垄断地位

同业公会名称	经理人籍贯
房产业	津商占据垄断地位
织染业	以冀商为主，来自河北多县
地毯业	以冀商为主，来自河北多县
染业	以冀商为主，山西平定人次之
灰煤业	以津商为主，冀商次之。山西人1家，洪洞人申础亭在通成工厂任主任
炭业	全部为津商
卷烟业	以津商为主，浙商、甬商、鲁商、冀商次之
磁业	以津商、冀商为主，河北冀县人居多。山西人1家，王雨婷经营"逸宝斋"
干鲜果品业	以津商为主，冀商次之
闽粤杂货采办批发业	以粤商为主，广东澄海人居多
洋广货业	以津商为主，冀商次之
杂货糖业	津商占据垄断地位
姜业	以津商为主。山西人1家，太原人王永昌经营"兴立德"
眼镜业	以冀商为主
烟业	以冀商为主，河北深县人居多。山西人1家，临汾人褚范生经营"中和隆记"
旅栈业	以津商为主，冀商次之
报关业	以津商为主，鲁商次之
酱园业	以津商为主，冀商、鲁商次之
药材	以津商为主，冀商次之
绳麻业	以冀商为主，河北安邑人居多
胶皮车业	以津商为主，冀商次之
肥料业	以鲁商为主
纸业	以津商为主，冀商次之。山西人1家，在"敬记"任副理
鞋业	津商占据垄断地位
帽业	津商占据垄断地位
衣业	津商占据垄断地位

续表

同业公会名称	经理人籍贯
玻璃镜业	以冀商为主，河北冀县人居多
油漆颜料业	以晋商为主，山西汾阳人居多，冀商次之
胰皂化妆品业	以津商、冀商为主。山西人1家，董席珍经营"大中"号
糖果业	以冀商为主，津商次之，河北香河人居多
菜业	全部为津商
猪肉业	以津商、鲁商为主，河北长清人居多
南纸书业	以冀商为主，河北冀县人居多
糕点业	以津商、鲁商为主
饭馆业	以津商、鲁商为主
汽水业	以津商为主
戏园业	津商占据垄断地位
澡塘业	以冀商为主，津商次之，河北定兴人居多

资料来源：根据以下资料整理：天津市档案馆、天津社科院历史研究所等编：《天津商会档案汇编（1928~1937)》（上），天津人民出版社1996年版，第288~407页。

从表6-1可以看出，在1936年也就是日军占领天津之前，在大多数行业门类中，津商和冀商都占主体地位。很多行业几乎完全为津商垄断，比如钱业、磨坊业、米业、木业、门市布业、汽车业、绸缎棉纱业、海货业、烧酒业、报馆业、房产业、杂货糖业、鞋业、衣业、菜业等，这些行业主要与民众的日常生活和饮食起居有关。冀商的势力仅次于津商，从行业范围来看几乎"无孔不入"，几乎每个行业都有参与，在很多行业中都居于垄断地位，比如货栈业、棉业、地毯业、染业、眼镜业、烟业、绳麻业、玻璃镜业、糖果业、南纸书业、澡塘业等。而晋商在天津的商业势力已经大为缩小，只在典业和油漆颜料业两个行业中依然占据垄断地位，在有些行业有所涉及，但数量很少，比如货栈业、棉业、灰煤业、磁业、姜业、纸业、胰皂化妆品业等。而在前期晋商势力很大的茶叶、烟草等行业中已经几乎看不到晋商的身影。商帮的势力消长在银号业也表现得很明显，由表6-2可见，河北帮银号在20世纪三四十年代急速发展，由1935年的4家，增加到1937年底的15家，1940年猛增至45家，这主要是由于抗日战争爆发后河北大量资本家向天津迁移的结果。津帮银号虽然在 1937 年减少了一些，但总体保持稳定。京帮银号数量锐减，由 1935 年的 33 家减少至 1940 年的 12 家，缩减近 60%。晋帮银号数量总体保持稳定，到 1940 年时还有增加。

表 6 – 2　　　　　　20 世纪三四十年代天津各帮银号势力消长

不同商帮	1935 年	1937 年底	1940 年
津帮	81	52	80
京帮	33	37	12
冀帮	4	15	45
晋帮	11	11	14
鲁帮	5	7	4

資料来源：根据以下资料整理：林地焕：《清末民初天津金融市场的帮派》，载于《城市史研究》2000 年第 Z1 期。

天津各商帮之间的竞争是毋庸置疑的，这些竞争不但表现在商人活动的商业、贸易和金融领域，也表现在代表商人利益的同业组织中。晋商在天津颜料行业的势力长期以来居于主导地位，颜料同业公会的办公地点长时期位于山西会馆内，颜料公会的会长也长时期是由山西人担任，但这种状况在 1947 年发生了一些变化。当时上海颜料界有人提出将"颜料"改为"染料"，由此同业组织名称也应当由"颜料公会"改为"染料公会"，表面上看起来是变更名称，实际上是颜料行业内部各帮势力的角逐。在天津，以河北帮玉兴泰颜料行经理叶文楼为首，联合十几家同业向天津社会局申请变更颜料公会名称。国民政府社会部最终选择了折中的方案，将颜料公会拆分为两个公会，即颜料公会和染料公会，天津颜料公会会长仍为山西人赵遂初，而染料公会会长则由河北帮叶文楼担任。[①] 这场"闹剧"表面上看起来是文字之争，实际上是天津颜料行业中新兴的冀帮势力向传统的晋帮势力的挑战。

天津各大商帮之间虽然存在竞争，但是相互之间也存在较为明显的商业

---

① 陈福康：《天津解放前颜料行业概况》，引自全国政协文史资料委员会编：《文史资料存稿选编》经济（上），中国文史出版社 2002 年版，第 880 页。

势力范围，除非发生较大的外部冲击和内部动荡，否则商业势力范围是较为稳固的，"当地的商人，各自有着特定的主顾，守卫着自己和他人的那个势力范围，互相不加侵犯"。① 在天津的商业金融市场中，在很多行业内，某一商帮的势力一直占据较为稳固甚至垄断的地位，比如晋商经营的典当业、票号业和颜料业，鲁商经营的货栈业和饭馆业，粤商和甬商经营的南货业等。这是由于中国商帮主要是以籍贯和乡土关系为基础形成，前辈商人大多使用和提拔同乡，一旦来自某个地区的商人最早进入某个商业领域，则该领域很有可能被该商人的同乡所占据。有意思的是，近代实力雄厚的徽商在天津似乎并不占据优势，按理说，天津与安徽素有渊源，天津话与安徽话也较为相似，但徽商在天津的活跃程度远不及各大商帮。

---

① 中国驻屯军司令部编，侯振彤译：《二十世纪初的天津概况》，天津人民出版社1986年版，第252页。

第七章　晋商在近代天津
经济发展中的作用

晋商广泛地活跃于天津商业、贸易和金融领域，对近代天津经济发展产生了重要影响。晋商的商业和贸易活动促进了天津商品经济的发展，推动天津向北方商贸中心的转变。晚清民国时期，部分晋商还积极投身天津新式工业的发展。晋商在天津从事的包括票号在内的各类金融行业为近代天津金融体系的构建奠定了重要基础，在天津成为北方金融中心的过程中发挥了重要作用。

第一节　推动天津商业和贸易发展

晋商在天津从事的商品运销种类众多，明代就以经营长芦盐业在天津兴起，后来又经营烟草、茶叶、颜料、棉布、皮毛、杂货等行业。晚清民国时期，部分晋商还投身天津新式工业发展。晋商的商业和贸易活动促进了天津商品经济发展和贸易规模的扩大，推动了天津向集散中心和北方经济中心的转变。

一、开发天津商业市场

晋商是天津外地帮的主要代表，早在明代晋商就已经在天津从事经营活动，天津也是晋商在华北地区活动的主要区域之一。晋商进入天津的时间很早，具有"先发优势"，这是一些外地商帮无法比拟的。晋商在天津主营盐、烟草、茶叶、颜料、棉布、皮毛、杂货等商品的运销，对开发天津商业市场和运销体系发挥了很大作用。

明朝初年"开中法"的实施是晋商进入天津的重要契机，山西距离北方边镇和天津的距离相对较近，得益于地理区位等优势，晋商逐步在长芦盐的生产与运销中占据了有力位置，积累了大量资本。晋商在将芦盐运销各地的同时，也将各地的粮食、农产品和土特产品运到天津，扩大了天津的商品流通网络，促进了天津的商业繁荣和经济发展。明代弘治年间从"纳粮中盐"向"纳银中盐"的转变促使晋商完成了从"边商"向"内商"的转变，晋商在天津成为"坐贾"，有些还直接迁徙到天津，晋商对天津商业市场的开发也由此深入。旅津山西盐商通过生产运销长芦盐获取丰厚利润，完成了资本的原始累积，这些收益除了再次被投入盐业经营以巩固晋商在天津盐业中的地位之外，还有相当一部分被投入其他行业，比如茶叶、烟业、颜料、铁锅、锡器等行业中，晋商在天津的商业版图也得以扩大。比如，天津"八大家"之一的晋商王益斋，在通过盐业经营致富之后，还开设了当铺、海货店等商号。

　　各地商帮云集天津，由商人开设的会馆公所数量众多，会馆公所是商人势力的集中体现，商人的数量和力量达到一定规模才有设立公所会馆的需求，这也能从一个侧面反映商人对天津商业市场的开发程度。晋商在天津的商人会馆有两个特点，一是建立时间早，二是开设数量多。晋商在天津是第二家建立会馆的商帮，仅比闽粤帮建立闽粤会馆的时间晚8年。第一座山西会馆由山西晋南地区曲沃和翼城烟草商人发起，于乾隆二十六年（1761年）在天津河东杂粮店街设立，由烟草商人设立的会馆在天津仅此一家，说明清代初期山西烟草商人在天津影响力之大以及在天津烟草运销中的主导地位。晋商在天津共建立了3所会馆，这在天津各地商帮中无出其右。第二座山西会馆是由旅津山西"十三帮"商人于嘉庆十二年（1807年）在锅店街建立，十三帮包括盐、布、票、铁、锑、锡、茶、皮货、账、颜料、当行、银号、杂货等行业，这一方面说明晋商在天津商业市场中经营种类繁多，另一方面也说明晋商在天津集团化发展的深入。同时，商人会馆的地理位置较为密集，在第二座山西会馆附近还分布着江西瓷商会馆、潮州公所、闽粤会馆等，为晋商将沿河各省区和南洋各国手工业产品及特产贩运至内陆销售提供了便利，不仅推动了天津商业市场的繁荣，也扩张了天津商业市场的边界。

　　民国以来，虽然山西商人整体处于衰落之中，在天津的影响力逐渐减弱，但在天津商业市场中依然具有一定地位。20世纪40年代初期，晋商在天津投资经营的行业多达46个，主要行业商号数量依次为：油漆染料业146家、碱业31家、洗染业21家、农业14家、药业和灰煤业各9家、烟业

7家、典业6家。① 从中可以看出,晋商从事商业经营的行业大多数都是其在天津经营历史悠久的行业,比如颜料业,晋商早在清代嘉庆年间就已经在天津从事相关经营活动,此后一直垄断这一市场近一个半世纪。

二、拓展天津贸易网络

天津地理位置优越,位于交通便利的河海交汇之处,是天然的优良贸易口岸。早在明代,以天津为集散中心的南北贸易就已经形成,各地客商南来北往,共同开拓天津贸易网络。与其他商帮一样,晋商以山西为大本营,将山西本地及周边地区出产的土特产品贩运至天津销售或转口,再从天津购买全国各地的商品运回山西及其他区域销售,加强了山西及周边区域与天津的经济联系,极大地开拓了天津在华北、西北和东北地区的经济腹地。

在晋商的贸易版图中,天津既是消费市场也是转运基地,晋商经营的大宗商品比如茶叶、烟草、棉布、绸缎、颜料、皮毛等,一部分在天津就地销售,另外很大一部分在天津转口,或者向北运销至北京、张家口、归化、库伦和蒙古草原,或者向东北运销至东北三省,或者向南运销至江浙地区。天津开埠之后,大量洋行涌入天津,外国商品加入天津贸易体系中,天津贸易网络也发生了较大变化,晋商从之前天津国内贸易的主要参加者转变为国际贸易的参与者,晋商从山西、蒙古和西北地区采购的货物转销给洋行出口,同时从天津采购外国商品运销至内陆销售。由此,这些大宗商品的运销构成了天津贸易网络的重要组成部分。这些商品的运销及由此形成的贸易网络在前文晋商在天津主要商贸活动中已经重点阐述,这里从宏观角度进行总结梳理,以期揭示晋商对天津贸易网络的拓展。

货栈业是体现商帮运销和贸易实力的主要行业,天津的各大商帮一般都会建立自己的货栈以便于运输和储存货物。晋商在天津的货栈业早期较为发达,早在道光年间就已经有了晋商货栈的记载,在1806年改建山西会馆的督工首事中就有晋成栈,这说明当时货栈业在晋商内部是占有相当地位的。随着天津与内地商品流通规模的扩大,更多晋商参与到货物的运销和贮存中,相继开办了晋生货栈、德茂栈、集义栈、晋义栈、荣裕货栈等,晋商货栈主

---

① 宋美云:《清末民初天津晋商掠影》,引自天津市政协文史资料委员会编:《天津文史资料选辑》第107辑,天津人民出版社2006年版,第159页。

要是为本省行商提供服务，有的也发展为专业货栈。晋商货栈业的兴盛从一个侧面反映出当时天津晋商行商群体的庞大以及参与天津贸易的繁荣景象。

颜料业是晋商在天津经营的主要行业，历时近两百余年而不衰，天津传统颜料的运销和贸易主要由晋商开拓。天津在晋商颜料运销中居于核心地位，与西南地区的重庆、华北地区的北京、东北地区的沈阳等重要商埠共同构成晋商颜料贸易网络主体。烟草、茶叶、棉布、皮毛是晋商在天津经营的大宗商品，这些商品的来源地非常广阔，也说明晋商贸易范围的广大。烟草主要来自晋南的曲沃县，晋商也采购西北和山东的烟草。茶叶主要来自南方的福建和两湖地区，由前文论述可知，天津在晋商的茶叶贸易中居于十分重要的地位，是晋商茶叶之路的重要转运基地，在清代咸丰年之前的很长时期内晋商通过京杭运河北上运茶，光绪年之后一度通过上海出口，再沿海路北运至天津转口。棉布主要来自天津周边的直隶、河南、山东等地，晋商从棉花产地成批购进原棉，加工后运至天津销售，一部分则通过天津转口至蒙古和东北地区。开埠之后，洋布大量进入天津市场，晋商则转而购买洋布运销至本省及周边地区，成为洋布采购的主体，据津海关年报资料记载，在19世纪80年代，每年在天津口岸采购洋布的山西商人就达到300多人。[①] 天津的皮毛运销业非常发达，在开埠之前晋商是天津皮毛运销的主体，晋商采购的皮毛主要来自山西本省、内外蒙古和西北地区。

综上所述，晋商在扩展天津国内外贸易网络的过程中发挥了十分重要的作用，随着晋商在天津经营规模的扩大，天津的贸易版图和贸易网络也不断被拓展，城市经济实力和集散能力迅速增强，推动了天津北方贸易中心地位的形成。

三、参与天津近代工业

除了从事商业和贸易活动之外，晋商也投资经营近代天津工业，虽然晋商投资天津工业和实业无法与津商、冀商、粤商和甬商相比，但也对近代天津工业的发展发挥了重要作用。

早期经营盐业起家的山西王氏与其家族成员很多都拥有天津华胜烛皂有限公司的股份，资本达94 000两。他们还拥有麟记卷烟公司、北洋保险公

---

① 吴弘明编译：《津海关贸易年报（1865～1946）》，天津社会科学院出版社2006年版，第129页。

司、北洋火柴公司和津浦殖业银行的股份。1930 年晋商投资药业 1 家、保险业 1 家。1936 年投资 2 家印刷业企业。20 世纪 40 年代初期，晋商在天津投资经营的行业涉及 46 个，[1] 见表 7-1，主要集中在油漆染料业、碱业、

表 7-1　　　　　　　1941~1942 年晋商在天津经营工商业统计

序号	行业工会	数量	序号	行业工会	数量
1	米业公会	2	24	成品铜业公会	4
2	海货业公会	1	25	油漆燃料公会	146
3	南味食品业公会	1	26	竹藤檀木业公会	1
4	杂货糖业公会	1	27	瓷业公会	1
5	门市油业公会	1	28	灰煤业公会	9
6	酱园业公会	5	29	钱业公会	6
7	茶叶公会	2	30	兑换业公会	3
8	绸布棉纱呢绒同业公会	3	31	典业公会	6
9	批发绸缎业公会	1	32	转运业公会	2
10	洗染业公会	21	33	货栈业公会	1
11	机器漂染业公会	2	34	胶皮车业公会	1
12	染业公会	1	35	皮革业公会	1
13	染业同业公会	2	36	肥皂化妆品业公会	3
14	织染业公会	4	37	药业公会	9
15	线类业公会	2	38	新药业公会	1
16	棉业公会	2	39	化学材料业公会	1
17	衣业公会	14	40	碱业公会	31
18	火柴贩卖业公会	1	41	教育文具业公会	4
19	烟业公会	7	42	纸业公会	4
20	五金业公会	4	43	南纸书业公会	1
21	自行车业公会	2	44	旅栈业公会	2
22	电料业公会	4	45	饭馆业公会	7
23	锡器业公会	4	46	面食业公会	1

资料来源：宋美云：《清末民初天津晋商掠影》，引自天津市政协文史资料委员会编：《天津文史资料选辑》第 107 辑，天津人民出版社 2006 年版，第 159 页。

---

[1]　宋美云：《清末民初天津晋商掠影》，引自天津市政协文史资料委员会编：《天津文史资料选辑》第 107 辑，天津人民出版社 2006 年版，第 159 页。

典业、药业、洗染业、农业等行业。晋商还利用山西煤炭资源丰富的特点，积极向天津推销煤炭，大同矿务局曾在天津设立办事处，山西崞县人续子宪任副经理，在天津市场推销大同煤炭，并试办出口业务。出生于山西太谷的王晋生从美国留学归国之后，创办了华北第一家机器制革公司并任经理。晋商在天津工商业的投资经营活动促进了天津近代工商业的繁荣，推动了天津城市经济发展，为天津工业体系建设发挥了一定作用。

第二节　推动天津近代金融业发展

晋商在近代天津经济发展中的作用以金融业最为突出，在天津金融业的发展中可以说是留下了光辉灿烂的篇章！晋商在天津的金融业种类齐全，包括印局、账局、典当、票号、银号、银行，为近代天津金融体系的构建奠定了重要基础。其中尤以票号业闻名全国，天津是山西票号的起源地，也是晋商构建的华北汇兑网络的中心城市。晋商在天津的金融业活动在天津成为北方金融中心的过程中发挥了极为重要的作用。

一、推动区域汇兑网络的建立

我国内汇市场发展历史悠久，整体上经历了由票号主导、票号和钱庄共营、钱庄和银行主导三个历史时期。就天津内汇市场而言，从清代道光年间票号发轫至"庚子事变"之前是票号主导、银号参与的时期；从"庚子事变"之后至民国初年是银号主导、票号逐渐退出的时期；民国建立之后则是银行和银号共营的时期。天津内汇市场早期主要由山西票号开拓，自道光初年创立至"庚子事变"之前的近80年是山西票号兴起、发展并走向鼎盛的时期，天津在山西票号构建的全国乃至国际汇兑网络中居于重要地位，是华北汇兑网络的中心，华北各重要商业城市都以天津作为融通金融缓急的枢纽。汇兑网络的构建节约了大量实体白银，保障了商业贸易资金安全，同时金融业本质上服务于商业和贸易，便捷的汇兑网络为晋商和天津各地商帮甚至外商的商业贸易开展提供了金融支撑。

北方各城市间的商业贸易资金往来结算均可依赖其与天津之间的金融汇兑网络得以实现，避免大量实体白银的长途多次运输，既降低了货币长途运送的风险和费用，又节约了大量资金，极大地提升了商业和贸易效率。比如，在天津、河北高阳与蒙古草原地区之间的棉产品三角贸易结算体系中，天津是棉布原料输入地，河北高阳是棉布加工地，蒙古草原地区是棉布消费市场。天津的棉纱原料销往高阳，高阳加工好的棉布销往北方的包头、张家口、归化等地，同时北方的农牧土货又输往天津，如果直接以现银结算，必然要经历大量现银的长途运输，运输成本巨大且风险极高，不利于贸易的安全和持续开展。但是，通过票号建立起来的汇兑网络，天津、高阳及北方各地的货款可直接通过汇票进行划拨和抵兑，极大地提高了多边贸易结算的效率和安全性。

中国的货币制度具有分层特征，长期以来是银两与铜钱并行的货币体制，民间日常交易多使用铜钱，而在广泛的商业和贸易领域则使用银两。但是中国的银两制度并不统一，长期以来处于区域分割的状态，此地的银两与彼地不能直接等值使用，而是存在平砝、成色的差异。晋商早期对于汇兑网络的开拓主要是了解各地银两的平砝和成色差异，建立起各地银两的比兑关系，这些比兑关系早期是票号的商业秘密，随着汇兑业务的发展和扩大而逐渐被人们所知，比如卫聚贤在其《山西票号史》中记载了大德恒票号的"周行银色歌"，其中第一句就是"天津化宝松江京"。[1] 民国后天津新式银行大量出现，但初期对于向外地汇兑却不很熟悉，如何折算兑换率，都要向天津大德通票号请教各地行情或委托代办，[2] 由此也说明了山西票号在天津金融市场的重要地位。同时，由于各地平砝混乱，票号还创设"本平"平砝以衡量全国各地的平砝，用以开展汇兑和核计损益，"本平"成为票号的价值基准或者是本位平砝，票号也正是借助各地平砝的差异来赚取利润。票号一经成立，就先铸造本号的 50 两砝码，凡到某地设分庄和通汇，先用本号的砝码与当地较对，得出较本号每百两大若干或是小若干，记录下来，凭以收交银两，开展汇兑。祁县渠家长盛川票号保存有标注票号名称的 50 两铜砝码。[3]

山西票号不仅在北方建立起以天津为中心的覆盖华北、西北和东北地区

<hr />

① 卫聚贤：《山西票号史》，中央银行经济研究处 1944 年版，第 78 页。
② 刘续亨：《我所了解的在天津的山西商人》，引自李希曾主编：《晋商史料与研究》，山西人民出版社 1996 年版，第 574 页。
③ 李锦彰：《晋商老账》，中华书局 2012 年版，第 65 页。

的区域汇兑网络，也使天津与南方部分商埠实现了通汇。其中尤以天津与上海的汇兑关系最为重要，晋商参与构建天津行化银与上海规元银的直接汇兑市场，参与建立天津申汇市场，将天津行化银纳入全国金融汇兑网络中，使得天津具有从全国金融市场调度资金的能力，简化了埠际贸易结算程序，也为天津发展埠际贸易提供了很大便利。同时，对于稳定天津金融市场、扩大天津金融市场在全国的影响发挥了积极作用，推动了天津北方金融中心地位的建立，保障了天津金融市场在较长时间内的持续健康发展。

天津开埠之后，外国洋行逐渐增多，它们深入中国北方草原和内陆以攫取物资，但由于当时外国银行并没有在天津开设分支机构，贸易活动一开始遇到了很大障碍。19世纪80年代后，洋行买办在天津取得山西票号的信用支持后才大规模经营张家口和内蒙等地皮毛收购业务。比如，天津沙逊洋行买办得到在张家口设有分号的天津恒益裕票号的信用支持，到张家口收购皮货时，用天津票号的汇票付款，洋行则在天津与票号结算，从而完成了转账结算。

二、促进天津金融市场的构建

晋商在天津从事的金融活动非常丰富，持续时间长，影响力也非常大，在庚子事变之前晋商兴盛的时期，这是其他商帮无法比拟的。晋商开设的各类金融机构促进了天津金融体系的建立和完善，为近代天津金融市场的构建奠定了重要基础。

晋商在天津从事的金融业种类齐全，包括印局、账局、典当、票号、银号、银行等，这些金融机构服务对象众多，覆盖范围广阔，构成了天津金融市场的主体。天津的印局、账局、票号均为晋商首创和主要经营，晋商在天津典当业中更是长期居于垄断地位，民国之后晋商资本虽然从天津典当业中撤出，但仍然占据人才优势，典当业经理人大多为山西人，由此典当业依然被晋商控制。从服务对象而言，印局面向城乡游民和贫民，账局则主要向工商业者和官吏放款，典当主要服务于社会中下层民众，票号则为工商业者和政府提供转账结算和资金支持，这些金融机构服务于天津各阶层人民，服务对象具有明显的广泛性。晋商开设的各类金融机构之间具有密切联系，在票号兴盛时期，印局、账局、典当的资金大多来自票号。

山西票号在近代天津金融市场中长期居于主导地位，票号的这种垄断势力直到"庚子事变"后才开始减弱。票号是维系天津与各地经济联系的重要枢纽,"庚子事变"之前天津与内地的金融流通几乎为票号所左右,"钱业以各银行、票庄为周转,声气相同,互相维系"。① "庚子事变"之前,天津金融市场中约 1/3 的资金来自山西票号,事变之后天津市场欠各类债权主体的金额约为 500 万两,其中欠山西票号约占一半,可见山西票号在天津金融市场的核心地位。这种重要作用在"庚子事变"后天津频繁的金融动荡中显得尤为突出,袁世凯曾出面邀请山西票商返回天津,还邀请票商入股天津官银号,如果不是因为山西票号在天津金融市场中的重要地位,身为直隶总督和北洋大臣的袁世凯也不会这样去做。

总之,旅津晋商在推动近代天津经济发展中发挥了十分重要的作用,主要体现在商贸和金融两个方面。对天津商贸发展而言,一方面,旅津晋商通过自身的商贸活动,逐步实现了对近代天津市场的商业性开发,建立起天津与国内外商埠的贸易往来,强化了天津作为贸易集散中心的城市职能。晋商在天津各行业及其在全国长途运输贸易中的活动使天津逐渐被纳入全国的贸易版图中,天津在全国的贸易网络迅速扩大,贸易地位不断提升,有利于内陆城市尤其北方地区货物通过天津港实现出口,为之后天津对外贸易的发展奠定了坚实基础。另一方面,晋商在全国范围内建立的金融汇兑网络及各类金融业务也为天津及北方各地区间贸易活动的开展提供了充足的资金支持,为天津国内外贸易的拓展奠定了良好的基础。以天津为中心的华北汇兑网络的建立,不仅为天津与华北地区各城市间的贸易结算提供了便利,还为北方各城市间的多角贸易提供结算服务,通过津票间的抵兑,减少了现银在长途贸易中的使用,对提升贸易结算效率、降低资金往来风险、减少贸易结算纠纷等均具有重要意义。

---

① 黄鉴晖:《山西票号史料》,山西经济出版社 2002 年版,第 297 页。

结　论

　　天津自古以来就是我国重要盐产区，也是环渤海盐产区的主要组成部分，丰富的海盐资源成为商人们财富的来源。晋商在天津因盐而兴，他们凭借明朝初年"开中法"的国家边防政策以及山西靠近北方九边重镇和长芦盐池的地理优势，敏锐地抓住机遇，开始进入天津并积累了大量资本，为之后在天津的发展壮大奠定了坚实基础。清朝建立后，晋商凭借长期对蒙古和东北地区的边境贸易而受到清政府优待，享受盐业运销的垄断权力，一批实力雄厚的商业家族开始出现，比如清朝初期经营长芦海盐的著名皇商山西介休范氏家族。晋商在将长芦海盐运销各地的同时，也将各地的粮食、农产品和土特产品运到天津，扩大了天津的商品流通网络，促进了天津商业繁荣和经济发展。会馆的建立是商人群体势力壮大的重要标志，商帮往往会在其主要活动区域内建立会馆。晋商在天津虽然不是最早建立会馆的商帮，但却是建立会馆最多的商帮，从清朝乾隆年间开始在粮店街、锅店街和杨柳青共建立三所会馆，山西会馆的建立成为晋商在天津发展壮大的重要标志，也是了解晋商在天津兴起和集团化发展的一个重要视角。

　　晋商在天津的商业和贸易活动历史悠久，经营种类繁多，由最初的盐业逐渐扩展至烟草业、茶叶业、布业、颜料业、印染业、皮毛业、货栈业、杂货业等众多行业。晋商是天津烟草商业的创始者，天津最早的烟铺"中和烟铺"是由山西商人张晋凯于明朝末年创办，延续近三个世纪而不衰，晋商于清代乾隆年间在天津建立的第一所会馆"晋都会馆"是由山西烟草商人发起创建，可见山西烟商在天津的势力之大。茶叶是晋商长期经营的主要商品，在晋商的国内外茶叶经销网络中，天津既作为消费市场又作为茶叶转运市场而发挥作用。天津与晋商开拓的茶叶之路有着极为紧密的关系，天津是晋商茶叶之路的重要枢纽，在1855年之前的很长时期内晋商通过京杭运河北上运茶并在天津转口，1878 年之后通过上海出口，再沿海路北运至天津转口。棉布绸缎与民众生活极为密切，晋商在天津长期从事绸缎布业、颜料业和印染业等经营活动，晋商在津颜料业历史十分悠久，势力非常强大，长时期居于垄断地位，诞生了"永信蔚""东如升""如升大"等著名颜料行字号，众多学者认为票号鼻祖日升昌就脱胎于天津颜料业，山西著名票号蔚泰厚、蔚丰厚等"蔚字五联号"也是由绸缎布业改组创立，天津开染坊的大多数是山西平定人。晋商从事皮毛运销历史悠久，在近代天津皮毛市场中具有较大影响力，是近代天津皮毛运销体系的主体之一，山西交城是中国北方重要皮毛加工基地，运送到天津转口的皮毛需要先在交城等地进行加工处理。晋商在天津的货栈业较为发达，早在 19 世纪初期就已经在天津建立货栈，主要服务于山西商人的货物存储和运销。

晋商在天津的金融活动令人瞩目，广泛涉足典当、印局、账局、票号、银号等金融组织，逐步垄断了天津金融行业。晋商在天津经营的各种行业中历史最悠久、持续时间最长的就是典当业，长时期在天津典当业中占据垄断地位，清末民初晋商资本虽然大规模从天津典当业中撤出，但仍然占据人才优势，典当业经理人和从业人员多为山西介休人和灵石人。印局是主要由晋商经营的一种金融组织，在天津被称为"印子房"，主要面向社会贫民和游民贷放"印子钱"，在天津底层社会中具有重要作用。账局是晋商创造的一种金融组织，主要活跃于中国北方地区，面向工商业字号和官吏放款，晋商在天津开设的账局字号有积义公和四补成。票号是晋商最重要的创造之一，也是晋商留给中国和世界的宝贵金融遗产，很多学者都认为天津是票号起源地，这使天津成为考察晋商票号金融资本产生和发展的重要区域，天津是山西票号在全国经营的主要地区，大部分票号在天津均设立有分号，开设数量仅次于北京。山西帮银号在天津钱业影响力相对较小，有些是票号改组形成，比如著名票号大德通和大德恒在 20 世纪 40 年代初改组为银号得以继续存在。晋商在天津投资经营的新式银行非常少，主要由山西官僚资本控制，多为分行性质。

面对激烈的市场竞争和外部环境的剧烈变化，晋商在天津开始衰落，晋商在天津商贸活动的衰落要早于金融业。天津开埠之后，外国洋行和银行开始涌入天津，晋商除了需要面对天津其他商帮的竞争之外，还不得不面对外国商人的冲击。在商贸活动方面，晋商在天津从事的烟草行业遭遇到国内市场的激烈竞争，清朝中期之后开始衰落；19世纪60年代之后，俄商大举进入天津，凭借不平等条约而享有贸易特权，天津由此成为俄商茶叶贸易的主要转运口岸，俄商也由此主导了天津茶叶转口贸易，凭借工业基础和贸易特权逐渐侵蚀晋商的茶叶贸易，导致山西茶商的衰败；随着外国势力在天津的深入，欧美洋行逐渐在天津皮毛业中占据优势，凭借贸易特权与晋商开展不平等竞争，掠夺中国皮毛资源，对晋商皮毛业造成了严重冲击。在金融活动方面，20世纪之后，山西金融商人在天津开始衰落，晋商在天津的票号业和典当业同样都长时期居于垄断地位，但是它们的衰落却呈现出不同的路径和特征。晋商在天津的票号业呈现出一种"行业消失"的特征，即票号数量不断减少，票号业逐渐萎缩，直至最后消失。而晋商在天津的典当业则呈现出"资本撤出，人才垄断"的特征，即资本从典当业撤出，但山西典当人才继续控制天津典当业。

就天津晋商而言，战乱冲击、外商压迫和市场竞争是其衰落的主要原因。战乱冲击方面，20世纪之后天津遭受"庚子事变"、壬子兵变、军阀混战的冲击，每次兵乱中天津繁华的商业街区都会成为兵匪抢劫的对象，晋商遭受了重大损失；外商压迫方面，天津开埠后外国洋行就大量涌入天津，"庚子事变"后清政府与各国签订不平等条约，条约规定允许各国继续扩大在天津的租界面积，由此租界面积急剧扩张，形成了"九国租界"，成为近代中国租界面积最大、建立租界国家最多的城市，外国洋行和银行借机继续扩张在天津的势力，天津的商业和金融主导权逐渐被外国洋行和银行掌控；市场竞争方面，晋商除了需要面对国内各大商帮的竞争外，还需要面对外国商人的不平等竞争，最终在激烈的市场竞争中不断丧失生存空间，比如山西票号在天津金融市场曾经长期占据主导地位，但面对外国银行以及逐步兴起的华资银行，票号在汇兑市场和借贷市场中的优势逐步丧失，原有市场也不断被蚕食。

各地商帮云集天津，使其成为考察商帮竞合及其势力消长的典型区域，这些商帮具有各自的经营范围和特点，既竞争又合作，既具有共性又具有各自鲜明的特性。从纵向历史发展角度而言，明清以来天津各地商帮的发展整体上呈现出"先客后主"的特征，即早期以晋商、粤商、甬商为代表的外地商帮势力占据主导地位，民国之后以津冀帮为代表的本地商帮势力逐渐居于优势地位。开埠之前，以转运贸易为主要特征的天津商业吸引了众多的外地商帮云集天津，其中以闽粤帮、浙江帮和山西帮势力最大。闽粤帮和浙江帮以水运方式经营南北商货贸易，而山西商人则以陆运方式参与天津的商业贸易。山西商人以经营长芦盐业在天津兴起，后来又经营烟草、茶叶、棉布、颜料、货栈、杂货等行业。清代中后期，晋商经营重心逐渐转向金融行业，在天津开设印局、账局、典当等金融机构，并在道光初年之后创设票号，从而控制了天津的金融市场。"庚子事变"对天津晋商是一个重大打击，山西票号短暂从天津市场撤出，津帮银号迅速扩张从而在天津金融市场占据了优势地位。民国之后，尤其是进入20世纪30年代，曾经在天津占有较大势力的晋商、粤商、甬商等商帮影响力逐渐减弱，而依赖地缘优势的津商、冀商、鲁商乘势兴起，在天津商业金融领域的影响力不断扩张。从横向对比角度而言，各商帮在天津具有各自鲜明的经营特色和领域。晋商最具优势的行业是票号业，在19世纪后半期控制着天津金融市场，在典当业、颜料业中长期居于主导地位；粤商和甬商长期从事南北海路贸易，与外商接触较多，近代天津买办阶级主要由粤商和甬商构成；津商和冀商占据地缘优势，这使他们的抗打击能力要明显强于其他商帮，在遭遇外力冲击后能够较快恢复，津冀商主要从事与民众日常生活紧密相关的行业，在20世纪三四十年代几乎主导这些行业；鲁商凭借其地缘优势和本省农产品丰富的特点，在天津主要经营粮栈业、绸缎布业和日用杂货业等，还积极投资天津近代工业，后期甚至超越晋商。

晋商在近代天津经济发展中发挥了十分重要的作用。在商贸发展方面，晋商以山西为大本营，将山西本地及周边区域出产的土特产品贩运至天津销售或转口，再从天津购买全国各地的商品运至山西及其他区域销售，加强了山西及周边区域与天津的经济联系，极大地开拓了天津在华北、西北和东北地区的经济腹地。晋商通过长期在天津的商贸活动，逐步实现了对近代天津市场的商业性开发，建立起天津与国内外商埠的贸易往来，促进了天津商品经济发展和贸易规模的扩大，推动了天津向北方经济中心的转变。在金融业方面，晋商构建的以天津为中心的华北汇兑网络不仅为天津与华北地区各城市间的跨地域贸易结算提供便利，还为天津及北方各地区商业和贸易活动开展提供充足的资金支持，为天津国内外贸易的拓展奠定了良好的基础。晋商在天津从事的金融业种类齐全，包括印局、账局、典当、票号、银号、银行等，印局面向城乡游民和贫民，账局则主要向工商业者和官吏放款，典当主要服务于社会中下层民众，票号和银号则为工商业者和政府提供转账结算和资金支持，这些金融机构服务于天津各阶层人民，服务对象众多，覆盖范围广泛，互补性强，构成了天津金融市场的主体。晋商开设的各类金融机构促进了天津金融体系的建立和完善，为近代天津金融市场的构建以及北方金融中心地位的形成奠定了重要基础。

附　录

晋商在天津的经济活动历史悠久，产生了许多知名商号和商人，本书中也多有涉及，这里按照书中所述行业先后顺序将这些商号和商人列出，以备参考。商号按照建立年代排序，商人按照出生年代排序，如果没有年代则按照首字笔画排序。

一、天津知名晋商商号

（一）盐业

元吉店

晋商在天津经营的盐店字号，出现在天津商会档案民国初年山西会馆纠纷档案中，其余资料不详。

滦城店

晋商在天津经营的盐店字号，出现在天津商会档案民国初年山西会馆纠纷档案中，其余资料不详。

（二）烟草业

中和烟铺

山西临汾人张晋凯于崇祯十七年（1644年）在天津估衣街西口竹竿巷创办中和烟铺（1944年更名为五甲子老烟铺），销售各种烟叶、烟丝。当时烟草制品主要有旱烟、水烟、鼻烟三种，其中以旱烟为主。中和烟铺带动了天津烟草业的发展，很快就在竹竿巷聚集起一批烟商，形成天津有名的烟商一条街。

祥云集

初创于康熙五十九年（1720 年），山西著名祁县帮烟商字号，由祁县何家独资经营，总号在祁县城内东大街，烟坊在曲沃县席村，在天津、张家口、绥远等地设有分号。民国时期资本 7.5 万元，共有店员 100 多人，年产销各种烟叶 3.5 万公斤。

（三）茶叶业

大德玉

榆次常氏家族于清代雍正初年建立的商号，历史十分悠久。早年在张家口经营布类和日用杂货，常万达于乾隆十年（1745 年）将大德玉改组为茶庄，专营对蒙古和俄国的茶叶贸易，是"万里茶道"的主要开创者，大德玉茶庄在天津设立有分号，是天津晋商茶庄的代表。光绪十一年（1885 年），常立训将大德玉改组为票号，在天津设立分号，同时依然经营茶叶生意。

长裕川

山西著名茶庄，山西祁县开设时间最长、规模最大的茶庄。祁县渠氏家族代表人物渠映潢于清代乾隆年间开设，初名为"长顺川"，后于光绪年间改名为"长裕川"。总号设于祁县，在天津、汉口、长沙、南昌、扬州、十二圩、蒲圻、张家口、绥远、咸宁等地设有分号。

大德诚

乔家"在中堂"于清代嘉庆后期独资开办，总号设在祁县，在天津、汉口、张家口、绥远、包头等地设有分号。

永聚祥

开设于清道光年间的祁县知名茶庄，由何家独资经营，总号设于祁县，在天津、汉口、西安、重庆、大同、张家口、归化等地设有分号。

巨贞川

山西文水人创办，总号设在祁县，在天津、张家口、归化、包头等地设有分号。

（四）布业

永泰生

山西祁县商号，主要经营洋布和南方杂货，在天津晋商洋布业中规模较大。

锦泰公

山西布业商号，主要经营洋布和南方杂货。出现在天津商会档案民国初年山西会馆纠纷档案中，其余资料不详。

万胜顺

山西太原徐沟人创办的商号，早期经营恰克图中俄贸易，后改为经营洋广杂货。出现在天津商会档案民国初年山西会馆纠纷档案中，其余资料不详。

锦全昌

山西太谷县曹家开办的绸缎布店，至迟在清代道光年间已经开设。出现在天津商会档案民国初年山西会馆纠纷档案中，其余资料不详。

（五）颜料业

永信蔚

清代康熙年间，山西汾阳人蔚士兴、蔚士喜两兄弟去天津经商，二人在锅店街开办永信蔚油漆颜料庄，历经280多年而不衰。

如升大

天津著名颜料庄，历史十分悠久，日升昌票号财东李氏家族在天津开设，据说是平遥达蒲村李氏家族第一代创始人李占殿去世后将家产一分为二，长子李文质分到家产后在天津开设如升大颜料庄，地址在天津东门外宫南大街。

东如升

日升昌票号财东李氏家族在天津开设的颜料庄。

德昌公

由山西汾阳商人樊世荣于清末创立，地址在天津估衣街，总号设于天津，在北京、上海、广州、香港等地设有分号，经营规模不断扩大，经营的"骆驼牌"袋装颜料在华北地区占有很大市场份额。

公胜号

山西商人创办的颜料字号，地址在天津北门外。在1906年天津各行业加入商会的统计名单中，公胜号位居天津颜料商之首，可见其在天津颜料业的地位。

大胜全

山西商人创办的颜料字号，地址在天津北门外。

德生

山西平定县人王之明在天津开设德生颜料庄，从日本、德国进口化学颜料，颜色种类繁多，总号设在天津，在上海、南京、石家庄等地设有分号。

（六）印染业

晋裕成

祁县渠氏家族开设的布庄，兼营染布生意，在天津开设有分号。

义同泰

在晋帮印染业中历史最悠久，既接受委托加工，同时也自染自营。日军占领天津后，染整厂大都自营染布销售，参与投机，而山西帮义同泰染厂坚持正规经营，以染整为主，生产经营遭受巨大损失。1949年后经政府部门接管整顿，义同泰得以继续生产，直至1956年社会主义改造完成。

维新成

晋商在天津经营的染店字号，出现在天津商会档案民国初年山西会馆纠纷档案中，其余资料不详。

同心德

晋商在天津经营的染店字号，出现在天津商会档案民国初年山西会馆纠纷档案中，其余资料不详。

德源诚染坊

由山西平定县西郊村人赵忠贵经营，赵忠贵最初在德源诚染坊做工，后成为东家三女婿，老东家去世前将染坊交给赵忠贵经营，他大力进行技术改造，将人工染布改为用进口机械设备加工，使德源诚成为天津设备精良、技术一流的著名染厂。

利顺彩染坊

山西平定县西郊村人郝云生经营。

德义诚染坊

山西平定县西郊村人郝承先经营。

公玉德染坊

山西平定县西郊村人王佩经营。

德胜号机械染厂

山西平定县西郊村人郝永生经营。

（七）皮毛业

四合源

晋商在天津皮货帮的代表字号，集生皮采购、熟皮加工、熟皮运销为一体的历史悠久的大型商号，是山西交城县规模最大、历史最久的皮坊。开设于清咸丰元年（1851 年），总号设于山西交城，在天津、宁夏、汉口、上海等地设有分号，鼎盛时人员达到 200 人左右，其中技术工人 100 人左右，学徒 50 人。日军占领交城后仍坚持生产，直到 1940 年才倒闭歇业，前后历时近百年。

聚盛号

晋商在天津经营的皮毛字号，出现在天津商会档案民国初年山西会馆纠纷档案中，其余资料不详。

盛记毛庄

大盛魁在天津开设的皮毛庄。此前大盛魁自外蒙西部收购的皮毛多数运往归化出售给外国洋行，再通过天津出口。后来大盛魁在天津开设皮毛庄，直接经营出口业务。

公诚皮毛行

20 世纪 30 年代山西军政要员傅作义、董其武等人在天津开设，专做出口生意，与洋行打交道。

天津华北制革厂

由山西太谷人王晋生创办，他是留美制革专家，完全用进口设备，以科学方法生产各种皮革。20 世纪 30 年代初投入生产，产品行销华北及东北各地，初期营业情况甚好，日军占领天津后，工厂濒临倒闭。

（八）货栈业

晋成栈

晋商早期在天津建立的货栈，嘉庆十一年（1806 年）粮店街重建山西会馆的碑文中记载有督工首事"晋成栈"，是目前发现的晋商在天津建立货栈的最早的记载之一。晋成栈位列督工首事之首，说明它的规模和影响力比较大。

德茂栈

山西商人建立的著名货栈，至迟在清代道光年间已经建立，位于天津针市街。

晋义栈

山西商人建立的著名货栈，至迟在清代道光年间已经建立，位于天津针市街。"庚子事变"前是天津蔚盛长票号设庄的地方。

集义栈

山西商人建立的著名货栈，位于估衣街。"庚子事变"前是大德通、大德玉、大美玉、三晋源、福成德、长慎湧等祁县帮票号设庄的地方。

晋生货栈

山西商人建立的货栈。

荣裕货栈

1935 年成立，天津货栈业同业公会会员，1937 年时的经理为山西忻县人李良师。

晋义公

山西商人在天津建立的货栈，历史悠久。

同义公

山西商人在天津建立的货栈，历史悠久。

惠源长

山西商人在天津建立的货栈，历史悠久。

华丰公司

1945 年天津商会档案中出现的山西人建立的转运公司。

福顺公司

1945 年天津商会档案中出现的山西人建立的转运公司。

（九）杂货业

涌源锅店

山西平定人建立的锅店字号，主要销售平定铁锅，出现在清代道光年间锅店街山西会馆碑刻中，说明其历史十分悠久。

大盛魁

著名晋商旅蒙商号大盛魁在天津设有分号，主要经营皮毛、茶叶、生烟、药材、日用百货等业务。

丰泰裕

晋商在天津经营的铁店字号，出现在天津商会档案民国初年山西会馆纠纷档案中，其余资料不详。

永昌号

晋商在天津经营的锡店字号，出现在天津商会档案民国初年山西会馆纠纷档案中，其余资料不详。

晋义堂

晋商在天津经营的杂货店字号，出现在天津商会档案民国初年山西会馆纠纷档案中，其余资料不详。

瑞昌公

晋商在天津经营的杂货店字号，出现在天津商会档案民国初年山西会馆纠纷档案中，其余资料不详。

敬记纸局

晋商在天津经营的杂货店字号，出现在天津商会档案民国初年山西会馆纠纷档案中，其余资料不详。

公兴顺和记杂货庄

山西榆次商人开设，总号设在山西榆次县，在天津、西安、太原、上海设有分号，天津分号主要负责杂货总采购和向榆次、西安、太原通过火车发运，推销由晋、陕运津的农业产品。

天源成杂货店

山西忻州米氏家族创建，1921 年在天津设立分号，发展成为覆盖山西、河北、天津的大商号。

广增号车围铺

山西盂县商人开设，1925 年在天津开设分号，掌柜为牛文蔚，由于生意清淡于 1927 年撤销。

乾育昶药店

山西曲沃商人开设，历史十分悠久，主营药材批发和零售，在包括天津在内的全国各地设有分庄。

裕民金针公司

山西大同商人白志先在 1938 年创立，在华北地区很有名气，公司总部设立在大同，在天津设立有销售办事处，专门从事大同黄花菜的国内批发业务及对外贸易业务，裕民公司通过天津口岸将大同黄花菜源源不断销售到日本、朝鲜、菲律宾、印度尼西亚、泰国及整个东南亚地区，并通过中国香港、澳门及东南亚等地转口贸易，远销至英国、法国、德国、葡萄牙、美国等欧美地区及中亚、西亚一些国家。

（十）典当业

存义当

清代乾隆时期由山西商人在天津开设，乾隆二十六年（1761 年）粮店街山西会馆《创建晋都会馆记》碑刻中记载字号。

聚义当

清代乾隆时期由山西商人在天津开设，乾隆三十七年（1772 年）粮店街山西会馆《重建晋都会馆记》碑刻中记载字号。

天聚当

晋商在天津经营的典当字号，成立于咸丰四年（1854 年），历史十分悠久，延续近 1 个世纪。

李天聚

晋商在天津经营的典当字号，出现在天津商会档案光绪末年山西会馆纠纷档案中，其余资料不详。

时聚和

晋商在天津经营的典当字号，出现在天津商会档案光绪末年山西会馆纠纷档案中，其余资料不详。

裕兴当

晋商在天津经营的典当字号，出现在天津商会档案民国初年山西会馆纠纷档案中，其余资料不详。

德恒当

晋商在天津经营的典当字号，出现在天津商会档案民国初年山西会馆纠纷档案中，其余资料不详。

麟昌当

天津典当业著名人物山西灵石人祁云五于 1925 年创办。

天义成

天津租界的第一家当铺，由山西人合伙出资于清代宣统年间开设。

公裕当

山西人古亨甫在法租界紫竹林开设，曾任天津当业公会会长的山西人王子寿初入天津典当业即在公裕当做学徒。

（十一）印局业

双和公

山西商人在天津创办的印局，见于光绪初年《申报》记载。

义和公

山西商人在天津创办的印局，见于光绪初年《申报》记载。

立生长

山西商人在天津创办的印局，见于光绪初年《申报》记载。

（十二）账局业

积义公

晋商在天津经营的账局，出现在天津商会档案民国初年山西会馆纠纷档案中，其余资料不详。

四补成（思补成）

晋商在天津经营的账局，出现在天津商会档案民国初年山西会馆纠纷档案中，其余资料不详。

汇恒同

由山西太谷人孟广誉开设的账局或银号，总号设立在天津，北京设立有分号，是为数不多的在天津设立总号的晋商账局。

中兴和

由山西榆次史家于咸丰八年（1858 年）开设，总号设在张家口，在天津设有分号。

（十三）票号业

日升昌

山西著名平遥帮票号，目前学界公认的中国第一家票号，被称为票号鼻祖。总号设于平遥，由平遥县达蒲村财东李大全和经理雷履泰于清代嘉庆、道光年间创立，在全国 30 余处设立分号。最早进入天津设立分号，天津分号"庚子事变"前位于山西会馆胡同。1914 年由于北京分号担保风波而陷入危机，幸而由原总号二掌柜梁怀文出山力挽狂澜，以债权入股的方式使日升昌免于破产，于 1923 年复业，但规模已大为缩小，除北京和天津仍保留分庄外，全国其余分庄均收撤。1932 年改组为钱庄。

志成信

山西太谷帮著名票号，也是太谷帮成立最早、实力最强的票号。原为丝绸杂货庄，由太谷县商人于道光初年改组创立，在天津等全国 20 余处设立分号，天津分号"庚子事变"前位于估衣街。1914 年倒闭歇业。

蔚泰厚

山西著名平遥帮票号，属于"蔚字五联号"，原为绸缎布庄，由介休侯氏家族于清代道光六年（1826 年）改组创立，总号设于平遥，在全国 30 余处设立分号。1858 年在天津设立分号，"庚子事变"前位于估衣街。蔚泰厚票号在民国之后居于山西票号领袖地位，1921 年倒闭歇业。

蔚丰厚

山西著名平遥帮票号，属于"蔚字五联号"，原为绸缎布庄，由介休侯氏家族于清代道光六年（1826 年）改组创立，总号设于平遥，在全国 20 余处设立分号，天津分号在"庚子事变"前位于山西会馆对面。1916 年倒闭歇业。

蔚长厚

山西著名平遥帮票号，属于"蔚字五联号"，原为布庄，由介休侯氏家族等于清代同治三年（1864 年）创立，天津分号在"庚子事变"前位于肉市门西。1920 年倒闭歇业。

蔚盛长

山西著名平遥帮票号，属于"蔚字五联号"，原为绸缎布庄，由介休侯氏家族于清代道光六年（1826 年）改组创立，总号设于平遥，在全国 20 余处设立分号，天津分号庚子事变前位于针市街晋义栈。1916 年倒闭歇业。

新泰厚

山西著名平遥帮票号，属于"蔚字五联号"，原为绸缎布庄，由介休侯氏家族于清代道光六年（1826 年）改组创立，总号设于平遥，在全国 20 余处设立分号，天津分号庚子事变前位于估衣街。1921 年倒闭歇业。

天成亨

山西著名平遥帮票号，属于"蔚字五联号"，原为布庄，由介休侯氏家族于清代道光六年（1826 年）改组创立，总号设于平遥，在天津等全国 20 余处设立分号，1918 年倒闭歇业。

合盛元

山西祁县帮著名票号，由祁县郭氏商人于道光十七年（1837 年）创立，在天津等全国 10 余处设立分号，天津分号在"庚子事变"前位于嘉兴里。1907 年在日本东京、横滨、神户、大阪开设分号，开创了中国票号在日本设庄的历史。1914 年倒闭歇业。

协和信（协同信）

山西平遥帮票号，由榆次王氏家族于清代咸丰初年创立，在天津、北京、上海、重庆设立分号，天津分号在"庚子事变"前位于针市街。1901 年倒闭歇业。

协同庆

山西著名平遥帮票号，由榆次王氏和平遥米氏于咸丰六年（1856 年）创立，在天津等全国 30 余处设立分号，天津分号在"庚子事变"前位于针市街。1913 年倒闭歇业。

百川通

山西著名平遥帮票号，由祁县渠氏家族于咸丰十年（1860 年）创立，在天津等全国 20 余处设立分号，天津分号在"庚子事变"前位于估衣街。1918 年倒闭歇业。

协成乾

山西太谷帮著名票号，由太谷县商人于咸丰十年（1860 年）创立，在天津等全国 10 余处设立分号，天津分号在"庚子事变"前位于针市街易馨栈。1913 年倒闭歇业。

乾盛亨

山西著名平遥帮票号，由介休冀氏家族于咸丰末年创立，在天津等全国20余处设立分号，天津分号在"庚子事变"前位于估衣街集义栈。1904年倒闭歇业。

谦吉生

山西平遥帮票号，由平遥李氏家族等于咸丰末年创立，在天津等全国10余处设立分号。1884年倒闭歇业。

三晋源

山西祁县帮著名票号，由祁县著名晋商渠源祯于同治初年创立，在天津等全国10余处设立分号，天津分号在"庚子事变"前位于估衣街集义栈。1934年倒闭歇业。

存义公

山西祁县帮著名票号，原为布庄，由祁县渠氏家族于同治初年创立，在天津等全国20余处设立分号，天津分号在"庚子事变"前位于估衣街。1916年倒闭歇业。

云丰泰

山西平遥帮票号，由平遥人于同治年间创立，在天津等全国10余处设立分号。1881年倒闭歇业。

松盛长

山西平遥帮票号，由苏州粮道英朴于光绪五年（1879年）创立，在天津等全国10余处设立分号，成立不久就倒闭歇业，是平遥帮经营时间最短的票号。

大德恒

山西祁县帮著名票号，由祁县乔氏家族于光绪七年（1881年）创立，在天津等全国20余处设立分号，天津分号在"庚子事变"前位于山西会馆对面。1940年改组为银号，在天津一直经营到1949年之后，是最后消失的山西票号（银号）之一。

汇源涌

山西平遥帮票号，由祁县人渠源潮于光绪七八年（1881～1882年）创立，在天津等全国9处设立分号。1885年倒闭歇业。

大德通

山西祁县帮著名票号，原为大德兴茶庄，由祁县乔氏家族于光绪十年（1884 年）由大德兴茶庄改组创立，在天津等全国 20 余处设立分号，天津分号在"庚子事变"前位于估衣街集义栈。1940 年改组为银号，在天津一直经营到 1949 年之后，是最后消失的山西票号（银号）之一。

长盛川

山西祁县帮票号，原为长源川茶庄，由祁县渠源潮等于光绪十年（1884 年）由长源川茶庄改组创立，在天津等全国 10 余处设立分号。1909 年倒闭歇业。

大德玉

山西太谷帮票号，原为茶庄，由榆次常氏家族于光绪十一年（1885 年）由大德玉茶庄改组创立，在天津等全国 9 个城市设立分号，天津分号在"庚子事变"前位于估衣街集义栈。1913 年倒闭歇业。

大盛川

山西祁县帮著名票号，由旅蒙著名商号大盛魁于光绪十五年（1889 年）创立，在天津等全国 10 余处设立分号，天津分号在"庚子事变"前位于肉市口东。1929 年倒闭歇业。

永泰庆

山西平遥帮票号，由平遥县毛氏家族于光绪十八年（1892 年）创立，在天津等全国 10 余处设立分号，天津分号在"庚子事变"前位于估衣街集义栈。1900 年倒闭歇业。

锦生润

山西太谷帮票号，由太谷县曹氏家族于光绪二十九年（1903 年）创立，在天津等全国 10 余处设立分号。

宝丰隆

山西平遥帮票号，由介休人乔英甫和清末大臣赵尔丰集资于光绪三十二年（1906 年）创立，在天津等全国 20 余处设立分号。1921 年倒闭歇业。

大德川

山西太谷帮票号，由榆次常氏家族于光绪三十三年（1907 年）创立，在天津等全国 4 个城市设立分号。1913 年倒闭歇业。

大美玉

祁县帮著名票号，"庚子事变"前位于估衣街集义栈。

义成谦

山西太原帮票号，创立年代不详，在天津、太谷设有分号。1913年倒闭歇业。

长慎涌

祁县帮票号，"庚子事变"前位于估衣街集义栈。

福成德

祁县帮票号，"庚子事变"前位于估衣街集义栈。

（十四）银号业

隆盛银号

山西灵石商人创立，在天津银号业享有盛誉。

汇源永银号

东家为河北祁州商人，经理为山西灵石人，银号内人员大部分为灵石人，在天津、保定设有分号。

本立源银号

东家为河北祁州商人，经理为山西灵石人，银号内人员大部分为灵石人，在天津、保定设有分号。

金源合钱庄

山西闻喜县商人于清末宣统元年（1909年）创立，初营钱行兼贩卖业，继办汇兑业务，在天津设有分庄，地址在针市街集昌栈内。

鸿记

民国五年（1916年）创立，东家为陕西人张氏，经理由山西灵石人曹了厚担任，在保定设有分号。鸿记银号大部分职工为灵石人，经理曹子厚因经营该银号成为巨富。

晋裕银号

晋裕银号于民国八年（1919年）创立于山西太原，是山西最早的官办银号，由阎锡山实际掌控，在天津、绥远等地设有办事处。

豫慎茂

豫慎茂银号于民国九年（1920年）创立于山西太原，因业务上之需要，同年在天津设立分号。

兴华银号

1925年创立于山西文水县，同年在太原、天津设立分号。"七七事变"后一度停业，抗战胜利后复业。天津分号经理为吴效汉。

和丰裕银号

1927年创立于天津，"七七事变"后一度停业，抗战胜利后复业。股东均为山西人，由陈善教任董事长，王国英等4人为董事，陈明轩等2人为监察，杨俊卿任总经理，张友仁任经理。

亨记银号

1930年成立，山西省五台县益记号独资经营，实际为山西军阀阎锡山私营银号，地址在天津法租界32号路泰丰里。"七七事变"后，放出的贷款无法收回，又加法币贬值，损失很大，一度停业，抗战胜利后复业。经理为黄益臣、协理为王子寿。

仁发公钱庄

1933年成立，资本为10万元，设总号于太原，分号于北平、天津、包头等处。"七七事变"后一度停业，抗战胜利后复业。总号仍设在太原，分号设于北平、天津两处。1948年总号移至北平，太原、天津两处均为分号。天津分庄经理为赵仲元。

宏晋银号

1917年开设，由祁县乔家在中堂乔星斋出资6万元设立，由于盈利微薄而停业，后由大德恒总经理阎维藩出面组织继续经营，阎维藩任董事长。总号设于祁县，在太原、缓远、天津、东北的安东以及山西洪洞县等地都设有分号。天津分号专营汇兑业务，1940年在日伪政府的破坏下倒闭。

亿中恒钱庄（茶庄）

1875年由祁县乔家"德兴堂"和"在中堂"集资6 000两白银开设，总号设在祁县。民国后在全国各地设有分号，天津分号主要经营钱两兑换和放贷业务，经理为祁县涧壑村人郝明义。1935年改营茶叶，1949年关闭歇业。

大赍银号

山西平遥商人创立，总号设立在平遥，天津设有分号。

（十五）银行业

裕华银行

原名裕华商业储蓄银行，民国官僚资本家孔祥熙于 1915 年成立于山西太谷县，1916 年更名为裕华银行，1928 年在天津设立分行，1931 年总行由太谷移至天津。

蔚丰商业银行

蔚丰厚票号在北京分号经理郝登五的主持下于 1916 年改组为蔚丰商业银行，总行设于北京，原设立在天津等 13 处票号分号改为分行。招募新股100 万元，其中天津 30 万元，说明天津分行在蔚丰商业银行全国分行体系中占据重要地位。由于经营不善和外部竞争于 1920 年倒闭。

山西省银行

山西军阀阎锡山在山西省官钱局基础上于 1918 年设立，聘请祁县大德恒票号经理阎维藩任总经理，随着阎锡山军阀势力的扩张，陆续在天津、上海、汉口、北京、石家庄、保定、绥远等地设立分支机构。

二、天津知名晋商商人

范清济

山西介休人，清朝初期山西皇商范氏家族代表人物，长期经营长芦盐务，规模达到百万银两。后由于经营的盐业、铜业出现亏损，拖欠巨额官款，范家于乾隆四十八年（1783 年）被抄家，朝廷饬令逮捕范清济，革除其家族兼任的一切官职，并查封全部家产，兴盛近一个半世纪的清代著名皇商范氏家族惨淡落幕。

朱立基

山西泽州府凤台县人，乾隆时期长芦盐商，与同籍乡人魏汝植、卫纯修、关卫周、关卫盘、王伟、王章等承办永庆号盐务，因为经营不善，致使连年亏缺，拖欠巨额官款，最终被抄家，革除职务，发配充军，其同籍伙友也遭到不同程度的处分。

王益斋

"天津八大家"之一，迁居天津的晋商代表人物，王益斋于清代咸丰年间在天津通过为盐商代购苇席、麻袋而起家，同时还开设印局、钱铺，发放印子钱和钱帖。在资本不断壮大之后，王家接办了直隶境内的多处盐卤引岸，逐渐发展成为大盐商，并出任芦纲公所纲总，其后代与我国著名的南开大学的创办有密切关系。

张晋凯

山西临汾人，明末清初商人，于明朝末年创办天津中和烟铺，被公认为天津烟草业鼻祖。

张炽

山西汾阳人，天津大胜全颜料庄经理，曾担任天津商会会董。

韩沂

山西颜料商公胜号经理，曾担任天津商会会董。

王之明

山西平定县人，在天津开设德生颜料庄，从日本、德国进口化学颜料，颜色种类繁多，在上海、南京、石家庄等地开设分号。

赵遂初

山西汾阳县人，早年就职于天津警界，任少将参议，后弃官从商，任天津诚昌号颜料庄经理、天津市油漆颜料业同业公会理事长和天津市商会常务理事，在天津经营颜料多年，是颜料行业中知名人士之一。竞选"国大代表"因资历问题未被批准，1948 年国民政府在南京召开国大代表会议期间，赵遂初曾在南京拾棺游行，轰动一时，后经批准为国大代表出席会议。

赵忠贵

山西平定县西郊村人，民国初年去天津谋生，在平定县人开设的德源诚染坊做工，后成为东家的三女婿，老东家去世前将染坊交给赵忠贵经营，他大力进行技术改造，将人工染布改为用进口机械设备加工，使德源诚成为天津设备精良、技术一流的著名染厂。

蔚子丰

蔚家后人蔚子丰长期担任天津油漆颜料公会会长，也是天津商会的董事。日军占领天津后，蔚子丰借口体弱多病辞去会长职务，保留了民族气节。创办山西旅津同乡会、旅津小学和中学并任校长。

樊世荣

山西汾阳人，德昌公颜料庄的创立者，生产的"骆驼牌"颜料驰名中国，被誉为"颜料大王"。1953 年公私合营时期，樊世荣被聘请为天津市化工总公司顾问。

王万年

山西临猗人，山西著名棉布商人，在全国开办"自立"联号，主营棉布、日杂、日用品批发。在天津建立有颜料购销部，主要采购当地的化工颜料，运住西北地区销售。

米殿阳

山西忻州商人，福兴泉商号财东，在北京前门开设绸缎庄，在天津耳朵眼胡同开设兴隆泰玻璃钟表店，拿出巨款为民首修天津水泥马路，捐资助教天津第一中学，誉满津城，成为天津开明士绅，1917 年病逝于天津。

温锡五

山西介休人，在天津开设当铺，嘉庆十七年（1812 年）牵头在天津城北兴建了当行公所。

祁云五

山西灵石人，天津法律专科学校毕业，1909 年进入天津典当业，1917年创办元亨当，1925 年创办麟昌当，曾任法租界华界公会董事兼附设小学校主任、校长，两次当选为天津典业公会主席，在天津典当业素有声望。

乔智千

山西祁县人，20 世纪 30 年代大德通票号少东家，天津南开大学毕业之后留学美国学习经济，回国后曾经担任中央银行天津分行副经理。

许敬敷

山西祁县人，大德通票号学徒出身，大德通改组银号后任天津分号经理。许敬敷经营作风谨慎，精通业务，尤其对西北各地白银成色与内地汇兑极为熟悉，是天津钱业中老资格知名人士，20 世纪 30 年代曾被选为天津钱业公会理事。

李凌昶

山西平遥人，在蔚盛长票号从业 30 余年，任天津分号经理 10 余年。

王晋生（1885~1966 年）

原籍四川铜梁县，出生于山西太谷县，名健，字晋生，先后毕业于上海圣约翰学校、天津高等工业学校，1909 年考取官费留美，1916 年获哥伦比亚大学化学硕士学位，同年回国。曾任天津高等工业学校教员，1917 年创办华北制革公司并任经理，以先进化学方法制革，是华北之首创。1933 年应聘为南开大学化学系教授。

王子寿（1899~1978 年）

山西灵石人，原名道福。1915 年在天津法租界公裕当做学徒，1917 年公裕当由张勋出资接办，改为松寿当，继续任职。1926 年被推荐为元亨当经理，不久转作直隶军阀首领曹锟经营的公懋当经理，又兼直隶军阀陈光远经营的德华当监理和曹锟女儿经营的永聚当总经理。先后被选为天津质业公会理事长、当业公会会长，是天津典当业知名人士，也是民国后山西帮在天津的代表人物。王子寿还曾长期担任天津商会常务委员，为天津商业发展做出了贡献。

续子宪

山西崞县人，名续斑。清末民初留学日本，1919 年回国参加接收青岛及胶济路主权活动。北伐战争以后，曾任职河北交涉公署，1930 年进入晋北矿务局筹组山西煤业公司，大同矿务局在天津设立办事处时任副经理，在天津市场推销大同煤炭，并试办出口业务。因与金城银行附属通成公司签订代销合同，与该行往来甚密，20 世纪 40 年代初被聘为天津金城银行副经理、益成公司经理、同安公司经理。日军占领京津之后，山西人苏体仁出任伪北京市长，任命续子宪为伪北京市财政局长，续拒绝接受伪职，保留了民族气节。晚年在天津养病，终年 70 岁。

崔廷献

山西寿阳人，民国时期著名晋商和政治家，1901 年中进士，后留学日本，积极参与山西保矿运动，曾经担任山西保晋矿务公司总经理，任内积极改革，公司业绩颇有起色。1928 年，阎锡山势力控制京津地区，崔廷献被任命为天津特别市市长，为天津经济和社会建设做出了贡献。

邢克让（1877~1936 年）

山西崞县人，早年在归化任大盛魁联号通盛远钱铺经理，在归化金融界颇有声望，后来到天津任德国天利洋行经理，1928 年开办蔚泰汇兑庄，经营债权发放、钱钞汇兑业务，曾经担任山西旅律同乡会会长。

郝明义

山西祁县人，曾任亿中恒钱庄天津分号经理，主要经营钱两兑换和放贷业务。

参考文献

按照古籍方志、资料汇编、著作（中文著作、外文著作）、论文（民国期刊论文、现代期刊论文、学位论文）、报纸等类别依次排列，每部分按照时间先后顺序排列。

一、古籍方志

［1］台湾"中央研究院"历史语言研究所校印：《明太宗实录》卷三十六。

［2］《大明宪宗纯皇帝实录》卷二百九，成化十六年十一月，书同文古籍数据库。

［3］张四维：《条麓堂集》，明万历二十四年刻本。

［4］康熙《曲沃县志》，清康熙四十五年刻本，爱如生中国方志库。

［5］黄掌纶：《长芦盐法志》，清嘉庆十年刻本。

［6］何秋涛撰，黄宗汉辑补：《朔方备乘》，清光绪七年刻本，爱如生中国方志库。

［7］张焘：《津门杂记》，清光绪十年刻本。

［8］曾国荃、张煦等修，杨笃、王轩纂：《山西通志》，清光绪十八年刻本。

［9］羊城旧客撰，张守谦点校：《津门纪略》（光绪二十四年）。

［10］《清实录》第23册，中华书局1986年版。

［11］李燧、李宏龄著，黄鉴晖校注：《晋游日记·同舟忠告·山西票商成败记》，山西人民出版社1989年版。

［12］曾国藩：《曾国藩全集》，岳麓书社1991年版。

［13］曲沃县志编纂委员会：《曲沃县志》，海潮出版社1991年版。

［14］罗澍伟：《天津通志·附志·租界》，天津社会科学院出版社1996年版。

［15］汾阳县志编纂委员会：《汾阳县志》，海潮出版社1998年版。

［16］山西省史志研究院：《山西通志·对外贸易志》，中华书局1999年版。

［17］兰陵笑笑生著，陶慕宁校注：《金瓶梅词话》，人民文学出版社2000年版。

［18］山西省史志研究院：《山西通史》第6卷，山西人民出版社2001年版。

［19］天津市地方志编修委员会：《天津通志·旧志点校卷》中，南开大学出版社2001年版。

［20］王茂荫著，曹天生点校：《王茂荫集》，中国档案出版社2005年版。

［21］祁寯藻著，祁寯藻集编委会、中国第一历史档案馆合编：《祁寯藻集》第3册，三晋出版社2011年版。

［22］谭吉璁纂修，陕西省榆林市地方志办公室：《康熙延绥镇志》，上海古籍出版社2012年版。

［23］王树枏纂修，朱玉麒整理：《新疆图志（上）》卷29《实业二》，上海古籍出版社2015年版。

［24］陈琮辑，黄浩然笺注：《烟草谱笺注》，中国农业出版社2017年版。

［25］祁县志编纂委员会：《祁县志》，方志出版社2018年版。

二、资料汇编

［1］孙毓堂：《中国近代工业史资料》第1辑上册，科学出版社1957年版。

［2］李文治：《中国近代农业史资料》第1辑，三联书店1957年版。

［3］陈真：《中国近代工业史资料》第4辑，三联书店1961年版。

［4］姚贤镐：《中国近代对外贸易史资料（1840－1895）》（第2册），中华书局出版社1962年版。

［5］李华：《明清以来北京工商会馆碑刻选编》，文物出版社1980年版。

［6］天津社科院历史研究所：《义和团资料丛编·八国联军在天津》，齐鲁书社1980年版。

［7］福建师范大学历史系：《郑成功史料选编》，福州教育出版社1982年版。

［8］天津市档案馆、天津社科院历史研究所等：《天津商会档案汇编（1903～1911）》（上），天津人民出版社1989年版。

［9］天津市档案馆、天津社科院历史研究所等：《天津商会档案汇编（1903～1911）》（下），天津人民出版社1989年版。

［10］天津市档案馆、天津社科院历史研究所等：《天津商会档案汇编（1912－1918）》，天津人民出版社1992年版。

［11］中国第一历史档案馆：《鸦片战争档案史料》第3册，天津古籍出版社1992年版。

［12］天津市档案馆、天津社科院历史研究所等：《天津商会档案汇编（1928～1937）》（上），天津人民出版社1996年版。

［13］天津市档案馆、天津社科院历史研究所等：《天津商会档案汇编（1937～1945）》，天津人民出版社1997年版。

［14］梁志忠点校摘编：《清实录东北史料全辑》第4册，吉林文史出版社1998年版。

［15］天津市地方志编修委员会办公室、天津图书馆：《〈益世报〉天津资料点校汇编》（三），天津社会科学院出版社1999年版。

［16］黄鉴晖等：《山西票号史料》（增订本），山西经济出版社2002年版。

［17］天津市地方志编修委员会办公室、天津二商集团有限公司：《天津通志·二商志》，天津社会科学院出版社2005年版。

［18］吴弘明：《津海关贸易年报（1865～1946）》，天津社会科学院出版社2006年版。

［19］山西省政协《晋商史料全览》编辑委员会：《晋商史料全览·吕梁卷》，山西人民出版社2006年版。

［20］山西省政协《晋商史料全览》编辑委员会：《晋商史料全览·阳泉卷》，山西人民出版社2006年版。

［21］吴弘明：《津海关贸易年报（1865－1946）》，天津社会科学院出

版社 2006 年版。

［22］山西省政协《晋商史料全览》编辑委员会：《晋商史料全览·会馆卷》，山西人民出版社 2007 年版。

［23］山西省政协《晋商史料全览》编辑委员会：《晋商史料全览·金融卷》，山西人民出版社 2007 年版。

［24］山西省政协《晋商史料全览》编辑委员会：《晋商史料全览·家族人物卷》，山西人民出版社 2007 年版。

［25］山西财经大学：《晋商研究早期论集》（一），经济管理出版社 2008 年版。

［26］张正明、科大卫等：《明清山西碑刻资料选》（续二），山西经济出版社 2009 年版。

［27］王琳玉：《三晋石刻大全·晋中市榆次区卷》，三晋出版社 2012 年版。

［28］许檀：《清代河南、山东等省商人会馆碑刻资料选辑》，天津古籍出版社 2013 年版。

［29］中国第一历史档案馆、天津市档案馆、天津市长芦盐业总公司：《清代长芦盐务档案史料选编》，天津人民出版社 2014 年版。

［30］张正明：《明清晋商商业资料选编》，山西经济出版社 2016 年版。

［31］史若民、牛白琳：《平、祁、太经济社会史料与研究》，北岳文艺出版社 2017 年版。

［32］刘建民：《晋商史料集成》，商务印书馆 2018 年版。

三、著作

［1］根岸佶编纂：『清國商業綜覽』，東京丸善株式會社，1906 年。

［2］東亞同文會编：『"支那"經濟全書』第 3 辑，東亞同文會，1908 年。

［3］"清國駐屯軍司令部"：『天津誌』，博文館，1909 年。

［4］石小川编辑：《天津指南》，1911 年版。

［5］普特南·威尔著，陈冷汰、陈诒先译：《庚子使馆被围记》，中华书局 1916 年版。

［6］张中篃：《天津的典当业》，万里书店 1935 年版。

［7］王子建、赵履谦：《天津之银号》，河北省立法商学院研究室 1936

年版。

［8］曾仰丰：《中国盐政史》，商务印书馆 1936 年版。

［9］陈其田：《山西票庄考略》，商务印书馆 1937 年版。

［10］交通部邮政总局：《中国通邮地方物产志》，商务印书馆 1937 年版。

［11］卫聚贤：《山西票号史》，中央银行经济研究处 1944 年版。

［12］李洛之、聂汤谷：《天津的经济地位》，经济部冀热察绥区特派员办公处结束办事处驻津办事分处 1948 年版。

［13］宫下忠雄：『中国幣制の特殊研究——近代中国銀両制度の研究』，日本学術振興会，1952 年。

［14］全国政协文史资料研究委员会：《文史资料选辑》第 53 辑，文史资料出版社 1964 年版。

［15］彭信威：《中国货币史》，上海人民出版社 1965 年版。

［16］天津市政协文史资料研究委员会：《天津文史资料选辑》第 5 辑，天津人民出版社 1979 年版。

［17］天津社科院历史研究所：《天津历史资料》第五期，天津社科院历史研究所 1980 年版。

［18］天津市政协文史资料委员会：《天津文史资料选辑》第 16 辑，天津人民出版社 1981 年版。

［19］天津市政协文史资料委员会：《天津文史资料选辑》第 20 辑，天津人民出版社 1982 年版。

［20］全国政协文史资料委员会：《文史资料选辑》第 63 辑，文史资料出版社 1982 年版。

［21］德米特里·扬契维茨基著，许崇信等译：《八国联军目击记》，福建人民出版社 1983 年版。

［22］内蒙古政协文史资料委员会：《内蒙古文史资料选辑》第 12 辑，内蒙古文史书店 1984 年版。

［23］天津市政协文史资料委员会：《天津文史资料选辑》第 27 辑，天津人民出版社 1984 年版。

［24］韦庆远：《档房论史文编》，福建人民出版社 1984 年版。

［25］谷书堂：《天津经济概况》，天津人民出版社 1984 年版。

［26］政协曲沃县委员会、曲沃县文史研究馆：《曲沃文史》第一辑，1985 年版。

［27］华鼎元辑，张仲点校：《梓里联珠集》，天津古籍出版社 1986 年版。

［28］寺田隆信著，张正明等译：《山西商人研究》，山西人民出版社 1986 年版。

［29］"中国驻屯军司令部"编，侯振彤译：《二十世纪初天津的概况》，天津人民出版社 1986 年版。

［30］祁县政协文史资料委员会：《祁县文史资料》第 4 辑，1987 年版。

［31］天津市政协文史资料研究委员会：《天津的洋行与买办》，天津人民出版社 1987 年版。

［32］天津社会科学院历史研究所：《天津简史》，天津人民出版社 1987 年版。

［33］来新夏：《天津近代史》，南开大学出版社 1987 年版。

［34］民建天津市委员会、天津市工商业联合会文史资料委员会：《天津工商史料丛刊》第 7 辑，1987 年印行。

［35］来新夏：《天津风土丛书》，天津古籍出版社 1988 年版。

［36］沈大年：《天津金融简史》，南开大学出版社 1988 年版。

［37］交城县政协文史委员会：《交城文史资料》第 7 辑，1988 年版。

［38］张国辉：《晚清钱庄和票号研究》，中华书局 1989 年版。

［39］河北省政协文史资料委员会编：《河北文史资料》第 28 辑，河北人民出版社 1989 年版。

［40］严中平：《中国近代经济史（1840～1894）》，人民出版社 1989 年版。

［41］郭蕴静：《天津古代城市发展史》，天津古籍出版社 1989 年版。

［42］郭蕴静、涂宗涛等：《天津古代城市发展史》，天津古籍出版社 1989 年版。

［43］中国人民银行总行金融研究所：《近代中国的金融市场》，金融出版社 1989 年版。

［44］单士元：《故宫札记》，紫禁城出版社 1990 年版。

［45］孙德常、周祖常：《天津近代经济史》，天津社会科学院出版社

1990 年版。

［46］天津市政协文史资料研究委员会等：《近代天津图志》，天津古籍出版社 1992 年版。

［47］罗澍伟：《近代天津城市史》，中国社会科学出版社 1993 年版。

［48］姚洪卓：《近代天津对外贸易（1861－1948）》，天津社会科学院出版社 1993 年版。

［49］中国人民政治协商会议山西省介休市委员会文史资料委员会：《介休文史资料》第四辑，1993 年版。

［50］张海鹏、张海瀛：《中国十大商帮》，黄山书社 1993 年版。

［51］武静清等：《19 世纪末 20 世纪初山西财政与经济》，中国财政经济出版社 1994 年版。

［52］张正明：《晋商兴衰史》，山西古籍出版社 1995 年版。

［53］刘建生、刘鹏生：《山西近代经济史》，山西经济出版社 1995 年版。

［54］阳泉市政协文史资料委员会：《晋商史料与研究》，山西人民出版社 1996 年版。

［55］尚克强，刘海岩：《天津租界社会研究》，天津人民出版社 1996 年版。

［56］常梦渠、钱椿涛：《近代中国典当业》，中国文史出版社 1996 年版。

［57］张正明、邓泉：《平遥票号商》，山西教育出版社 1997 年版。

［58］天津市政协文史资料研究委员会：《天津文史资料选辑》第 75 辑，天津人民出版社 1997 年版。

［59］天津市政协义史资料委员会：《天津文史资料选辑》第 77 辑，天津人民出版社 1998 年版。

［60］关文斌：《文明初曙：近代天津盐商与社会》，天津人民出版社 1999 年版。

［61］郭长久：《天津烟草百年》，百花文艺出版社 2001 年版。

［62］舟山市政协文史和学习委等：《舟山文史资料》第 7 辑，北京文津出版社 2001 年版。

［63］黄鉴晖：《山西票号史》（修订本），山西经济出版社 2002 年版。

［64］黄鉴晖:《明清山西商人研究》,山西经济出版社 2002 年版。

［65］杨国安:《中国烟业史汇典》,光明日报出版社 2002 年版。

［66］宋美云:《近代天津商会》,天津社会科学院出版社 2002 年版。

［67］杜经国:《潮学研究》第 10 辑,花城出版社 2002 年版。

［68］天津市政协文史资料委员会:《天津文史资料选辑》第 95 辑,天津人民出版社 2002 年版。

［69］全国政协文史资料委员会:《文史资料存稿选编》经济（上）,中国文史出版社 2002 年版。

［70］张利民:《近代环渤海地区经济与社会研究》,天津社会科学院出版社 2003 年版。

［71］张国辉:《中国金融通史》第 2 卷,中国金融出版社 2003 年版。

［72］董丛林:《河北经济史》第 3 卷,人民出版社 2003 年版。

［73］天津海关译编委员会:《津海关史要览》,中国海关出版社 2004 年版。

［74］张利民:《华北城市经济近代化研究》,天津社会科学院出版社 2004 年版。

［75］李正中、索玉华主编:《近代天津知名工商业》,天津人民出版社 2004 年版。

［76］王尚义:《晋商商贸活动的历史地理研究》,科学出版社 2004 年版。

［77］庞玉洁:《开埠通商与近代天津商人》,天津古籍出版社 2004 年版。

［78］交城县政协文史委员会:《交城文史资料》第 19 辑,2005 年版。

［79］天津市政协文史资料委员会:《天津文史资料选辑》第 106 辑,天津人民出版社 2005 年版。

［80］天津市档案馆:《近代以来天津城市化进程实录》,天津人民出版社 2005 年版。

［81］刘建生、刘鹏生等:《晋商研究》,山西人民出版社 2005 年版。

［82］天津市政协文史资料委员会:《天津文史资料选辑》第 107 辑,天津人民出版社 2006 年版。

［83］陈守义:《宁波帮在天津》,中国文史出版社 2006 年版。

［84］龚关：《近代天津金融业研究：1861－1936》，天津人民出版社2007年版。

［85］樊如森：《天津与北方经济现代化》，东方出版中心2007年版。

［86］宋美云、周利成主编：《船王董浩云在天津》，天津人民出版社2008年版。

［87］雷穆森著，许逸凡、赵地译：《天津租界史·天津插图本史纲》，天津人民出版社2008年版。

［88］常士宣、常崇娟：《万里茶路话常家》，山西经济出版社2009年版。

［89］高春平：《晋商学》，山西经济出版社2009年版。

［90］蔚振忠：《蔚姓广谱》（综合卷），甘肃光子印务2009年版。

［91］天津市地方志编修委员会办公室、天津市烟草专卖局：《天津通志·烟草志》，天津古籍出版社2009年版。

［92］王凤山、冀春贤等：《宁波近代商帮的变迁》，宁波出版社2010年版。

［93］郑小娟、周宇：《15－18世纪的徽州典当商人》，天津古籍出版社2010年版。

［94］李锦彰：《晋商老账》，中华书局2012年版。

［95］山西省地方志办公室编：《民国山西实业志》（下册），山西人民出版社2012年版。

［96］张毅著、万新平：《明清天津盐业研究（1368－1840）》，天津古籍出版社2012年版。

［97］刘建生、燕红忠等：《明清晋商与徽商之比较研究》，山西经济出版社2012年版。

［98］王静：《近代旅津山东商人研究》，天津社会科学院出版社2012年版。

［99］徐忠明：《〈老乞大〉与〈朴通事〉——蒙元时期庶民的日常法律生活》，上海三联书店出版社2012年版。

［100］来新夏：《天津历史与文化》，天津大学出版社2013年版。

［101］成艳萍：《经济一体化视角下的明清晋商》，科学出版社2013年版。

［102］高春平：《晋商与明清山西城镇化研究》，三晋出版社 2013 年版。

［103］尹铁：《商人与杭州早期现代化研究》，浙江大学出版社 2014 年版。

［104］秦树才：《滇南商人与商帮》，云南人民出版社 2014 年版。

［105］罗群：《商帮与近代云南地方社会》，云南人民出版社 2014 年版。

［106］日本东亚同文书院：《中国经济全书》第 6 册，线装书局 2015 年影印本。

［107］陈阿兴、徐德云：《中国商帮》，上海财经大学出版社 2015 年版。

［108］鲍国之、张津策：《长芦盐业与天津》，天津古籍出版社 2015 年版。

［109］冀春贤、王凤山：《明清地域商帮兴衰及借鉴研究——基于浙江三地商帮的比较》，郑州大学出版社 2015 年版。

［110］费迪南德·冯·李希霍芬著，E. 蒂森选编，李岩、王彦会译：《李希霍芬中国旅行日记》，商务印书馆 2016 年版。

［111］史瀚波著，池桢译：《乱世中的信任——民国时期天津的货币、银行及国家社会关系》，上海辞书出版社 2016 年版。

［112］宁波帮博物馆、天津市档案馆：《宁波帮在天津史料·人物篇》，宁波出版社 2016 年版。

［113］范维令：《万里茶道劲旅：祁县茶商》，北岳文艺出版社 2017 年版。

［114］万新平：《天津近代历史人物传略》（三），天津人民出版社 2017 年版。

［115］贺三宝：《江右商帮兴衰对区域经济社会影响研究》，广东世界图书出版有限公司 2017 年版。

［116］黄鉴晖：《黄鉴晖选集》，山西经济出版社 2018 年版。

［117］陶水木：《浙江商帮与上海经济近代化研究（1840－1936）》，上海三联书店 2000 年版。

四、民国期刊论文

[1] 吴石城：《天津之银号》，载于《银行周报》1935 年第 19 卷第 16 期。

[2] 吴石城：《天津之华商银行》，载于《银行周报》1935 年第 19 卷第 19 期。

[3] 吴石城：《天津之外商银行》，载于《银行周报》1935 年第 19 卷第 29 期。

[4] 吴石城：《天津典当业之研究》，载于《银行周报》1935 年第 19 卷第 36 期。

[5] 范椿年：《山西票号之组织及沿革》，载于《中央银行月报》1935 年第 4 卷第 1 期。

[6] 陆国香：《山西之当质业》，载于《民族》1936 年第 4 卷第 6 期。

[7] 卫聚贤：《山西票号之最近调查》，载于《中央银行月报》1937 年第 6 卷第 3 期至第 12 期、1938 年第 7 卷第 1 期至第 2 期。

[8] 高叔康：《山西票号的起源及其成立的年代》，载于《食货》1937 年第 6 卷第 1 期。

五、现代期刊论文

[1] 汪敬虞：《十九世纪外国在华银行势力的扩张及其对中国通商口岸金融市场的控制》，载于《历史研究》1963 年第 5 期。

[2] 韦庆远、吴奇衍：《清代著名皇商范氏的兴衰》，载于《历史研究》1981 年第 3 期。

[3] 黄鉴晖：《论我国银行业的起源及其发展的阶段性》，载于《山西财经学院学报》1982 年第 4 期。

[4] 汪敬虞：《中国近代茶叶的对外贸易和茶业的现代化问题》，载于《近代史研究》1987 年第 6 期。

[5] 黄鉴晖：《清代账局初探》，载于《历史研究》1987 年第 4 期。

[6] 刘民山：《鸦片战争前后天津票号的兴起与发展》，载于《天津史志》1988 年第 3 期。

[7] 姚洪卓：《走向世界的天津与近代天津对外贸易》，载于《天津社

会科学》1994 年第 6 期。

　　[8] 王兴亚：《明清时期的河南山陕商人》，载于《郑州大学学报（哲学社会科学版)》1996 年第 2 期。

　　[9] 陶德臣：《晋商与西北茶叶贸易》，载于《安徽史学》1997 年第 3 期。

　　[10] 庞玉洁：《天津开埠初期的洋行与买办》，载于《天津师范大学学报（社会科学版)》1998 年第 2 期。

　　[11] 邵继勇：《明清时代边地贸易与对外贸易中的晋商》，载于《南开学报》1999 年第 3 期。

　　[12] 林地焕：《清末民初天津金融市场的帮派》，载于《城市史研究》2000 年第 Z1 期。

　　[13] 樊如森：《天津开埠后的皮毛运销系统》，载于《中国历史地理论丛》2001 年第 16 卷第 1 辑。

　　[14] 胡光明：《晋商的兴盛与京津城市化的发展》，载于《晋中师范高等专科学校学报》2003 年第 3 期。

　　[15] 刘文智：《津城故里追寻晋商足迹》，载于《山西档案》2006 年第 4 期。

　　[16] 张淑利：《清末民初晋商由盛转衰原因探讨——以包头地区的旅蒙商为个案》，载于《内蒙古社会科学（汉文版)》2007 年第 5 期。

　　[17] 王云爱：《明清时期晋商与华北区域经济的发展》，载于《中共山西省委党校学报》2007 年第 6 期。

　　[18] 许檀：《清代后期晋商在张家口的经营活动》，载于《山西大学学报（哲学社会科学版)》2007 年第 3 期。

　　[19] 乔南：《清代山西商人行商地域范围研究》，载于《晋阳学刊》2008 年第 2 期。

　　[20] 李建国：《试析近代西北地区的晋商》，载于《青海社会科学》2008 年第 6 期。

　　[21] 郭松义：《清代北京的山西商人——根据 136 宗个人样本所作的分析》，载于《中国经济史研究》2008 年第 1 期。

　　[22] 杨俊国、杨俊强：《清代新疆晋商初探》，载于《晋中学院学报》2008 年第 1 期。

[23] 周建波：《旅蒙晋商在蒙古地区的开发与经营》，载于《中国地方志》2009 年第 2 期。

[24] 刘秋根、杨贞：《明清"京债"经营者的社会构成——兼论帐局及放帐铺》，载于《河北大学学报（哲学社会科学版）》2011 年第 2 期。

[25] 龚关：《腹地、军阀官僚私人投资与近代天津的经济发展》，载于《史学月刊》2011 年第 6 期。

[26] 熊亚平、安宝：《近代天津城市兴起与区域经济发展——以天津城市与周边集市（镇）经济关系为例（1860～1937）》，载于《天津社会科学》2011 年第 2 期。

[27] 赖惠敏：《山西常氏在恰克图的茶叶贸易》，载于《史学集刊》2012 年第 6 期。

[28] 杜希英：《民国时期天津货栈业同业公会探析》，载于《邯郸学院学报》2013 年第 2 期。

[29] 郭娟娟、张玮：《旅蒙晋商与内蒙古城市近代商会职能转变——以民国时期归绥、包头为中心的考察》，载于《民国档案》2015 年第 1 期。

[30] 陶德臣：《晋商与清代新疆茶叶贸易——新疆茶叶贸易史研究之二》，载于《中国社会经济史研究》2015 年第 4 期。

[31] 赖惠敏：《清代库伦的买卖城》，载于《内蒙古师范大学学报（哲学社会科学版）》2015 年第 1 期。

[32] 刘秋根、杨帆：《清代前期账局、放账铺研究——以五种账局、放账铺清单的解读为中心》，载于《安徽史学》2015 年第 1 期。

[33] 乔南：《商路、城市与产业——晋商对近代西北经济带形成的作用浅析》，载于《经济问题》2015 年第 5 期。

[34] 郭娟娟、王泽民等：《清代塞外贸易的山西忻代商人》，载于《历史档案》2016 年第 3 期。

[35] 冯剑：《天津近代典当业资本的变迁》，载于《近代史学刊》2016 年第 2 期。

[36] 张利民：《从旅津晋商碑刻看清代天津集散中心地位的形成》，载于《史林》2017 年第 4 期。

[37] 王清宪：《论晋商的开放精神》，载于《前进》2017 年第 10 期。

[38] 孟伟、杨波：《明清时期北京通州晋翼会馆研究——以明清时期

的翼城商人和山西布商为重点》，载于《山西师大学报（社会科学版）》2017 年第 3 期。

[39] 孟伟：《北京通州张家湾山西会馆考略》，载于《山西大学学报（哲学社会科学版）》2017 年第 2 期。

[40] 刘秋根、陈添翼：《清末北京印局及其对工商业的放款——以晋商〈宣统三年转本底账〉为中心》，载于《人文杂志》2018 年第 3 期。

[41] 张利民：《1875 至 1930 年代天津杨柳青人在新疆经商述评》，载于《经济社会史评论》2018 年第 4 期。

[42] 许檀、张林峰：《清代中叶晋商在济南的经营特色——以山陕会馆碑刻资料为中心的考察》，载于《中国社会经济史研究》2019 年第 1 期。

[43] 冯剑、徐雁芬：《代际的延续与断裂：近代天津典当业里的山西人》，载于《中国社会历史评论》2019 年第 22 卷。

[44] 郝平、杨波：《明清河北境内山西商人会馆的历史变迁》，载于《中国经济史研究》2019 年第 5 期。

[45] 郝平：《明清山西商人与河北正定商业——以正定山西会馆为中心的考察》，载于《中国经济史研究》2019 年第 3 期。

[46] 许檀：《清代晋商在禹州的经营活动——兼论禹州药市的发展脉络》，载于《史学集刊》2020 年第 1 期。

[47] 张继焦、侯达：《晋商及其所建立的全国市场体系：超越施坚雅的"区域市场观"》，载于《青海民族研究》2021 年第 1 期。

[48] 许檀：《清代中叶山陕商人在甘肃的经营活动——以碑刻资料为中心的考察》，载于《中国经济史研究》2022 年第 1 期。

[49] 晏雪莲、周超宇：《晚清山西商人与河北棉花贸易研究——以商业文书为中心》，载于《河北经贸大学学报》2022 年第 1 期。

六、学位论文

[1] Bernstein Lewis, A History of Tientsin in the Early Modern Times, 1800 – 1910, University of Kansas, 1988.

[2] 樊如森：《天津港口贸易与腹地外向型经济发展（1860 – 1937）》，复旦大学博士学位论文，2005 年。

[3] 高福美：《清代沿海贸易与天津商业的发展》，南开大学博士学位

论文，2010 年。

［4］左海军：《近代天津银号研究（1900～1937)》，华中师范大学博士学位论文，2014 年。

七、报纸

［1］《大公报》（天津）。
［2］《益世报》。
［3］《申报》。

后　记

　　晋商研究历久弥新，在商帮研究中占有十分重要的地位。几代学者呕心沥血，推陈出新，不断将晋商研究推向新的高度。晋商研究成果极为丰硕，毋庸笔者赘言。然而，相比较于其他商帮，晋商的区域系统研究成果却乏善可陈，这与晋商在全国商帮中的地位是不相匹配的。开展晋商的区域研究不但具有重要的学术价值，而且已经是非常紧迫的事情。这也是本书写作的主要初衷。

　　晋商足迹遍及全国，需要考察的地域范围过大，非笔者凭一人之力能够完成。近代中国重要的商业城市往往是晋商聚集的"码头"，这些城市可能是比较容易的研究突破口。天津是近代中国北方的商业、贸易和金融中心，不少学者认为晋商最重要的创造——票号就起源于天津。同时，笔者的博士论文也是关于天津的货币制度，对于天津的历史，笔者较为熟悉。因此，选择天津开展晋商的区域研究具有一定的典型性和可行性。

　　本书在写作中也遇到了诸多挑战，不少问题至今存疑，这些在文中也有所交代。比如，天津第一家山西会馆是由山西烟草商人于清代乾隆年间集资建立，这足以说明当时山西烟商在天津势力之大，但笔者却没有找到更多的资料。再比如，有些资料记载晋商在天津杨柳青还建立有山西会馆，但却没有更多资料印证。不少学者都认为票号起源于天津，但也有学者并不认同，那么票号究竟起源于哪里？如此等等。笔者相信，这些问题会在之后资料搜集和整理过程中找到答案。

　　本书在写作中得到了各方面的支持和帮助。感谢山西省晋商文化基金会的项目资助，使得本项研究得以顺利开展。感谢山西大学晋商学研究所诸位同仁，研究所良好的科研环境和丰富的资料藏书是笔者进行研究写作的基础。感谢经济科学出版社财经分社于源社长的支持，使得本书得以顺利出版。感谢妻子刘琳女士在资料搜集中提供的帮助。最后，衷心感谢我的父亲、母亲、岳父、岳母，他们对于家庭的操持和付出使我可以心无旁骛地投入科学研究之中。

本书付梓之际正是母校山西大学百廿校庆之时，学于斯、教于斯已经20余年，对母校的热爱却从未改变，谨以此书向母校华诞献礼。

笔者学识有限，书中一定存在不少偏颇和疏漏之处，恳请学界前辈、同仁和各位读者不吝赐教。

荣晓峰
2022 年 8 月于龙城太原